A Study of Khmer Ceramics

# クメール陶器の研究

田畑 幸嗣 著

1　タニ窯跡出土資料①

2 タニ窯跡出土資料②

3　白色系胎土（タニ窯跡出土）

4　赤色系胎土（タニ窯跡出土）

5　灰釉の色調（タニ窯跡出土）

6　丸瓦と合子蓋の融着資料（タニ窯跡出土）

 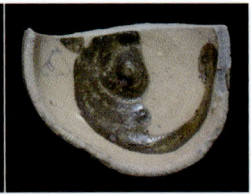 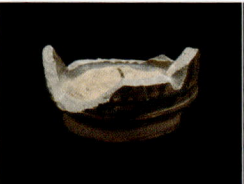 

7 アンロン・トム窯跡表面採集資料（黒褐釉のようにみえる資料）

8 ソサイ窯跡表面採集資料（筒形碗と瓶の融着資料）

9 バンテアイ・メアンチェイ州窯跡表面採集資料

10 アンコール・ワット出土資料

■クメール陶器の研究■ 目次

# 序 章　クメール陶器研究の現状と課題 …… 1
### 1　考古学における陶磁器研究 …… 2
### 2　東南アジアの陶磁器研究 …… 3
### 3　クメール陶器研究の現状と課題 …… 4
### 4　本書の構成について …… 6

# 第1章　クメール陶器研究史 …… 7
### 1　クメール陶器研究通史 …… 7
### 2　編年研究 …… 12
### 3　起源論的研究 …… 15
### 4　機能論的研究 …… 17
### 5　生産地研究 …… 18
### 6　自然科学的研究 …… 18
### 　小　結 …… 19

# 第2章　アンコールの地理的・歴史的背景 …… 23
### 1　東南アジアの地理的特徴 …… 23
### 2　アンコール地域 …… 25
### 3　コーラート高原 …… 28
### 4　アンコール朝の歴史的背景 …… 28

# 第3章　クメール陶器窯の分布と築窯技術 …… 35
### 1　アンコール地域の諸窯の分布 …… 35
### 2　コーラート高原を中心とした諸窯 …… 44
### 3　プノンペン地域の窯跡 …… 48
### 4　窯跡遺跡の立地と築窯技術 …… 49
### 5　窯体の比較 …… 61
### 　小　結 …… 66

## 第4章　タニ窯跡出土遺物の分析 …………………………… 69

 1　分析手法 …………………………………………………… 69
 2　型式学的分類 ……………………………………………… 70
 3　製陶技術の検討 …………………………………………… 90
 4　装飾に関する技術 ………………………………………… 97
 5　施釉技術 …………………………………………………… 99
 6　窯詰め・焼成技術 ………………………………………… 100
  小　結 ……………………………………………………… 108

## 第5章　クメール窯業の技術体系 ……………………………… 111

 1　窯跡間の比較 ……………………………………………… 111
 2　クメール窯業の技術体系 ………………………………… 137
  小　結 ……………………………………………………… 141

## 終　章　アンコール朝における窯業の成立と展開 ………… 143

 1　クメール陶器の年代的位置づけ ………………………… 143
 2　クメール窯業技術の成立 ………………………………… 151
 3　クメール窯業技術の展開 ………………………………… 158
 4　クメール窯業技術の衰退ないしは変容 ………………… 161
  結　語 ……………………………………………………… 163

資料写真 ………………………………………………………… 167

あとがき ………………………………………………………… 179

文献目録 ………………………………………………………… 181

クメール陶器資料出土地一覧 ………………………………… 189

索　引 …………………………………………………………… 191

英文要旨 ………………………………………………………… 195

# 序章　クメール陶器研究の現状と課題

　クメール陶器(1)とは古代カンボジア、アンコール時代(2)に生産された一群の陶器をいう。アンコール時代の研究は19世紀以来フランス人研究者によってリードされてきたのであるが、20世紀後半のインドシナ半島の不安定な政治的状況とその後の混乱のため研究がおおきく停滞した。

　カンボジア内戦終了とともにこうした状況を乗り越えつつある今日のアンコール研究は、碑文研究、建築史、美術史、地理学、そして考古学など様々な学問分野が相互補完的に研究をおこなう理想的な研究実践の場となっている。

　しかしアンコール時代研究に考古学がどれだけ寄与してきたかについては、残念ながらいまだに不十分であるといわざるをえない。アンコール時代の研究は、内戦やその後の混乱という研究を取り巻く環境がおおきな障害となってきたが、それだけでなくこれまでの研究テーマに偏りがあったことも研究の進展を阻害してきたのである。

　たとえばこれまでのアンコール時代の遺跡調査と研究は、そのほとんどが都城や寺院といった特定の遺跡に集中しており、アンコール時代の考古学的研究とは石造寺院の研究を意味してきた。たしかにアンコール時代の石造建築物の研究は進展し、その年代や技術的特徴などはあきらかになりつつある。しかし遺跡からもっとも多量に出土する遺物、とくに陶磁器類に対しては有効なアプローチが確立されておらず、資料の断片的な記載がおこなわれてきただけであり、残念ながらとうてい古代カンボジアの物質文化の内実に迫りうるものではなかった。

　筆者はこれまでカンボジアでの長期間の発掘調査に従事してきたが、調査に際し常に意識していたのは、膨大な量が出土しながらも有効に生かしきれていない陶磁器類をいかにしてアンコールの歴史理解へ役立てるのか、またそのためのより適切なアプローチは何か、という問いであった。別のいい方をすれば、断片的な考古資料をどのようにして史料として取り扱うのか、その方法論の模索であったともいえる。

　アンコール遺跡でもっとも多量に出土する遺物のひとつは在地の陶器であるクメール陶器である。クメール陶器は東アジアや西アジアの陶磁器とはまた異なる独特のかたちと釉調をもち、古美術の世界では一定の評価をえているものの、年代・産地・技術など不明な点がおおいためか、考古資料としてアンコール研究で十分に活用されてこなかったばかりか、東南アジア窯業史のなかでの位置づけもあいまいであった。

　本書が意図するのは、このクメール陶器を東南アジア窯業史のなかに位置づけ、アンコール時代におけるひとつの産業の成立と展開について論じることである。もちろんクメール陶器研

究はまだその途についたばかりであり、クメール陶器のすべての側面を論じつくすことは不可能であるため、今回は窯跡とその出土資料を中心に技術的な側面からクメール陶器を論じてみたい。

そのためにまずここで考古学における陶磁器研究のありかたと東南アジアでの陶磁器研究を概観し、クメール陶器研究が目指すべき方向性について考えてみたい。

## 1 考古学における陶磁器研究

先史時代の土器の登場にはじまる陶磁器[3]の歴史はながい。人類が発明し、そして今日にいたるまで続くもっともふるい技術のひとつといえる。陶磁器を対象とする学問分野は、考古学、美術史、民族学、自然科学などがあげられるが、なかでも考古学は対象とする陶磁器の種類・時代・産地が広範囲にわたっている。これは考古学が人類の発生から現在までというながい時代をあつかい、地域としては過去に人類が存在したあらゆる地域を対象としているためである。

陶磁器はおおきく土器、陶器、磁器に分類されるが、そのいずれも有機質の組成をもたないため腐敗することがなく、破片となってもそのまま残存している。いうまでもないことだが、遺跡から出土する陶磁器は生産や貿易といった社会・経済状況や陶磁器を生みだした文化的背景を知るための手がかりとなる。とくに日常什器としての陶磁器は、その社会・経済状況を直接的に反映することがおおく、対象地域の歴史を考えるうえで非常に大切な役割を果たしてきた。ひとつの陶片には、それを生産し使用した人々の痕跡が残されているのである。

したがって考古学における陶磁器研究とは単なる作品研究ではなく、資料に内在・外在する多種多様なコンテクストを考古学的手法により読みとり、その背後に潜む過去の人間活動をあきらかにすることがおおきな目的となる。当然のことながら資料ともちいる方法論の違いから、陶磁器研究には次のようないくつかの研究の方向性が存在する。

1) 器種組成や年代に関する基準資料研究‥‥型式論・層位論を駆使した編年と、生産・消費地での器種組成の解明をおこなう研究である。考古学がもっとも得意としてきた分野であり、さまざまな基準資料が構築されている。

2) 生産技術に関する研究‥‥陶磁器生産の実態やその時代・地域的な推移、生産技術の発達や変化を研究する。おもに生産地での発掘とそこで得られたデータを基本資料とし、製品と窯の技術的な特徴、生産量、原材料の調達や管理および陶工集団の変遷などをあきらかにしようとする。

3) 陶磁器をとりまく文化・社会状況の研究‥‥時代の産物である陶磁器は、その時代の政治、思想、文化、技術の程度を反映し、社会の変化と対応している。例としては、茶陶を用いた茶文化の研究や中国官窯の研究などがあげられる。

4) 遺跡における人間活動の実態解明‥‥生活に密着した陶磁器は政治・思想といった大局的な側面以上に人々の生活そのものを映し出す鏡であるといえる。都市遺跡出土の陶磁器研究などがその代表例である。分布論、組成研究、数量分析、出土状況の判断等、複数の方法論を組み合わせて生活復元を目指すことがおおい。
5) 交易あるいは他地域との交流の実態解明‥‥出土陶磁器の産地同定や数量分析から交易でもたらされた陶磁器の質や生産量などがあきらかにされる。さらに、資料の分布範囲からは経済圏をも考えることが可能となる。さらに、陶磁器の形態や文様、製作法などの技術的影響関係は、各地域間の文化的・政治的・経済的な交渉を示していることがおおい。いわゆる貿易陶磁研究による交渉史研究などがこれにあたる。

　このように多様な研究の方向性をもつ陶磁器研究であるが、こうした研究のすべてが同時代的に発生したのではなく、研究の進展によりさまざまな問題意識が生まれ、それに対応する形で研究の方向性が決定されてきたのである。もちろんこれらの方向性がすべての陶磁器研究をカバーしているわけではなく、ひとつの方向性にうまくあてはまらないものもある。たとえば民族考古学的なアプローチによる陶磁器生産の研究は、上述の方向性のいくつかを同時にカバーした研究といえる。

　また過去にそうであったように、将来、研究の進展によって現在とはまったく異なる問題意識や研究の方向性があらわれることもあろう。その意味で、陶磁器研究の目的や方向性とは固定的なものではなく、つねに研究の現状に即して柔軟に変化するものだともいえる。

## 2　東南アジアの陶磁器研究

　陶磁器研究のなかでもっともあたらしい研究分野のひとつが東南アジアの陶磁器研究である。東南アジアでは、先史時代より全域で土器生産が確認されているが、歴史時代以降の陶器・磁器生産はいまのところタイ、ヴェトナム、カンボジア、ビルマ（ミャンマー）といった大陸部東南アジアでしか確認されていない[4]。もっとも島嶼部東南アジアで在地の陶器・磁器生産が確認されてはいないといっても、中国陶磁などいわゆる貿易陶磁は出土しており、陶器・磁器がまったく流通していなかったわけではない。しかし東南アジア地域での陶磁器研究は内乱や政変などによる現地調査の難しさや研究者不足に妨げられるところがおおく、日本や朝鮮、中国といった地域の陶磁器研究とは進展の度合いにおおきなひらきがある。さらに鑑賞や研究対象として東南アジアの陶磁器が認識されるようになったのが比較的近年だということも研究の遅れの原因といえる。第二次世界大戦より前にも東南アジアの陶磁器への関心が芽生え、コレクションが形成されるなど研究の機運があらわれていたようであるが（長谷部 1995）、本格的に研究がおこなわれるようになったのはやはり戦後、それも1970年代以降のことである。

東南アジアの陶磁器研究のなかでも古典的な名著とされ、東南アジア内外におおきな影響をあたえたのが、R. ブラウンの『東南アジアの陶磁器：その年代と同定』であろう (Brown 1977, 1988)。

　これは、ヴェトナム、クメール、タイ、ビルマ（ミャンマー）各地の窯と製品、年代観について紹介したものである。同書の出版以降、東南アジア各地でさまざまな研究がおおきく進展しはじめる。ヴェトナムや北部タイ諸窯の調査やビルマ（ミャンマー）陶磁器の研究の開始、そしてクメール陶器の研究など東南アジア在地の陶磁器研究や、沈船資料などによる貿易陶磁器研究が進展したのである[5]。

　たとえば1980年代にはいると、D. ハインらによるタイの古窯発掘調査やヴェトナム人研究者による古窯の調査などが繰り返されるようになり、本書のテーマであるクメール陶器研究でも東北タイのクメール陶器窯の発掘や研究論文の出版などがおこなわれるようになった。

　また東南アジア陶磁器研究では、日本人研究者の果たした役割も見過ごせない。東南アジア各地の陶磁器について先駆的な研究をおこなった三上次男（三上 1984, 1987, 1988）、長谷部楽爾（長谷部 1984, 1989, 1995）、東南アジア島嶼部出土貿易陶磁を包括的に論じた青柳洋治（青柳 1985、Aoyagi 1991）などによる研究が与えた影響は非常におおきいのであるが、さらに近年では東南アジア現地に長期在住して現地研究者とともに発掘調査をおこなう研究者もすくなくない。これは陶磁器研究にかぎらず、近年の東南アジア考古学研究のおおきな動向といえるが、こうした長期滞在を前提とする日本人研究者としては、北部ヴェトナムを中心にヴェトナム陶器の編年研究をおこなった西村昌也・西野範子（西村・西野 2005）、沈船資料、窯跡資料からタイ陶磁器の編年研究をおこなった向井亙（向井 2001, 2004, 2005）、ビルマ（ミャンマー）陶器窯の発掘調査をおこなった津田武徳（津田 2004, 2005）などがあげられる。このようにすくなからぬ数の日本人研究者が東南アジア陶磁器の研究の進展に寄与してきたのである。

　クメール陶器研究もこうした近年の研究動向に沿っておこなわれており、筆者をはじめとする何人もの研究者が長期間の滞在と発掘調査に携わってきたのであるが、現在のクメール陶器研究はどのような問題意識にたっておこなわれているのだろうか。つぎに現在のクメール陶器研究の目的と方法について考えてみたい。

## 3　クメール陶器研究の現状と課題

　次章の研究史で詳しく紹介するが、クメール陶器の研究は19世紀末からの遺跡踏査と資料紹介の時代をへて、1950年代にはいってからはフランス人考古学者 B. P. グロリエを中心に進められてきた。残念ながらカンボジアからの帰国と早世のため、彼がクメール陶器について体系的に論じている論文はすくない。

　グロリエが存命中にあらわしたほとんど唯一のクメール陶器研究論文は1981年に開催された

クメール陶器展の図録に掲載されている（Groslier 1981）。クメール陶器の発生から消滅までを通史的に論じており、今日の研究の基礎を築いたものとして高く評価されている。

こうしたカンボジア国内出土資料を基礎においた研究のほかにもタイ出土のクメール陶器資料を基礎とした研究もおこなわれている。その代表的な研究としてはR. ブラウンによるプラサット・バン・プルアン出土陶器研究（Childress and Brown 1978）、スリスチャット夫妻によってなされたブリラム県の窯跡研究（Srisuchat and Srisuchat 1989）などがあげられる。D. ルーニーは主にクメール陶器の文様・施文法・器形の集成に力を注ぎ、また使用法についても論じている（Rooney 1984）。また近年ではJ. ガイ、L. コートらによるあらたなクメール陶器研究論文が発表されている（Guy 1997、Cort 2000）。

このように一見着実に進展しているかに見えるクメール陶器研究ではあるが、不幸な内戦とその後の混乱のためにカンボジア国内での研究が停滞し、またこれまで蓄積されてきた資料が散逸してしまうという事態が生じたため、実証的な研究があまり進展しなかったという問題がある。

上述のガイ、コートらによる論考でも、基本資料はほとんどが来歴不明の個人コレクションをもちいており、実証的な論考とはいい難い。またカンボジア国内で学術調査がおこなえるようになってきたのはようやく1990年代に入ってからのことである。19世紀末から100年以上の研究の歴史をもつクメール陶器研究であるが、内乱による資料の散逸と混乱をへた現在では、いまだに開拓されずにいる新興の研究領域であるといってよいだろう。

一般的に陶磁器の新たな研究領域が開かれた場合、その前提となるのは基準資料の精緻で実証的な基礎研究（生産技術・編年等）であることに異論はないであろうが、クメール陶器研究にはこの基準資料が欠けているのである。したがって今日のクメール陶器研究に必要なのは、まさしくこのような実証的な基礎研究だといってよいだろう。

陶磁器の基礎研究にも幾つかの種類があるが、筆者は今日のクメール陶器研究にもっとも要求されており、またもっとも成果が期待されるのは生産活動の解明であると考えている。

いうまでもなく生産地研究だけではなく編年研究も研究の基礎であり、急務の研究である。しかし編年研究とは生産地だけでなく、消費地での発掘成果をふまえて総合的に構築すべき研究であり、残念ながら今日のカンボジアでは消費地での本格的な考古学的調査例がすくなく、現段階で包括的なクメール陶器編年の構築はむずかしい。陶磁器研究にとって曖昧な年代観はさけなければならない。そこで将来の研究の基礎として、製品の基本組成や生産の実態、その時代・地域的な推移や生産技術の追究を目的とした生産地研究を最初におこなう必要がある。

前述のとおり本書が意図するのはクメール陶器を東南アジア窯業史のなかに位置づけ、アンコール時代おけるひとつの産業の成立と展開について論じることである。また今日の東南アジア陶磁器研究の動向やクメール陶器研究の現状を鑑みると、生産地における実証的基礎研究として、窯跡とそこからの出土資料を中心とした製陶技術研究が必要とされている。

序章　クメール陶器研究の現状と課題

　そのため本書ではまず、来歴不明であった従来のクメール陶器資料にかわる確実な基準資料の構築をおこないたい。アンコールの地で生産されたことに疑いの入る余地のない基準資料を構築し、生産地における基本組成をあきらかにすることによって今後の研究の基盤としたい。基準資料の構築には必然的に型式学的分析がともなうが、これをさらに推し進めることによってクメール陶器の製陶技術もあわせて検討したい。そのうえで製品と窯にみられる諸技術を整理し、クメール陶器に関わる生産技術を窯跡単位で再構成する。さらに同様の分析を各窯跡でおこない、これらを比較検討することによって、アンコール地域における窯業技術体系をあきらかにしたい。そして最後に隣接地域との比較研究からアンコール時代における窯業の成立と展開を追求し、これを本書の結論とする。

## 4　本書の構成について

　本書は序章から終章まで全部で7章の構成となっている。序章から第2章までが導入部にあたり、研究の目的、研究史、方法論、対象地域の歴史的・地理的背景など、議論を進めるにあたっての基礎的な事項が検討される。第3章と4章はこれまでのフィールド調査・分析の論述であり、最後に第5章と終章で調査・分析結果の検討と解釈と考察がおこなわれ、最終的な結論と主張が提示される。

註
（1）クメールという語はクメール語＝カンボジア語を話す集団、いわゆる民族としてのクメール人という意味でもちいられることがおおい。クメール陶器という語にもクメールという民族名がつくが、実際に陶器を生産し使用したすべての人間がいわゆるクメール人なのかどうか確たる証拠はない。しかし本書ではこれまでの慣用的な語法に従い、「アンコール時代にアンコール朝の版図で生産され、使用されたと考えられる陶器」という意味でクメール陶器という語をもちいることにする。
（2）本書ではアンコール時代、アンコール朝、アンコール地域などアンコールを冠した用語が頻出するが、そもそもアンコールとは「都城」を意味するサンスクリット語ナガラの転訛した語だとされる（石澤 2005：14）。一般に、古代カンボジア史のなかで9世紀から15世紀までをアンコール時代とよび、この時代にトンレ・サップ湖北西岸を首都とした王朝をアンコール朝という。アンコール地域については第2章を参照されたい。
（3）日本では通常、陶磁器とは陶器・磁器を指し、土器と区別することがおおいが、本書では広義の陶磁器（ceramics）として土器・陶器・磁器すべてを含めたい。土器と陶器を区別するときは、それぞれクメールの土器、クメール陶器とよぶことにする。
（4）東南アジア大陸部でのみ陶器、磁器の生産がみとめられるという現象の原因については、資源の問題や、大陸部と島嶼部の地理的、歴史的性格の違いなどが考えられるが、これについては別の機会にあらためて論じてみたい。
（5）東南アジア各地での陶磁器研究の歴史と現状については、長谷部楽爾による詳細な紹介（長谷部 1995）がある。参照されたい。

# 第1章　クメール陶器研究史

　ここでは本書の内容が先行する諸成果とどのように関連しているのか明確にし、研究をおこなうにあたってどのような方法論がもっともふさわしいかについて考えてみたい。

　クメール陶器の研究は19世紀末にカンボジア北西部の丘陵であるプノン・クーレンで窯跡が発見されたことによって開始された。したがってクメール陶器の研究はすでに100余年の研究史をもつことになる。しかし内戦とその後の混乱による資料の散逸など、この100年間の研究は着実に前進してきたわけではなく、何年もの停滞期を含みながら徐々に進展してきたのであり、飛躍的に研究が進みはじめたのはここ10数年のことである。

　こうした近年の研究状況をうけ、クメール陶器研究の通史をまとめたのが杉山洋である（杉山 1997, 2000）。杉山による研究史は、クメール陶器研究における基本文献がわかりやすく解説されており、これまでの先行諸学の研究成果を容易に把握することのできる格好の入門書となっている。しかし杉山の研究史以降もクメール陶器に関するあらたな研究論文は発表されつづけており、また本書の研究の背景をあきらかにするためにも、ここであらためて研究史をまとめることはそれほど無益な作業ではないだろう。

　そこで本章ではまずクメール陶器研究を通史的に概観し、さらにこれまでのクメール陶器研究でおこなわれてきた編年論、起源論、機能論、生産地、自然科学分析というおおきな研究テーマに即して個別に研究史を再構成することによって研究の現状と課題を把握したい。さらにそれぞれの研究でもちいられてきた方法論と成果を吟味し、本書が目指す研究の目的とその方法論についても考えてみたい。

## 1　クメール陶器研究通史

　クメール陶器の研究を通史として論じるにあたり、まずはおおきく三つの時期設定をおこないたい。

　第一段階は、19世紀末のクメール陶器窯の発見にはじまり、フランス人考古学者B. P. グロリエがアンコール地域に赴任して研究を開始する1950年代までとしたい。この段階では、ほとんどの研究が遺跡の探訪と資料の紹介に終始している。

　第二段階はおもにグロリエによって研究がリードされた時期である。考古学・美術史学両面から研究が開始され、内戦の影響をうけながらも今日の研究の基礎が形作られた時期でもある。第二段階は1950年代から内戦終了前後までとしたい。

第三段階は内戦終了前後から現在まで続いている。カンボジア国内での調査研究もふたたび可能になり、あらたな資料も多数発見されている。クメール陶器の研究が深化しはじめた時期と位置づけられよう。以下、それぞれの段階ごとに研究史を概観する。

**第一段階：クメール陶器研究の黎明期**

この時期は遺跡の探訪と資料の紹介が中心であり、本格的な研究の前史と位置づけられる。前述のように、クメール陶器の研究は19世紀末のプノン・クーレンでの窯跡発見をもってその嚆矢とする[1]。クメール陶器が考古学という西欧近代的な知の枠組みに取り込まれたのは、他のアンコール遺跡群と同様にフランス人研究者の手によってであった。

クメール学、チャム学の先駆的研究者であったE. アイモニエの著した *Le Cambodge* には、ダンレック山脈の近くにあるバッ・ダイ（Bak Daï）村の東南のプレ・アセイないしはプレ・ライセイという土地には無数の陶片があること、そして1883年にプノン・クーレンを訪れた際に、アンロン・トム（Anlong Thom）村の西南にあるサンポウ・トレアイという土地に無数の陶片が散乱していた状況が報告されている[2]（Aymonier 1901：189-414）。

19世紀末から20世紀中頃まではクメール陶器が研究の中心主題として取り上げられることはなかったようである。1931年に出版されたプノンペンのアルベール・サロー博物館（現国立博物館）の図録には、それまでに収集された石像・青銅製品とともにクメール陶器も掲載されているが、全50頁の図版のうちクメール陶器には2頁ほどしか割かれておらず、クメール陶器に関する関心はあまりたかくなかったことがうかがえる（Groslier 1931）。

研究の主題にこそならなかったがクメール陶器が遺物として認識されていたことは間違いなく、カンボジア国内での動向と平行して東北タイ出土のクメール陶器もはやい時期から認識されていた。W. A. グラハムは1920年代にバンコクのアンティークショップで東北タイから出土したクメール陶器を発見し報告している（Graham 1986：11-38）。しかし、体系的な研究の開始は次にのべるB. P. グロリエの登場を待たねばならなかったのである。

**第二段階：1950年代からのクメール陶器研究**

19世紀末より徐々にではあるが認識されてきたクメール陶器が、考古学的な研究の対象となったのは1950年代以降のことである。カンボジア・タイ両国で平行してクメール陶器の研究がおこなわれた[3]。またクメール陶器の骨董的価値もこのころからひろく認識されるようになり、1960年代からバンコクのアンティークショップを通じて海外にも数多く流出した。この時期は、考古学的・美術史学的関心と、骨董的関心のもとにクメール陶器が追究されはじめた時代といえる。前者の成果はB. P. グロリエ、R. ブラウン、D. ルーニーらの論考に代表され、後者は個人コレクションの形成と展覧会へと結びついた。カンボジア・タイという二つの国家、学術的関心と骨董的関心という二つのアプローチがこの時期のクメール陶器研究のなかに混在する。

カンボジア国内のクメール陶器研究に関し、もっとも指導的な役割を果たしたのが最後のアンコール遺跡保存官であったフランス人考古学者B. P. グロリエであった。グロリエがカンボジア考古学で果たした役割は非常におおきいため、ここで彼の略歴にふれてみたい。

　B. P. グロリエは1926年にプノンペンで生まれた。父であるG. グロリエは画家であったが、クメール美術に傾倒し、1920年にはプノンペンのアルベール・サロー博物館（現国立博物館）を創設し、1942年まで館長を務めた人物である。またA. シリスと共にサンボウ・トレイの踏査もおこなっている。

　グロリエ自身はフランスで教育を受けた後、アンコール遺跡群の調査研究と保存事業にその生涯をささげた。1959年から75年までフランス極東学院考古学研究所長、同じく59年からアンコール遺跡保存事務所の顧問に就任した。カンボジア情勢の悪化にともないフランスへ帰国を余儀なくされ、1986年にパリでその生涯を終えたのであるが、彼の研究活動は多岐にわたり、その成果は後続の研究者達におおきな影響を与えている。カンボジアとアンコール遺跡に関する彼の代表的な研究は、1）アンコール遺跡の保存修復、2）カンボジア史の再発見とポスト・アンコール史の構築、3）水利都市としてのアンコール都城研究、4）考古発掘と陶器研究であるとされている（中島2000：258）。

　1950年代、グロリエはアンコール・トム王宮跡の発掘調査で多量の陶器資料が出土したことがきっかけでクメール陶器に注目するようになった。19世紀末より資料報告がされていたにもかかわらず、石造建築物や碑文に比べて研究が立ち後れていたクメール陶器は、20世紀の半ばをすぎてようやく本格的な研究の対象となったのである。グロリエが指揮した1962年のサンボール・プレイ・クックや1964年のスラ・スラン墓域の発掘調査でも多量の陶器資料が出土したとされており、こうしたアンコール地域での発掘成果が後の彼の陶器研究の基礎資料となっている。

　カンボジアからの帰国と早世のため、グロリエがクメール陶器に関して体系的に論じている論文は非常に数がすくない。彼が存命中に発表したほとんど唯一のクメール陶器研究論文は、1981年にシンガポールで開催されたクメール陶器展の図録[4]に掲載されており（Groslier 1981）、現在の研究の基礎を築いたものとしてたかく評価されている。

　この図録に先立ち、シンガポールでは1971年に東南アジア産陶磁器の展覧会が開かれているが、注目したいのはこれら展覧会の主催がSoutheast Asian Ceramic Societyという愛好家団体であったという点である。骨董的関心のもとに形成されたコレクションと学術的関心のもとになされた研究がここでは混在しているのである[5]。

　またこの頃から、カンボジア国内出土資料を基礎においた研究のほかに、タイ出土のクメール陶器資料を基礎とした研究もおこなわれるようになってきた。その代表的な研究者は1981年の図録にグロリエと共に論文を掲載したR. ブラウンである。

　ブラウンはタイを拠点に活躍した美術史学者である[6]。1970年代以降東南アジア陶磁器研究におおきな影響をあたえた彼女は、1978年に東北タイのクメール寺院であるプラサット・バン・

プルアン出土資料を報告し、さらに1981年の論文では窯跡及び周辺寺院所蔵の陶器類に言及している（Brown 1981）。ブラウンの研究の基礎となる資料は、1972年から調査されたプラサット・バン・プルアン、1973年に報告されたスリン県のクメール陶器窯跡、1980年代を中心に調査されたブリラム県のクメール窯跡など東北タイの資料である。

ブラウンと同様にタイを中心に研究をおこなっている美術史学者のD. ルーニーも1981年の図録へ寄稿しているが、その内容はおもにクメール陶器の使用法についてである。彼女は1984年にはクメール陶器に関する著書を発表している（Rooney 1984）。ルーニーはおもにクメール陶器の文様・施文法・器形の集成に力を注ぎ、また使用法についても論じている。彼女はまた、これまでの成果を1989年に富山美術館で開催された個人コレクションの展覧会、『クメール王国の古陶』展の英語版図録の序章にまとめている（Fujiwara 1990）。

アンコールの領域であった現在の東北タイでは発掘調査も含めた研究がおこなわれているが、タイにおけるクメール陶器の研究も、アンコール遺跡群と同様に修復工事の際に出土した陶器が研究の契機となったようである。東北タイのスリン県にあるプラサット・バン・プルアンは、比較的小規模なクメール建築であるが、アメリカ人建築家V. チルドレスが中心となり、タイ芸術局の協力のもと、1972年から5年間の修復工事がおこなわれた。この修復工事にともない、大量の陶磁器資料が発見されたことをうけ、前述のブラウンが1975年から資料の基礎的な検討をおこない、チルドレスと連名で資料を紹介している（Childress and Brown 1978）。またブラウンらは、1973年にはスリン県のバン・サワイ村で発見された窯跡を訪問し、資料の紹介をおこなうとともに化学分析も試みている（Brown *et al.* 1974）。

スリン県での報告と前後し、ブリラム県でも窯跡の調査が進められてきた[7]。タイ芸術局は東北タイ考古調査計画を組織し、窯跡の分布調査がスタートした。1980年代に入り、東北タイでのインフラストラクチャー整備や田圃の開発により多くの窯が消滅するなか、1984年にはコック・リン・ファー窯跡が発掘され、その後同年にナイ・ジアン窯跡が、1988年にはサワイ窯跡が発掘された（Fine Arts Department, Thailand 1989）。これ以降今日にいたるまで、東北タイでの窯体構造や製品の紹介が続けられている（Chandavij 1990、Khwanyuen 1985、Srisuchat and Srisuchat 1989）。

このほか、中国や韓国とならんで陶磁器研究者の多い日本でも、比較的はやい段階からクメール陶器に対する関心が生まれていた。いくつもの個人コレクションが日本国内で形成され、後に展示や図録などが出版されている（町田市立博物館 1994、Fujiwara 1990、Honda and Shimazu 1997）。またコレクターだけでなく、矢部良明や長谷部楽爾といった研究者も早くからクメール陶器に注目し、グロリエの概説を日本に紹介するだけでなく、クメール陶器の成立に関する独自の見解をのべている（長谷部 1984, 1989、矢部 1978）。内戦によりカンボジア国内での調査が不可能になっても、カンボジア外での研究は徐々にではあるが進められ、今日の研究の基礎を形作ってきたのである。

### 第三段階：内戦終了後のクメール陶器研究

　カンボジア国民の人心のみならず文化財にもおおきな傷跡を残した内戦であったが、1991年に停戦合意がおこなわれて以来、ふたたびカンボジア国内での調査研究がおこなわれるようになり、クメール陶器研究もあらたな段階に入ってきている。

　1995年夏、上智大学アンコール遺跡国際調査団は第16次調査としてアンコール遺跡群のひとつであるバンテアイ・クデイ寺院の調査をおこなっていた。調査期間中、考古班のメンバーに対して地元民から工事や開墾作業中に陶器が出たとの情報が寄せられた。これをうけてアンコール・トムの北東17kmにあるシェムリアップ州バンテアイ・スレイ郡ルン・タエック行政区タニ村へ向かった調査団は、道路によって切り通された窯跡を発見した（松尾 2000：196）。タニ窯跡の発見である。

　翌96年より同調査団によって発掘調査が開始され、2007年には最終報告書が出版されている（青柳ほか 1997-2001、青柳・佐々木 2007）。また1999年と2000年には奈良国立文化財研究所によっても発掘調査がおこなわれ、概報が2編刊行されたのち、2005年には最終報告書が刊行されている（文化庁伝統文化課・奈良国立文化財研究所 2000a, 2001、独立行政法人文化財研究所奈良文化財研究所 2005）。こうした窯跡の調査以外にも、消費地での報告事例として、アンコール・トム王宮出土陶磁器の紹介などもある（Franiatte 2000）。

　あらたな資料発見に加え、1997年にはイギリス人美術史学者であるJ. ガイによるあらたなクメール陶器研究論文が発表された。これはおもにクメール陶器の起源、生産された器種、そしてクメール陶器が使用された社会的コンテクストを考察の対象としており、とくに起源に関してはインドの金属器を重視している（Guy 1997）。

　アメリカ人美術史学者L. コートは、基礎資料としてスミソニアン博物館への寄贈資料をもちいながら最新の発掘成果をもふまえ、クメール陶器の器種・成形・装飾・釉薬・焼成といった技術的な問題やクメール陶器が当時の社会で果たした機能、他の美術工芸品との関連性や交易といったクメール陶器をめぐる諸問題について多面的に述べた概説を発表した（Cort 2000）。

　さらにここ数年来、カンボジアでのあらたな窯跡発見が相次ぎ、プノンペン王立芸術大学の学生等が卒業研究として精力的に踏査をおこなっているようである。また、タニ窯跡の発掘調査にかかわった何名かの学生は、クメール陶器をそれぞれの修士論文のテーマとし、タニ窯跡出土資料の型式学的研究をおこなったもの（隅田 2000、エア 1999）、ソサイ窯跡の踏査と基本器種について論じたもの（Tin 2004）などが存在する。筆者もまたタニ窯跡の発掘調査に携わっており、その成果をもとにタニ窯跡出土資料の型式学的研究と技術復元に関する論考を発表している（田畑 2002, 2003, 2004, 2005a, b, c, 2007）。タニ窯跡A6号窯跡の調査責任者であった杉山洋も、これまでの研究成果をまとめるとともに、タニ窯跡の性格づけに関する論考を発表している（杉山 2004a）。

　また、2004年から2007年にかけては杉山洋らによってソサイ窯跡の発掘調査がおこなわれ（杉

山ほか 2008)、2006 年末から 2007 年には筆者によってアンロン・トム窯跡の発掘調査がおこなわれた (Tabata and Chay 2007)。

このように近年のクメール陶器研究は急速な進展をみせつつあるが、ここで研究の課題を再確認するためにも、これまでのクメール陶器研究でおこなわれてきた編年論、起源論、機能論、生産地、自然科学分析というおおきな研究テーマに即して個別に研究史を再構成し、研究の現状と課題をあきらかにしたい。

## 2  編年研究

今日参照されているクメール陶器の暫定編年案を提唱したのはグロリエであるが、この編年案は彼のおこなったアンコール遺跡の発掘や修復で出土した資料と、建築学的・美術史学的に判明した石造遺構の年代をもとにしている。

編年研究は考古学研究の基礎をなす分野であり、今日のクメール陶器研究のなかでもっともその進展が望まれているもののひとつであるが、詳細な編年体系が構築されているとはとてもいい難く、グロリエ以降はかばかしい進展がみられない。これは発掘件数のすくなさのため、信頼できる層位的資料に恵まれていないことに起因する。以下、グロリエの編年案を概観したいが、筆者はグロリエがもちいながら内戦により散逸してしまったとされる資料を追跡しきることができなかったため、1981 年に発表した論文 (Groslier 1981) を典拠として紹介する[8]。

### I. プレ・アンコール期‥‥6 世紀末～8 世紀末

サンボール・プレイ・クック出土のロクロ製土器を事例としている。大型の容器がおおい。器種としてはまるい胴部、長い頸部、水平に外反する口縁部、垂直の縁帯をもつ甕 (ガタ gatha)、まるい胴部とみじかい頸部、および注口をもつ水注 (ブルンガラ bhrngara)、小型でながい注口をもつ水注 (クンディ kundi)、注口がなく口縁部の外反する水注 (カラサ kalasa)、ながい頸部をもつ小型の手洗い用壺 (ロタ lota) などである[9]。

胎土は精製され、砂や砕いた土器片を混和材として使用している。焼成は良好であり、明黄色から淡黄褐色を呈する。胎土の断面の芯が灰色であるため、還元焼成だとしている。ロクロ成形であるが窯の使用に関しては懐疑的である。おおくの製品はスリップが掛けられ、白と赤の彩色がその上に施されている。

### II. 誕生期‥‥インドラヴァルマン I 世 (877～889 年)

施釉陶器と施釉瓦が出現する時期とされる。標式となる遺跡はロリュオス遺跡群である。主要な器種は無高台で半円球形ないしは逆円錐台形の碗、小型の瓶 (盤口瓶)、そして小型の平形合子・筒形合子である。ロクロ目や糸切り痕からロクロ成形であるとしているが、器形の規格

性やサイズから、型作りも想定している。この時期以降、底部にはしばしば焼成前に線刻のマークが施される。

　胎土はくすんだ白色を呈し、堅く、多孔質で非常に良く精製されている。混和材は観察されない。半透明の釉薬は薄く、亀裂がない。色調は乳白色からかなり明るい麦わら色、あるいは中国茶の緑色まで変化する。黄色ないし明緑色の釉を呼ぶのにクーレン[10]の名をあてている。また焼成に関しては、バクセイ・チャムクロン遺跡やトマノン遺跡で発見された無釉合子から、二度焼きを想定している[11]。

### III. 揺籃期‥‥ヤショヴァルマン I 世（889～ca. 910 年）～ジャヤヴァルマン V 世（968～1001）

　宋代の陶磁器の輸入量が増加する時期とされる。こうした中国の影響で小型の合子（平形合子）が次第に減少する。10 世紀後半には陶磁器生産が著しく発達し、よく精製されて緻密で灰色に焼き上がる胎土が現れる。こうした胎土をもつ製品の釉薬は、より厚くなめらかで、よく胎土となじんでいる。器種は前段階のものを踏襲し、さらに丸形合子、脚台付き壺などが加わる。

　さらに、この時期にリドヴァン（lie-de-vin）陶器が現れる。リドヴァン陶器とは、ワインの澱と発色が似ているためグロリエによって命名されたクメール陶器のカテゴリーであり、酸化鉄とおそらく木灰が加えられた化粧土によって焼成後に光沢をもつものをさす[12]。器種としては大型の深鉢、広口の甕、頸部の細い瓶、みじかい注口のつく水注、逆円錐形の小壺などがあげられる。また、黒褐釉をこのリドヴァンから派生したものであるとし、その出現を 10 世紀末としている。

### IV. 青年期‥‥スールヤヴァルマン I 世（1002～1050 年）

　クメール陶器が自立的なアートになった時期とされる[13]。クーレン・タイプ、すなわち灰釉陶器では胎土がほぼすべて灰色で緻密なものとなる。リドヴァン陶器は姿を消す。クーレン・タイプの小型の平形合子も姿を消している。10 世紀末より黒褐釉が出現して器種も増加する。クメール陶器に非常に特徴的な黒褐釉のバラスター壺[14]が現れるのはこの時期からである[15]。鳥や象などの動物をかたどった動物形態器が出現するのもこの時期からである。

### V. 発展期‥‥ウダヤーディティヤヴァルマン II 世（1050～1066 年）

　黒褐釉の質感・色調が多様化する時期である。ひとつの製品に灰釉と黒褐釉の二種類の釉薬をかけわけた二色釉陶器も出現するが、グロリエはこれを中国産陶磁器の影響と考えている。すでに存在する器種に様々な変化が加えられる。あたらしい器形として、小型の筒形合子で胴部がやや凹面状になったもの、円錐を二つ張り合わせたような脚台付きの壺が現れる。また、逆円錐形の碗がより多量に再出現する。

### VI. 結晶期‥‥ジャヤヴァルマン VI 世（1080～1107 年）

スラ・スラン墓域出土の一括遺物を標式とする。前段階に見られるような陶磁器の発展速度は鈍化し、結晶化する時期とされている。二色釉は非常にすくなくなり、明るい釉薬（灰釉）が頸部と肩部全体に広がる傾向がある。黒褐釉がミニチュアを含むすべての製品のなかで支配的になり、様々な釉調がみられる[16]。器種的には前段階のものを継承するが、装飾としてはより沈線文を多用するようになる。

### VII. 古典期‥‥スールヤヴァルマン II 世（1113～ca. 1150 年）

黒褐釉が完全に主流をしめ、灰釉は蓋付き壺（合子）に限られる。化粧土のうえに黒褐釉が施されるが、釉はしだいに薄くなる。器種の増加はほとんど見られない。注口付きの水注もほとんど見られなくなる。大型の壺・甕はおおいが、装飾が独特で、地方窯の可能性もある。小型のものはほとんどすべてが黒褐釉である。扁平壺にみじかい注口と口縁付近に縦の把手がついた器種が現れる。これらは鳥形をしていることがおおく、蓋もついている。また、人面の飾りをもつヒョウタン形の壺もこの時期に特徴的なものである。

### VIII. 終末期‥‥ジャヤヴァルマン VII 世（1186～1218 年）～15・6 世紀

アンコール・トム王宮の発掘によると、この時期は北宋から明にかけての中国産陶磁器が出土し、中国産陶磁器のクメール施釉陶器に対する比率は、北宋で 50%、南宋で 70%、元と明では 80% にもなる。クメール陶器の器種は減少し、灰釉陶器では納骨器と考えられる筒形合子のみとなる。二色釉は見つかっていない。黒褐釉は光沢がなくなり厚くなる。器種としてはバラスター壺、壺、甕、扁平壺、球形の小壺、象をかたどった動物形態器などである。

この時期以降、年代決定に利用できる石造建築物がすくなくなるため、編年は困難になるが、おそらく施釉瓦のみは 16 世紀まで作り続けられたのではないかとされている。

今のところクメール陶器の年代観はグロリエの編年案をもとにしており、ブラウン、ルーニーらの研究でも年代観は基本的にグロリエのものを踏襲している。しかしグロリエ以後の研究者によって指摘されているとおり、彼の編年には（彼自身があきらかにしているように）、いくつかの制約がある（杉山 1997：237、Cort 2000：110）。

第一の制約は遺跡修復が優先課題とされてきたために生じた調査対象の偏重からきている。アンコール遺跡の修復計画にともない、主として寺院や都市の位置関係を確かめるための発掘がおこなわれたが、都市やモニュメントの年代をみると、いくつか調査の欠落する時代がでてきている[17]。また、陶磁器の進展は、建築や彫刻の様式や王の治世のような歴史のリズムにかならずしも従っているわけではないとしている。

第二の制約は、サンボール・プレイ・クックを除いてはアンコール遺跡群でしか発掘がおこ

なわれていないことからきている。したがってアンコール地域での陶器の変遷がアンコール朝の他の地域でも同じように起こったのかどうかは不明である。そのほかにも、寺院や王宮という遺跡の性格上、その出土遺物にも制約が存在した可能性がある[18]。年代決定に関する問題点としても、墓域での一括遺物がはたして完全に同時代性を有しているのかどうか（埋納時にすでに伝世品が存在するのではないか）といった問題や、中国陶磁をもちいた安直な交差年代法[19]の使用からくる誤謬の可能性も指摘している[20]（Gloslier 1981：16-17）。

こうしたグロリエ自身も認識している方法論上の問題点のほかに、彼の論考にはさらに基準資料の不在からくる問題点が見られる[21]。展覧会図録という刊行物の性質上、原文中で参照される図版がすべて出土地不明の展覧会コレクションであるのは致し方ないが、サンボール・プレイ・クックとスラ・スラン以外には、標式となるべき遺跡が提示されておらず、編年の追認が非常に困難である。

現在、グロリエの年代観とは別の観点から年代を推定しようという動きもあり、放射性炭素年代による年代測定などもおこなわれているが、これについては最終章で論ずる。

信頼できる年代観はクメール陶器研究のみならずカンボジア考古学全体で求められているものであるが、今後は層位的資料を増加させ、編年を構築する必要がある。なお年代の問題については筆者なりのクメール陶器の年代観を最終章において提示しているので、そちらも参照されたい。

## 3 起源論的研究

起源論的研究とはクメール陶器の成立に関する研究をさす。クメール陶器の研究には幾つかのおおきなテーマがあるが、この起源論的研究も他の研究テーマと同じようにグロリエの研究が出発点となっている。

クメール陶器の起源をめぐっては、常に、そして先験的に、「インドか中国か」という二者択一的な問題がとりざたされてきた。つまり、クメール陶器の成立に関してインドや中国という他地域からの圧倒的な文化的影響力をいかに評価するのか、という問題がまずあり、これにたいしていかに応えるのかがクメール陶器の起源に関する研究だったのである。

筆者は、クメール陶器の起源はインドか中国かといった二者択一的なものではなく、むしろクメール陶器自身の自立的展開を重視すべきであるとの見解もつにいたったが、その議論は本書の後半に譲るとして、ここではこれまでの論考を整理したい。

まずグロリエによるクメール陶器の起源に関する見解であるが、彼はクメールの土器に見られるロクロの使用についてはその起源をインドに求めるものの、9世紀末にはインドの影響から決別し、中国の影響がクメール陶器生産に決定的なものであったとしている。その根拠としては、胎土・仕上げ・釉薬・形態などすべてが中国式であるとし、それまでのインドの影響から完全

に決別したとしている (Groslier 1981：20, 1995：27)。さらに、こうした新技術は単に中国から輸入されたものを見て再現したとは思えず、中国人（あるいは中国化した）陶工が作り上げ、職人を育てた可能性があるとしている (ibid.)。

したがってグロリエの考えるクメール陶器の成立は、インドを根底に置きながらも中国陶磁器の決定的な影響下にあり、しかも中国人（ないしは中国化した）陶工による外来技術移転によって成立したとするものである。こうした考え方はながらく支配的なものであり、近年の論文でも、L. コートがクメールの灰釉合子について、唐代後期から宋代の磁器を思わせることから中国陶磁器の影響を示唆している（コート 2002：133）。

しかし、中国陶磁器研究の蓄積のある日本では、早くからこうした説に疑問が提示されてきた。長谷部楽爾は、クメールの初期施釉陶器とされるものを検討しても、唐末五代の中国陶磁器の影響を確認することは難しいとして中国陶器の影響について疑問を呈していた（長谷部 1984：157, 1989：187）。事実、グロリエ自身もアンコールでは唐末五代の中国陶磁器の出土量はすくないと認めている (Groslier 1981：20, 1995：28)。

一方、インドの影響を重視する考え方としては最近のJ. ガイによる説があげられる。ガイはクメール陶器の器種・器形の起源を考えるうえでインドの影響を重視している。彼はクメールの土器と金属器の関係についての研究は将来の課題だとしているが、クメール陶器についてはそのシャープな輪郭、角張って傾斜のついた底部、沈線文の多用などからおおくのクメール陶器が金属器をモデルとしたことはあきらかであり、クメール陶器の大部分がこうした特徴をもち、それはインドの金属器がクメール陶器の原形として存在したことをよく指し示していると述べている（ガイ 2004：69）。

クメール陶器の器形と金属器の関係についてはすでにグロリエや長谷部によって指摘されていたが（Groslier 1981, 1995、長谷部 1984）、ながらく集中的に取り上げられずにきた問題である。たしかにクメール陶器の独特な器形は金属器との関係を十分にうかがわせるものであるが、インドからの搬入と考えられる金属器が出土していないことを考えると、検証は非常にむずかしい。ガイはアンコール遺跡のレリーフにみられる器などから金属器と陶器の対応関係の説明を試みているが、やはり金属器の器形とクメール陶器の器形の一対一の対応関係があきらかにならない限り立証はできないだろう。

こうした問題を考える上で、6世紀末から9世紀にかけて、つまりサンボール・プレイ・クック以降ロリュオスまでの間に調査例がないことが起源への考察を困難にしている。

起源論的研究も編年的研究と同じく将来の消費地遺跡での発掘調査増加を待ってあらためて考える方がよいだろう。その意味では近年開始されたロリュオス遺跡群周辺でのフランス極東学院による発掘調査や早稲田大学によるサンボール・プレイ・クック遺跡の再発掘調査の成果が待ち望まれる[22]。

## 4 機能論的研究

　クメール陶器の機能論的研究、つまり使用法やアンコール社会で果たした役割などについてはおおくを語るのはむずかしい。グロリエのクメール陶器研究で評価すべき点として、彼が民族学的視点をもっていたことが指摘されている（杉山 2000：236）。たしかに彼はカンボジアでも現在使われている土器に注目し、3グループに分類した後に製作法にも注意を払い、粘土円筒の一方を叩いて丸底に仕上げ、露天に積み上げて焼成する様子を報告している。また土器以外の竹や椰子の実などの植物質資源を使った容器類の使用方法にもふれている（Groslier 1981：11-14, 1995：16-17）。しかしこれらは基本的に土器に関する情報であって、陶器に関する情報はすくない。グロリエがクメール陶器の機能としてあげたおもな事例は、スラ・スラン墓域出土のクメール陶器の壺がどれも頸部から破壊されていることを根拠とする、埋葬に伴う陶器の「犠牲」である（Groslier 1981：16, 1995：22-23）。

　クメール陶器の機能論的問題については考古学的方法論だけでなく民族学的方法論が有効なのかもしれない。しかし安易な方法論の適用は時としておおきな混乱を引き起こす。

　クメール陶器の概説書を著したルーニーは、その著書の後半で様々な器種の使用法について述べている（Rooney 1984）。そこでは、おそらく彼女が実見したのであろう現代カンボジア農村の1年が描かれ、幾つかの壺・甕類が水瓶や洗濯、沐浴に使用され、蓋付きの壺が屋内での飲料水貯蔵に用いられていることから、クメール陶器の主な使用法を日常生活のためであるとしている（Rooney 1984：122-132）。しかしルーニーが実見した現代カンボジアの農村とはいったいどこをさしているのか、調査日時はいつなのか、調査方法はどのようなものであったのかについての情報は掲載されていない。そして現代の農村のひとコマがそのまま過去へと直結するのである[23]。残念ながらルーニーがもちいたような安易な類推を現代的な意味での民族学的方法論をもちいた類推とはいい難い。クメール陶器についての民族考古学的な研究は今後の課題である。

　一方、コートはレリーフに描かれた器からの類推だけでなく、出土状況や器形の詳細な検討から、大多数のクメール陶器はエリートクラスが宗教儀式をはじめとする儀式の際にもちいられたのではと推定している（コート 2002：147-152）。

　今後、クメール陶器の機能論的研究を進めるとすれば、コートの成果をふまえた上で、より洗練された民族考古学的類推をおこなう必要があろう。また民族学的方法論だけではなく、『真臘風土記』などの文献史料から陶器の使用法に関する記述を検討し、美術史・考古学・民族学・文献史学の成果を統合することによって、より実りのある結果が生まれることが期待される。

## 5　生産地研究

　生産地研究とは、陶器生産の実態やその時代・地域的な推移、生産技術の発達や変化を追究することを目的とした研究のことであるが、クメール陶器研究の枠組みのなかでは、1980年代から東北タイで開始され、カンボジアでは1995年のタニ窯跡群発見以降に本格化した。個々の調査についてはすでに通史で紹介しているのでここで繰り返すことはしないが、生産地研究の現状としては、最終報告書が刊行されている調査例が非常にすくなく、生産の実態解明が待ち望まれている。その意味では手つかずの分野であるが、タニ窯跡群のように継続的な発掘調査がおこなわれたことから資料の蓄積も十分であり、生産地研究は今後のクメール陶器研究の主流のひとつとなっていくだろう。現在でもあらたな窯跡発見が続いており、プノンペン王立芸術大学の学生や、カンボジアのアンコール遺跡を管轄するアンコール地域遺跡整備保存機構のスタッフが精力的に踏査をおこなっているようである。生産地研究の成果は本書の内容に直接関わるため、次章以降様々な場面で取り上げることとする。

## 6　自然科学的研究

　現在、陶磁器を研究する際に胎土や釉薬の成分分析などの自然科学的研究を併用することが一般的になりつつあるが、クメール陶器でこうした自然科学分析、とくに化学分析をはじめておこなったのはブラウンである[24]。ブラウンは、1970年代中頃には東北タイのスリン県バン・サワイ村で発見された窯跡を訪問し、資料の紹介をおこなうとともに化学分析も試みている。採集された資料は共同研究者のM. グルックマンを通じ、Brick Corporation of South Africa Limitedへ送られ、そこで胎土の化学分析がおこなわれている（依頼番号10896）。この分析では酸化第一鉄、第二鉄、銅の含有量が求められただけでそれ以上の考察はないが（Brown et al. 1974：245-248）、ブラウンはその後も分析を進めていたようであり、1981年の論文では黒褐釉は鉄分が5.7%で褐色に、8～10%で黒褐色に、12%くらいでふたたび褐色に変化するとしている。また、10世紀末の黒褐釉陶器の発生と、それ以降のクメール王朝の勢力拡大を関連づけ、陶工がアンコール地域から移動し、この地の鉄分のおおい粘土に合った黒褐釉を作りはじめ、アンコール地区へ輸出したと論じている（Brown 1981：45-48）。

　ブラウンによる分析以外では、タイ芸術局によるコック・リン・ファー窯跡の発掘に際し、20点の出土遺物の成分分析がおこなわれ、$SiO_2$（74%）、$Al_2O_3$（18%）、$Fe_2O_3$（4%）、$CaO$（0.4%）、$MgO$（0.5%）、$Na_2O$（0.6%）、$K_2O$（1.3%）という値が得られている。分析の詳細が提示されていないため、これらの値が何を意味するのか判断しがたいが[25]、4%と比較的鉄の含有量がたかいことが特徴的であるとしている（Khwanyuen 1985：144）。

一方、日本に留学したカンボジア人学生エア・ダリスは、修士課程での研究で、アンコール地域の窯跡出土、採集資料をサンプルとして、X線透過写真分析、X線回折分析、蛍光X線分析などをおこなっている。実際の分析担当者は不明であるが、X線回折分析では各窯試料の胎土から石英（Quartz）のほか、クリストバライト（Cristobalite）、ムライト（Mullite）といった粘土鉱物が検出されており、ムライトは温度800℃をこえると粘土中に生成され、クリストバライトは1200℃付近から生成のピークが現れることから、クメール陶器の焼成温度は800℃～1200℃ぐらいの間であろうと推定している。また蛍光X線分析では各窯の胎土や釉薬におおきな違いがみられなかったとしている（エア1999：44-49）。

　自然科学分析は、それぞれの分析手法の原理や限界を把握し、共通の分析基準を設けない限り比較検討は難しい。今後は、こうした分析をおしすすめるとともに周辺の粘土サンプルなども併せて分析し、各窯での基礎データを積み重ねることになるだろう。

## 小　結

　以上、19世紀末から今日までのクメール陶器の研究を通史的に概観し、さらにこれまでのクメール陶器研究でおこなわれてきた編年論、起源論、機能論、生産地、自然科学分析というおおきな研究テーマに即して個別に研究史を再構成し、研究の現状を検討してきた。このようにしてみると、自然科学分析以外の研究テーマは、ほとんどがグロリエの論考を出発点として、これにいかに応えていくのかという形で研究が進展してきたことが見て取れる。また資料や分析例の紹介はおおいものの、クメール陶器をテーマとして、包括的、体系的に論じた研究がすくないこともこれまでのクメール陶器研究の特徴であり問題点であるといえる。クメール陶器の技術について体系的に論じるという本書の意図は、これをふまえたものである。

　ここでは本章のまとめとして、クメール陶器研究をおこなう上でどのような戦略をとるべきか、方法論的な観点から考えてみたい。

　クメール陶器の編年や起源論的研究は、グロリエの研究を出発点としているが、発掘件数のすくなさという制約のためにはかばかしい進展が見られなかったことはここまでに見てきたとおりである。また編年研究や機能論的研究は、生産地だけでなく消費地での発掘成果をふまえて総合的に推進すべき研究である。残念ながら消費地での本格的な考古学的調査例がすくなく、現段階で包括的なクメール陶器編年の構築はデータ不足のためにむずかしい。

　そのため前章で述べたように、将来の研究の基礎として陶磁器生産の実態やその時代的・地域的な推移、さらには生産技術の発達やその変化の特徴を追究することを目的とした生産地研究、特に製陶技術の研究をまずおこなう必要があり、具体的な研究目標として前章では、1）来歴不明であった従来のクメール陶器資料にかわる確実な基準資料の構築、2）生産地における基本組成の解明、3）クメール陶器の製作技術の解明とアンコール地域における技術体系の解明、

4）アンコール時代における窯業の成立と展開の追究という4点をあげた。

　生産地研究をおこなう以上、基礎的な資料は窯跡出土資料となる。そして基礎資料に窯跡出土資料を用いる場合、おのずと資料にたいするアプローチがさだまってくる。資料の形態から機能を類推することはむずかしいため、これまでの機能論的研究でみられたような安易な類推は採用しない。もちろん、適切な民族学的類推は有効であるし、形態からある程度機能が類推することができる場合はある（出土した瓦を建築部材ではなく食器として考えることはあまりにもナンセンスであろう）。

　しかし、流通や使用のコンテクストを欠いた窯跡出土資料を有効に活用しようとすれば、そして資料の技術的な側面に研究の焦点をしぼろうとすれば、まずは型式学的手法による分析が中心となってくる。

　基本的な資料へのアプローチは、まず資料の様々な属性を型式学的手法により記述、図化、分析する。出土資料を型式へと概念化させ、その過程で、クメール陶器に関わる生産技術を再構成する。同様の分析を各窯跡でに繰り返しアンコール地域における生産モデルを構築する。さらに隣接地域との比較や自然科学分析その他の成果を援用することによって、アンコール時代における窯業技術の成立と展開を追究することとしたい。

**註**
（1）クメール陶器の非クメール世界への紹介という観点からすると、周達観の記述（周 和田訳注 1989）もあげられる。周は13世紀末に元朝の使節に随行してアンコールに滞在し、その地の風俗を書き記しているが、このなかには瓦などの陶磁器の記述がある。ただし、周の記録は風俗全体を対象にしているため、陶磁器そのものの記述もすくなく、学術的関心のもとに体系だって陶磁器資料を紹介しているわけではない。さらに周の記述によってクメール陶器の研究が開始されたわけではないため、研究史のなかには位置づけず、13世紀末の貴重な情報として扱いたい。もっとも、このことが『真臘風土記』の史料的価値を損なうわけではない。むしろ、風俗全体のなかでみじかいとはいえ陶磁器について述べられているということは、すくなくとも陶磁器が周の関心を引いていたと見るべきであり、当時のアンコール社会のなかでの陶磁器の位置づけを考えるうえで非常に重要な史料といえる。
（2）ダンレック山脈の近くの窯跡が現在のどの窯跡に当たるのか不明であるが、プノン・クーレンの窯跡は第3章で取り上げるアンロン・トム窯跡に相当すると思われる。
（3）タイで研究が進展したのは70年代以降である。
（4）図録にはグロリエの他 R. ブラウン、D. ルーニーの論文も掲載され、クメール陶器研究のまとまった研究書となった。この三者は1990年代までのクメール陶器研究をリードすることになる。なお、グロリエの論文は英文であったが、1995年にはフランス語のオリジナル原稿に補註を加えたものが『ペナンシュル』誌に掲載された（Groslier 1995）。さらに1998年にはフランス語版を基にした日本語訳（グロリエ 津田訳 1998）、2000年にはカンボジア語訳（Groslier 2000 訳者不明、内容から底本は英語版と思われる）が刊行されている。
（5）クメール陶器の個人コレクションがどのように形成されていったのか、その成立過程を追究することは大変に困難である。海外にコレクションが存在する以上、アンティークディーラー達が陶磁器

（6）を商品として取り扱ったのであろう。ただし30年前のコレクション形成に際し、文化財の不法な輸入、輸出及び所有権譲渡を禁止した国際条約（パリ条約、1972年発効）に抵触する行為がおこなわれたかどうかを検証するのはこと事実上不可能である。ここではコレクションの存在を指摘するにとどめたい。

（6）ブラウン先生は2008年5月14日に惜しくも御逝去された。ここに記して弔意を表したい。

（7）実際にはブリラム県にかなりの数の窯跡が存在することは以前より知られていたようであり、1920年代にはバンコクのアンティークショップで東北タイから出土したクメール陶器が流通していたことがグラハムにより指摘されている（Graham 1986）。

（8）グロリエのクメール陶器に関する論文は4版存在するが、ここでは底本として英語版およびフランス語版を用い、必要に応じて日本語版を参照した。英語版とフランス語版では章立てが異なっている。

（9）グロリエは土器の形態がインド起源であり、扶南を経由して（直接もたらされたと断言はできないが）もたらされたのではないかと考えている（Groslier 1981：14）。

（10）このことから、灰釉の製品をクーレン・タイプと呼ぶことがある。

（11）杉山はこの問題について、二度焼きを否定しないものの、意図して無釉陶器を生産したのではないかと指摘している（杉山 1997）。筆者もまた杉山の見解を支持したい。

（12）現在このリドヴァン陶器については、研究者の多くはこのカテゴリー自体の存在に懐疑的である（例えば杉山 1997, 2000）。おそらくは無釉焼締陶器のなかで金属光沢をもつものをこのように認識したのだろう。

（13）その起源がインドであるのか、中国であるのか、あるいはその他の地域であるのかをべつにして、クメール陶器から外来文化の影響が薄くなり、より自立的な様式が確立された時期であるとしている。

（14）バラスター（baluster）とは階段や通路、ベランダなどにつけられる手すりの笠木（手すり棒）を支える垂直の束（つか）材のこと。断面が円形で上方が細く下方に膨らみをもち、花のがくのような形がおおい。このバラスターの形に類似する壺をクメール陶器ではバラスター壺とよんでいる。

（15）グロリエは、バラスター壺という器種そのものは7世紀に出現するとしている（Gloslier 1981：23）。

（16）グロリエはこうした黒褐釉について、中国の天目を模倣したような印象を受けると述べている（Gloslier 1981：27-28）。

（17）具体的には10世紀第1四半期、10世紀末〜11世紀初頭、11世紀第4四半期、12世紀第3四半期である。また、13世紀中頃から1430年頃のアンコールの最終的な放棄までの寺院は石造建築物がないため、たどるのが難しいとしている（Gloslier 1981：15）。

（18）すなわち、あるタイプの器が信仰に使われるものであったとすると、その器種は信仰によって定着し、長期間不変のままである可能性などである（Gloslier 1981：16）。

（19）cross-checked date、原文では次のように説明している。

One must caution against the extremes of this 'circular' reasoning which too often affects our studies. An excavator finds — say at Angkor — in a locally datable layer, a Khmer vessel and a celadon; he will obviously assign the same date to both as a hypothesis. Three thousand kilometers from there — say in the Philippines — another excavator unearths the Chinese vessel, will date the tome. A few years later, the first archaeologist will see this grave site. And his own hypothesis, seemingly cross-checked, will became a 'certainty'. In all of this nothing *is* established. (Groslier 1981：17)

(20) こうした問題は、陶磁器を考古資料として取り扱う場合、良く吟味されなければならない。陶磁器と年代に関する問題については、亀井明徳による論考（亀井 2001）を参照されたい。

(21) ただし、こうした問題点の指摘は、グロリエの論考が展覧会図録という必ずしも専門家のみを対象としてはいない刊行物に掲載されていることや、彼がカンボジア内戦により国外退去を余儀なくされたことによる資料的制約などを考えると、いささか厳しすぎるのかもしれない。

(22) 調査を見学させていただいた極東学院のクリストフ・ポチエ氏、早稲田大学の下田一太氏に御礼申し上げたい。

(23) 現在の我々には、アンコール朝で生産されていた様々な器に対応する古クメール語の名称推定すらままならない。

(24) 自然科学分析の主要な分析法のひとつとしてはほかに放射性炭素年代測定法があるが、これは第6章で詳細に論じているので、そちらを参照されたい。

(25) 恐らく20点の分析値の平均を示していると思われる。

# 第2章　アンコールの地理的・歴史的背景

　本章では論を進めるにあたって対象地域の地理的・歴史的枠組みを概観したい。アンコール朝はもっとも繁栄した時期にはインドシナ半島の大部をその領域としたとされるが、ここでは地誌としてアンコール朝の版図であったと考えられる地域のうち本書でおもに取り上げる地域を簡潔に論述する。また歴史的背景についてもこれまでのアンコール史復元の成果を簡潔に紹介して次章以降の本論へとすすみたい。

## 1　東南アジアの地理的特徴

　はじめに東南アジア全域の地理的特徴について簡単にふれてみたい[1]。東南アジアはユーラシア大陸東南部に位置し、陸域（大陸部東南アジア）とそれをつなぐ海域（島嶼部東南アジア）からなっている（図1）。大陸部は地質的に安定した地塊であり、その地形は北が東部チベットの山地から南に湾曲してインドシナ半島の主軸となる諸隆起山脈に分岐し、南には隆起運動のなかった平原がひろがっている。海岸地帯にはイラワジ（エーヤワディー）、チャオプラヤー、メコンなどの大河により、広大な沖積平野とデルタ地形が形成されている。

　山地を形成した隆起運動は第三紀にインド陸塊がアジア大陸に衝突したことに起因していると考えられている。大陸部北部には中国に続く石灰岩地帯がひろがり、中南部には新生代の玄武岩台地がベトナムからカンボジア、ラオス、タイ東北部にかけてひろく点在する。デルタもまた新生代の堆積盆であるが、タイ東北部には中生代の含塩蒸発岩に由来する広大な波状平原がある。

　島嶼部は火山島がスマトラ、ジャワから小スンダ列島を経てフィリピン諸島までつながっている。火山島の内側にはマレー半島、ボルネオを中心とする非火山島域が分布するが、これらの島々の内海はスンダ陸棚を形成しており、浅く、更新世には海水面が低下し、スンダランドと呼ばれる広大な陸域を形成していた（桃木ほか 2008）。

　地質に由来する土壌の肥沃度は資源としての動植物生長におおきく影響するが、東南アジアでは火山性土壌でも速やかな風化で養分となる塩基が絶えず放出されるため肥沃である。山地部と非火山島は花崗岩、頁岩などから構成され、中程度の肥沃度をもつ。デルタは山地からの土砂が堆積しており、肥沃度は山地と同程度である。平原部地域の土壌は長い間地表にさらされ、鉱物の風化と養分の流出が激しく、痩せがちである。低湿地は土砂の供給がない地帯で、陸化して水分がなくなると養分に乏しい強酸性土壌となる。

第2章 アンコールの地理的・歴史的背景

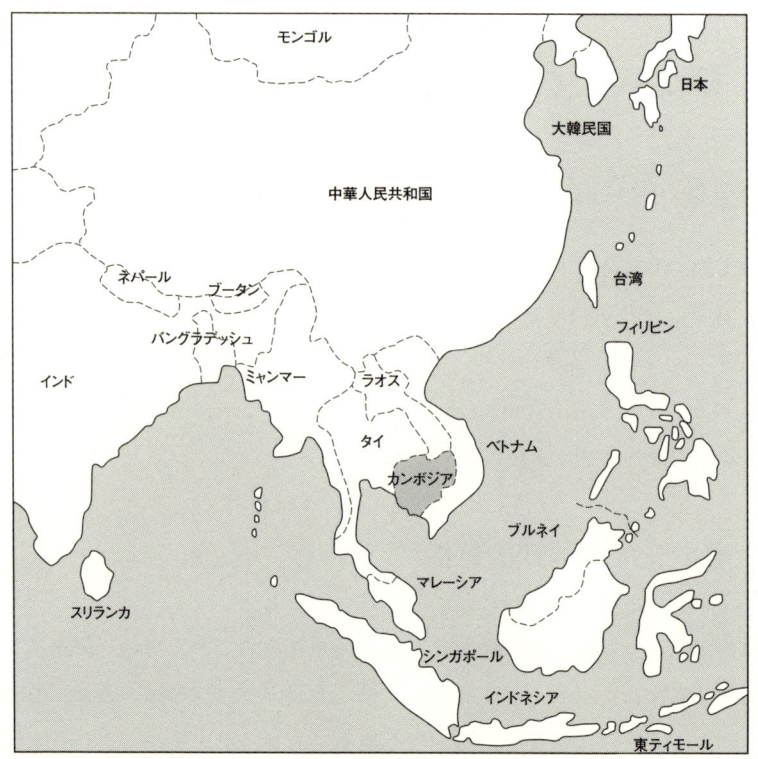

**図1-1 東南アジアと周辺の諸国**

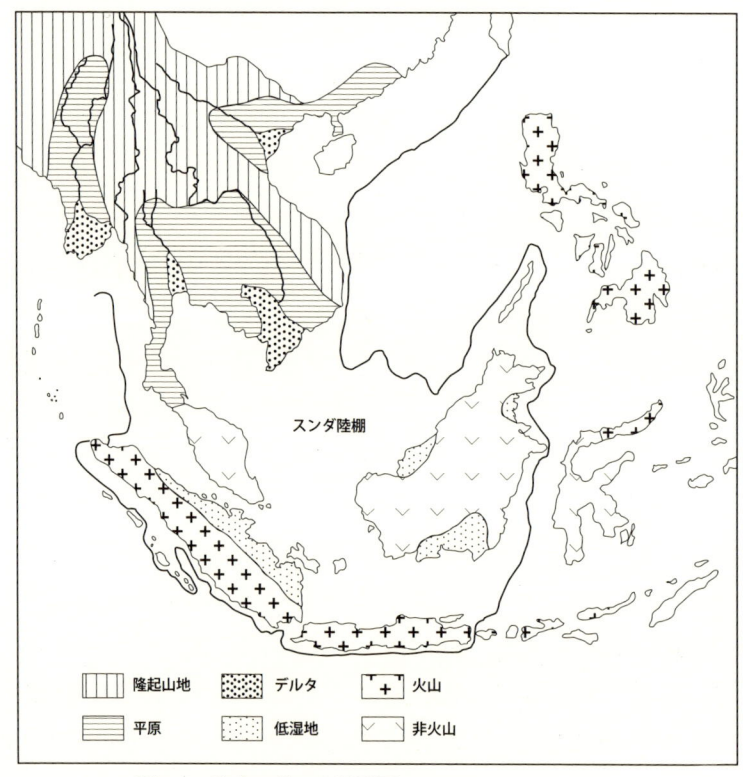

**図1-2 東南アジアの地形図** (小川 1992をもとに作図)

東南アジアの気候は、熱帯という気候帯にあって高温多雨であるが、全域が一様におなじではなく、湿潤熱帯気候の島嶼部と、モンスーン熱帯気候の大陸部とに大別される。湿潤熱帯は通年高温で、赤道下での年平均最低気温は23℃前後、最高は28℃前後となっており、月平均の最高／最低気温の変動幅は小さく、むしろ一日の変動幅のほうが上回っている。降雨も通年多雨で、年平均2000mm以上である。降雨のピークは通常、北半球の冬季（11月から1月）にやってくる。

　モンスーン熱帯気候では乾季と雨季が明瞭に区分され、月平均の気温変動はおおきくなる。月間降雨量40mm以下の月が3ヶ月以上続く地域が大陸部にはみられる。乾季（12月から5月）は3月、4月に暑さのピークを迎え、雨の降らない日が続く。雨季（6月から11月）の9月、10月には雨が各地に洪水をもたらす。山地部は緯度、標高ともに高いため、温度も低く、亜熱帯モンスーン地域となる（高谷1985、小川1992）。

　森林帯としては、熱帯多雨林帯、熱帯モンスーン林（熱帯雨緑林）帯、照葉樹林帯の三つがある。アンコール朝の盛衰の舞台となったのはほとんどが大陸部平原であり、ここでは熱帯モンスーン林帯が卓越している。熱帯モンスーン林では、落葉性のフタバガキ科が優占種で、チークなど乾燥に耐える樹種が多い。一般に多雨林に比べて樹高、樹冠密度ともに低くなり、乾季に花をつけ、葉を落とすのが特徴である。

## 2　アンコール地域

　カンボジアの自然環境についてはフランス人地理学者J.デルヴェールの優れた業績（デルヴェール1996, 2002）があるため、詳しくはこれを参照していただくこととして、ここではアンコール朝の版図のうち、クメール陶器を生産していた地域（図2）であるアンコール地域とコーラート高原について述べてみたい。

　カンボジアには平坦な土地がひろがっており、北のダンレック山脈、南西のカルダモーム山脈、南東のモンドルキリ高原などに囲まれ、広大な窪地を形成している。アンコール平原もまたこの広大な窪地におさまっている。この地域は地震・火山がなく、きわめて安定した地盤といえる。

　地質について詳しくみると、トンレ・サップ湖を中心として馬蹄形状に南東に開くメコン川によって運搬され沈殿した赤色の砂質土壌が地表一面にひろく分布している。この砂質土壌の下部には第三紀層（約200～6500万年前）、中生層（約6500～2億3000万年前）、古生層（約2億3000万年前～5億7000万年前）の古い層が埋没している。これらの堆積岩以外にも花崗岩、閃緑岩、安山岩、流紋岩、玄武岩などの火成岩も存在するようである。また赤色の砂質土壌はラテライト（紅土岩）性の赤色土である。ラテライトとは岩石類の風化作用により生成されたものであり、高温多湿の環境で非金属元素が分解・流出し、鉄やアルミニウムのようなおもい元素が水酸化物あるいは酸化物として残った結果によるものである。水分があると比較的軟らかいが、掘り出さ

第2章　アンコールの地理的・歴史的背景

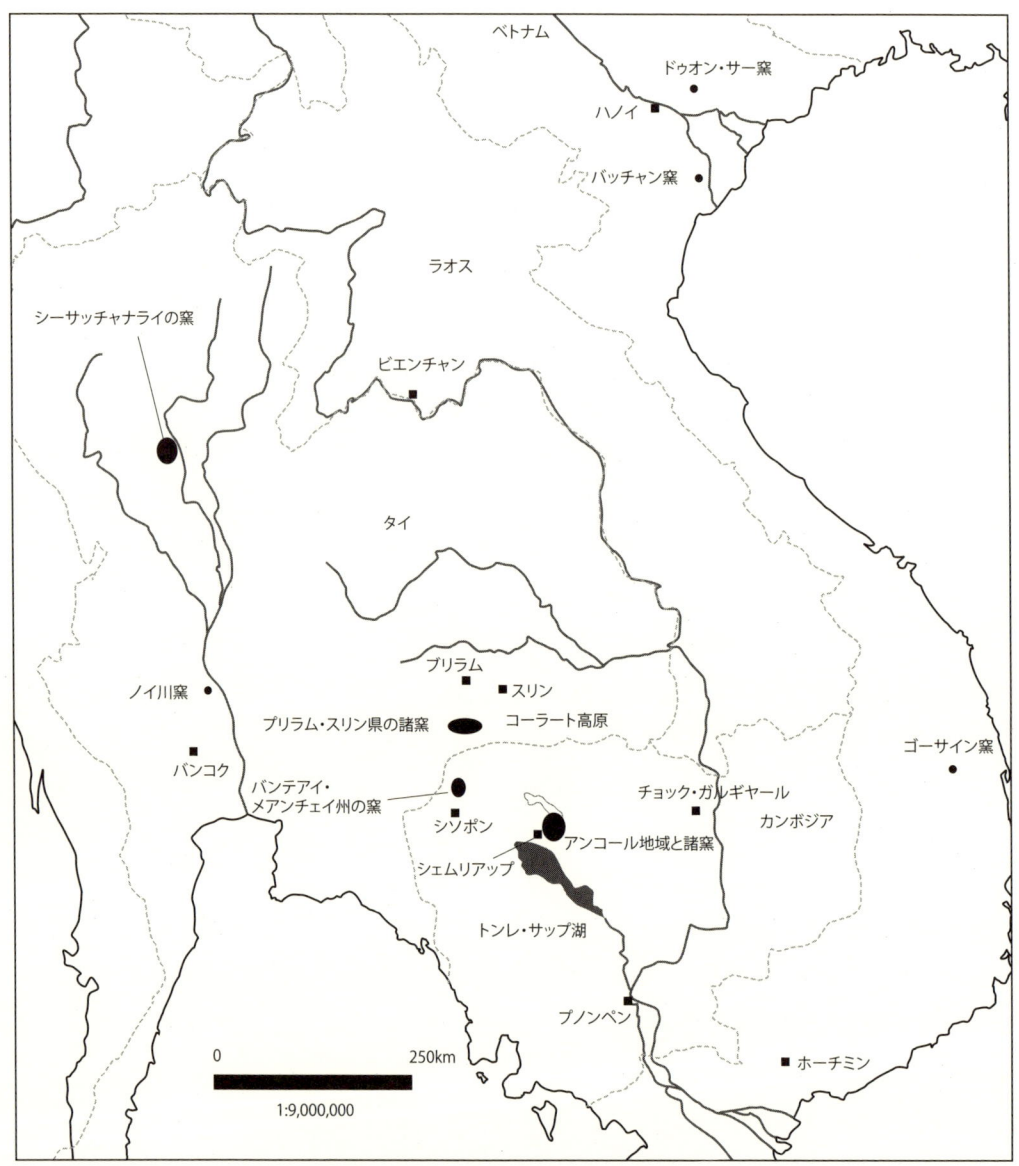

図2　本書で扱う主な地域と主要な窯跡

れて乾燥すると不可逆的に固くなって鉄塊状になる（盛合 2000：79-80）。このラテライトは砂岩とともにアンコール時代から建築材料として利用されている。

　アンコール地域とはアンコール・ワットやアンコール・トムに代表されるアンコール遺跡群のある一帯であり、厳密に地境線があるわけではないが、B. ダジャンスによれば、おおよそ次のような範囲である。南の境界は、雨季と乾季で面積が変動するために境界も季節で変動するトンレ・サップ湖の北岸域である。北部の境界は曖昧であるが、水利都市(2)の生業の上流点を越えることはない。つまりプリア・カーン寺院のバライ（ジャヤタターカ）がひとつの目安である(3)。アンコール地域の西の目安は山岳型寺院アク・ヨム寺院とそのほかの小規模遺跡であり、

東はロリュオス遺跡群である（ダジャンス 2008：38）。

地域の全体的な地形としては、プノン・クーレン（クーレン山、ライチの山の意）の南側、北北東から南南西に非常に緩やかに傾斜する平原といえよう。平原の南には、雨季と乾季でその面積を大きく変えるトンレ・サップ湖（面積は約 1600～2700km$^2$）が広がる。アンコールの平原の地形的・地質的性格はこれまで議論されることは少なかったのであるが、近年は江川良武の地理学的研

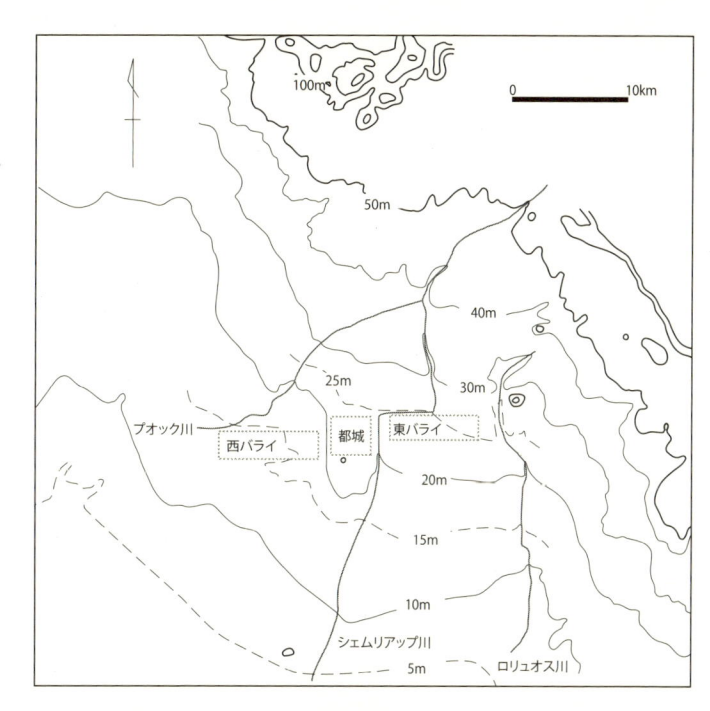

**図 3 アンコール地域の等高線**（江川 1999 をもとに作成）

究（江川 1999）により幾つかの興味深い知見が得られている。図3はアンコール平原の等高線図であるが、北北東から南南西に緩やかに、しかも円弧状に等高線が発達しているのが見て取れる。こうした地形は、アンコール平原を流れてトンレ・サップ湖に注ぐシェムリアップ川によって形成された地形であり、扇状地と呼ばれる。扇状地は基本的に、河川の流路が洪水などの要因により変化（水源に近いほう、扇頂部を支点に首を振るように変化）することによって斜面への土砂の堆積が均等に進んだ結果として形成される地形である。

こうしたアンコールの扇状地（シェムリアップ扇状地）の性格として、1）土地表面には上流の森林地帯から運ばれる養分が補給され、土壌は常に更新され、一般に豊かであること、2）扇状地には多くの小河川が分流・合流を繰り返すが、小河川であるため技術レベルの低い時代においても分水等の水のコントロールが可能であること、3）小河川の分流・合流が多いことは一元的な流域管理が必要であり、また上流域でのコントロールは下流域の利水に決定的な影響をもたらす（ibid.）ことがあげられている。

アンコール地域の北方にも平野部はひろがるが、平野部はカンボジアとタイの国境にあるダンレック山脈の垂直にちかい崖で閉ざされており、この山脈は東西約 200km 以上にわたって続いている。ダンレック山脈は隆起山脈ではなく、東西に延びる巨大な断層である。メコン川もこの断層で滝（ラオス国境付近のコーンの大瀑布）となって流れ落ちている。ダンレック山脈北部の平らな頂が東北タイのコーラート高原の縁辺を形作っている。

カンボジアの植生は、人間がカンボジア平野部に居住して久しいため、ほとんどが第二次植

生であるとされる。植生としてはフタバガキ科、マメ・センダン科、サルスベリ属の密林、半密林、疎林、洪水林、サバンナ、ステップ等があげられるが、とくにアンコール地域ではトンレ・サップ湖周辺のステップとその北部にフタバガキ科が卓越して分布している。

## 3　コーラート高原

　タイ東北部に位置するコーラート高原一帯であるが、南はダンレック山脈によってカンボジアと隔てられている。タイの国土面積の3分の1をしめるが、クメール陶器窯が分布するのはダンレック山脈の付近、ブリラム、スリン両県である。高原全体はメコン河にむかって緩やかに傾斜する丘陵地で、谷間や盆地、大小の河川が偏在するが、代表的なものをあげると、中央部には大きなチー川、やや南にムーン川が流れ、二つは合流してメコン河にそそぐ。かつてはコーラート高原の大部分は森林に覆われ、耕地はわずかであったそうである。森林の植生は西と南の山地帯に熱帯常緑林が分布し、丘陵地は乾燥フタバガキ林が中心である。

　この高原はタイでもっとも雨の少ない地域であり、12月から4月までの乾期にはほとんど雨が降らない。歴史的には8世紀から11世紀にかけて豊かな地域であったとされ、地下の岩塩層を利用した大規模な製塩と、製鉄がおこなわれていたようである（高田 1994：51）。

　タイ東北部にはピマイなど大型のクメール建築が存在することからアンコール朝の地方拠点のひとつと考えられるが、同地ではまた古くから製塩がおこなわれており、こうした産業がアンコールの基盤のひとつであった可能性もある。

　東北タイの製塩遺跡を調査した新田栄治によると、東北タイでは紀元前後頃から土中塩分の浸出によって得られた鹹水を煮沸する製塩がおこなわれていたことが確実であり、11世紀のスールヤヴァルマンI世によるコーラートの征服は、当時の東北タイの経済資源、すなわち塩と鉄の生産地帯を支配下におさめようという意図もあったのではないかとしている（新田 1989：193）。アンコール朝の頃までには同地域はかなりの経済的地位を保っていたようであり、こうしたことも陶器生産がこの地でおこなわれたこととは無関係ではないだろう。窯跡はコーラート高原南部にみられることから、高原南部山地帯の熱帯常緑林が燃料としてもちいられたとも考えられる。こうした自然環境と窯業のかかわりあいとして、クメール陶器の生産は、窯と燃料が雨の影響を受けにくい乾期に集中して焼成をおこなったのではという推察もなされている（コート 2002）。

## 4　アンコール朝の歴史的背景

　アンコール朝の歴史復元はこれまでフランスを中心とする研究者によっておこなわれてきた。近年はアンコール史の概説書や入門書などが出版されており（石澤 2005、ダジャンス 2008）、碑刻

文専門の研究者以外でもその歴史の大枠を容易に知ることができるようになってきている。残念ながら、本研究で取り扱う窯業のようにひどく細分化されたトピックは、これまでのアンコール史復元の成果からその実情をうかがうことはできない。しかし今後、クメール陶器をはじめとする種々の考古学的研究成果をアンコール史のなかへ位置づけるためにも、これまでの研究により明らかになったアンコール王朝の前史から終末までを一度は概観しておく必要がある。そこで、ここではアンコール朝の歴史について簡潔にまとめておきたい。

アンコール朝を中心とした歴史区分は、古い順にプレ・アンコール時代（クメール人の登場～802年）、アンコール時代（802年から1431年頃）、ポスト・アンコール時代（15世紀以後）とされている。これはフランス植民地時代にアンコールを歴史の中心に据えてつくられた時代区分であり、「アンコール時代を「栄光」の時代とし、ポスト・アンコール時代を「衰退」の時代とする歴史観が、植民地支配と密接な関連を持つ」（笹川 2006：12）として批判されることもあるが、現在も一般的にもちいられる時代区分のため、本書でもこの時代区分に沿ってアンコール史を概観したい。

**プレ・アンコール時代**

大陸部東南アジアでは完新世以来人類が居住していたことは間違いないのであるが、クメール語を話す人々（クメール人）がいつごろから集団として確立したのか、具体的な時期はまだ不明である。しかし、紀元前後からは現在のカンボジアあたりにクメール人らしき集団の痕跡がみられる[4]。その最初の例は漢文史料にみられる「扶南」である。扶南の正確な版図は不明であるが、その首都は現在のカンボジア南部、アンコール・ボレイではないかと考えられている。アンコール・ボレイと並ぶ扶南のもっとも重要な遺跡のひとつは、現在のヴェトナム南部に所在するオケオ遺跡である。オケオは扶南の港市と考えられている。ここからローマコインや中国鏡が出土したことはあまりにも有名であり、紀元前後の国際交易をものがたる重要な証人である。

一方、『梁書』扶南伝などの中国史料や碑文は扶南の建国神話を伝えており、それによると扶南を統治していたのはバラモンと王女が結ばれて誕生した王朝とされている。始祖のバラモンのカウンディニヤはインドから渡ってきたらしく、王女のソーマーは現地の女王であったらしい。こうした建国神話は、扶南のインド的枠組みの受容として理解されており、そのほかにこの時期のインド的枠組みの受容の状況証拠としては、ヒンドゥーおよび仏教の宗教混淆、サンスクリット語の使用、人名、そして扶南国王の肩書きに関するものである。とくに王の肩書きとしては、インドですでに定着していた伝統に則り、語尾に「ヴァルマン」をつけている（ダジャンス 2008：13-14）。この王の肩書きの語尾に「ヴァルマン（サンスクリット語で盾・守護者の意）」をつけるという慣習は、扶南以後、のちの真臘、アンコールまで引き継がれる。また、6世紀頃の扶南王として憍陳如闍邪跋摩王（カウンディニヤ・ジャヤヴァルマン）とその息子の留陁跋摩王（ルド

ラヴァルマン）の名が漢文史料にみられるが、これはアンコール朝の系図では、カウンディニヤとソーマーに繋がる太陽家系の代表とされ（ibid.)、扶南からアンコールへの連続がしめされている。

　扶南がクメール語を話す人々の国であったのかどうか、正確なところはまだ不明であるが、漢文史料がつたえるところによると、扶南は6世紀ごろに消滅し、かわってあらたな国「真臘」が興ったようである。これ以降、漢文史料にみられるカンボジアの呼称は基本的に真臘で統一される。この時代の碑文は各地に残っていることから、なんらかの地方勢力が存在したと考えられる。扶南から真臘への移り変わりは定かではないが、『隋書』によると真臘は元々扶南の属国であって、質多斯名那王の時代についに扶南を兼ねてこれを領有したとある（『隋書』巻八十二、南蛮・真臘伝）。

　6世紀末頃には現在のコンポン・トム州を中心とする勢力がおおきな力をもっており、同地には7世紀のはじめには現在まで残る本格的な都城が建設された。真臘王イーシャナヴァルマンⅠ世が建設させ、王の名をとってイーシャナプラ（漢文史料では伊奢那城／伊奢那補羅）と呼ばれたこの都城が現在のサンボール・プレイ・クックである。真臘は当時の東南アジアでは大国であったらしく、7世紀の著名な中国人求法僧玄奘三蔵は、インド東海岸から西方に真臘とその首都伊奢那補羅（イーシャナプラ）があると述べている（『大唐西域記』巻十三）。

　古クメール語碑文が存在することなどから、後のアンコールとの連続性が強い真臘であるが、プレ・アンコール時代をアンコール時代と比べると、国内統一は王個人の力量で定まり、彫刻・装飾・建築などはよりインド的なものに近く、アンコール時代にみられる漸進的な中央集権体制や墳墓信仰と個人崇拝などはみられないとされている（石澤1982：50）。

　7世紀中頃の真臘王、ジャヤヴァルマンⅠ世の時代の都城はプラダラプラと呼ばれたが、その都城はみつかっていない。真臘はジャヤヴァルマンⅠ世以後、政治状態が混乱し、『旧唐書』、『新唐書』の真臘伝の記述では、「神龍年間（705-706年）」以降、真臘は水真臘（北部の山岳地帯と推定される）と陸真臘（海外沿いと湖の周辺地域と推定される）に分裂したようであり、そのなかには「婆羅堤抜城」の名もみえる。

### アンコール時代

　陸真臘と水真臘の分裂の理由ははっきりしない。水真臘・陸真臘の正確な版図などは不明であるが、8世紀頃には各地域に様々な政治勢力が存在していたらしく、混乱した状態だったと考えられる。しかし9世紀のジャヤヴァルマンⅡ世の登場によりこうした状況に変化がおきる。ジャヤヴァルマンⅡ世は「ジャワ」から帰還した王子であったとされ、様々な勢力を征服・統合して権力を掌握していったらしいのであるが、その過程でサンボール地方の勢力を制圧したのちに、インドラプラ都城を築いたとされている。このインドラプラ都城は、現在のコンポン・チャム州、バンテアイ・プレイ・ノコル遺跡だと推定されている（石澤1982：118）。

4 アンコール朝の歴史的背景

　タイ東部プランチブリ県のスドック・カック・トム寺院で発見され、現在はバンコク国立博物館に所蔵されているスドック・カク・トム碑文（1052年）には、サダーシヴァというバラモンが自らの家系の祭祀権を主張するための内容がサンスクリット語とクメール語で述べられているが、その文中でジャヤヴァルマンⅡ世の事績にふれている。
　スドック・カック・トム碑文によれば、ジャヤヴァルマンⅡ世は802年にマヘーンドラ山（プノン・クーレン）に拠点をおき、「ジャワ」に服属しない祭儀をおこなわせた。さらにバラモンに特別の祭儀であるデーヴァラージャ（クメール語ではカムラテン・ジャガット・タ・ラージャ）の祭儀をおこなわせ、王としての権威を確立したとされる（石澤 1982：119、ダジャンス 2008：16-17, 204-205）。
　通常、アンコール史ではこの碑文を根拠にジャヤヴァルマンⅡ世をアンコール朝の創設者としているが、この定説に問題点がまったくないわけではない。ひとつは「ジャワ」の場所の比定である。これは必ずしもこれまで考えられていたジャワ島ではなく、どうもチャンパあるいはカンボジアにちかい別の地方を指す可能性がある（ダジャンス 2008：17）。
　また、デーヴァラージャの儀式であるが、これまでは神王の儀などとも訳され、「王即神」として王とヒンドゥーの主神であるシヴァ神（ヴィシュヌ神）が合体したもので、王の神格化をつくりだす具体的例証であるとされてきた（石澤 2005：46）。しかしこれにも異説があり、神が王であるという解釈そのものが、アンコールの王権を理想化し、アンコールを「栄光」の時代とするフランス人研究者によってつくりだされたアンコール観であり論拠は薄弱であるという批判がある（笹川 2006：175-186）。デーヴァラージャはサンスクリット語でデーヴァ（神）とラージャ（王）を複合させた言葉であり、「神＝王」「神々の王」「神と王」など様々な意味をとりうるが、インドでの用例はすくない語である。こうしたことから、アンコールの王は、各地に偏在する諸神を並列的に敬うことによって自らの王権をアピールしていたと思われ、王の神格化があったとしても、それは各地でおこなわれていたであろう個人崇拝の一形態としての機能以上のものではなかったのではないかという意見もある[5]。
　マヘーンドラ山（プノン・クーレン）で即位したジャヤヴァルマンⅡ世は各地の都城を転々としたのち、最後にはアンコールの南東部に位置するハリハラーラヤに遷都した。これは現在のロリュオス遺跡群であり、王はこの都城で834年に死去したようである。同じく9世紀の支配者であるインドラヴァルマンⅠ世（877頃〜889年）はハリハラーラヤを拠点としたが、砂質粘土土壌であるアンコール地域を開発するための大規模水利事業に着手し、インドラタターカ（インドラヴァルマン王の池）とよばれる人工の巨大貯水池を開削した。アンコール朝の特徴である巨大なインフラストラクチャー整備の開始である。またインドラヴァルマンⅠ世は、護国寺院であるバコン寺院（881年）を建立した。本格的なピラミッド型寺院として建てられた最初の寺院であり、この寺院形式はその後よく踏襲されることとなった。バコン寺院にはインドレーシュヴァラとよばれたインドラヴァルマンⅠ世とシヴァ神が合体したリンガを祭っていた。
　インドラヴァルマンⅠ世の息子[6]のヤショーヴァルマンⅠ世（889年〜910年頃）は、アンコー

ルの地に最初の都城を建造したが、このときからこの地はジャヤヴァルマンⅣ世の治世下をのぞき5世紀半の長きにわたって首都として存続していく。この都城はヤショーヴァルマンの都という意味の「ヤショーダラプラ」という名で呼ばれ、ヤショーダラプラの名前はすくなくとも13世紀まで継承されていた（ダジャンス 2008：18）。ヤショーヴァルマンⅠ世はまた、人工の巨大貯水池である東バライを開削している。彼以降、つまり10世紀からはアンコール地域の東側からバライ開削や寺院建立などの土地開発が進められるが、こうした開発とアンコール地域の東側に生産遺跡である窯跡が分布することとは無関係ではないだろう。

　ヤショーヴァルマンの死後、彼の義理の弟であるジャヤヴァルマンⅣ世が王位を襲い、これを手中にした。彼は、アンコールの北東約80kmにあるチョック・ガルギヤール（現在のコー・ケー遺跡）を首都とした。ここにもアンコールの都城と同様の山岳寺院型式の都城が建設されたが、首都としての機能は短期間（921年～944年）であった。

　後のラージェンドラヴァルマンⅠ世（944年～968年）は元のアンコールの地に都を戻し、山岳寺院プレ・ループを建立した。また、王に仕えていた高官ヤジュニャヴァラーハがアンコール地域の北方に赤色砂岩の美しい寺院として名高いバンテアイ・スレイ寺院を建てたのもこの頃である。

　11世紀の王スールヤヴァルマンⅠ世（1002年～1050年）はアンコールの王たちのなかでは長期間在位した人物であるが、その治世下では領土が西方のチャオプラヤー川流域までひろがった。スールヤヴァルマンⅠ世によるコーラートの征服は、前述の通り当時の東北タイの経済資源、すなわち塩と鉄の生産地帯を支配下におさめようという意図もあったのではないかと指摘されているが（新田 1989：193）、事実東北タイにはクメール寺院が多く残り、この地がアンコール朝のおおきな地方拠点であったことがうかがわれる。またこのことが、同地にクメール陶器窯が多数残っていることのひとつの原因かもしれない。その後の王朝継承者たちはダンレック山脈にプリヤ・ヴィヘヤ寺院、アンコール地方にバプーオン寺院と巨大貯水池西バライなどを建設した。ジャヤヴァルマンⅥ世（1080年～1107年）の時代にはコンポンスヴァイの大プリア・カーン寺院（コンポン・トム州）と東北タイにピマイ寺院が建立された。

　12世紀にはいり、スールヤヴァルマンⅡ世（1113年～1145年以後）の登場は、アンコール史をおおきく変容させる契機をつくったとされる（ダジャンス 2008：20）。彼はクメール建築の最高傑作とされるアンコール・ワットの建立者とされ、またチャンパの首都ヴィジャヤを陥れ、東はチャンパ領から西はビルマ国境まで、北はチャオプラヤー川中流域から南はクラ地峡までをその版図とし、領土を拡大した。スールヤヴァルマンⅡ世の没後、1177年にはチャンパ軍がメコン川をさかのぼり、トンレ・サップ湖からヤショーダラプラを攻撃し略奪したが、これも当時のクメール人の国がいかに世界から注目されていたかを示すものだということができよう（ibid.）。

　この事件の衝撃はおおきかったらしく、バイヨン寺院のレリーフには、チャンパ水軍との戦闘の情景が描かれている。チャンパ軍を撃退し即位した大乗仏教徒のジャヤヴァルマンⅦ世

(1181年〜1218年以後) はヤショーダラプラに高い城壁を巡らせ (今日のアンコール・トムの城壁である) 護国寺院バイヨン寺院を中心に首都を再建した。また今日にまで残る数多くの寺院を建立したことでも知られ、バンテアイ・クデイ、タ・プロム、プリア・カーンなどの寺院を建立し、国内には121ヶ所の宿駅や102ヶ所の施療院などもつくったとされる。

　ジャヤヴァルマンVII世はアンコール朝の最盛期をもたらしたが、王の死後 (1218年頃か)、王朝は衰退へと向かう。彼の死後は強大な王が出現しなかったようであり、大型の石造建築物はつくられることがなく、チャンパからは同じ頃撤退した。スコータイ、チャオプラヤー川流域、マレー半島からも撤退した。このころ、タイ系諸族はチャオプラヤー川上流域から勢力を伸ばし、スコータイおよびラーンナータイの諸国が勃興する。またモンゴルによる元朝の建国と東アジア、東南アジアへの介入による国際的な混乱が生じていたようであり、アンコールは元へ朝貢する。1296年には元からの答礼使節団が来訪したが、使節団の一員であった周達観はアンコールへ長期滞在し、その間の見聞を『真臘風土記』として著している。

　1431年、アユタヤの侵攻によりアンコールは陥落する。アンコール朝はついにアンコールの王都を放棄し、バサン、そしてプノンペンへと南下しはじめる。こうしてアンコール時代からポスト・アンコール時代へと移り変わるのである。

**ポスト・アンコール時代**
　アンコール時代とポスト・アンコール時代の間には、史料のない空白の2世紀があるが、その前後でカンボジアの領域・王権・社会・経済のあり方などにおおきな変化が認められるとされる。宗教的枠組みがヒンドゥー・大乗仏教から上座部仏教に変わり、レンガや石造の寺院やサンスクリット語の碑文もなくなり (かわってパーリ語の碑文が登場する)、語尾にヴァルマンがつく王名が消滅した。さらに、政治経済的な中心域が、トンレ・サップ北岸から現在のプノンペン近辺に移動し、それにともなって国内の交通路網も変化したとされている (北川 2006：92)。こうした変化を、従来の史観どおりにアンコールの衰退ととるのか、あるいはアンコールの主体的な変容ととるのか立場はさまざまである[7]。ここではアンコール時代からポスト・アンコール時代への変化についての性急な判断はさしひかえたい。

　最後にクメール陶器の文脈でいえば、アンコール時代に盛んに生産されていた硬質の施釉陶器がポスト・アンコール時代に生産されていた証拠はいまのところなく、そのためグロリエのいう「ひとつのアートの終焉」(Gloslier 1981：30) がアンコール時代末期におきたとされている。しかし、筆者がおこなった最近のアンコール地域の踏査では15・16世紀代の輸入陶磁器とともに在地のものと思われる軟質で施釉された陶片が採集されており、施釉陶器の伝統がアンコール時代で完全に消滅したのではなく、どうやらまったく別の形へと変化した可能性が指摘できる。

## 註

(1) 東南アジアという用語とその指し示す地理的範囲であるが、ここではごく一般的な意味でもちいたい。すなわち現在のタイ、ラオス、カンボジア、ベトナム、ビルマ（ミャンマー）、マレーシア、シンガポール、ブルネイ、インドネシア、フィリピン、東ティモール各国の領域の総体を東南アジアの地理的範囲とする。

(2) B. P. グロリエによって提唱されたアンコール朝の水利構造として、アンコールの都城周辺に造られた大貯水池（バライ）と水利網の発達による耕地拡大が農業生産量を増大させ、大人口を維持したという考え方がある（グロリエ 1998）。このようなアンコール朝の都城のありかたを水利都市という。

(3) ダジャンスによれば、プノン・クーレンやバンテアイ・スレイ寺院などはあきらかに首都からかなり遠いため、アンコールの平野から除外されているが、本書では、プノン・クーレン近辺の窯も便宜上アンコール地域の諸窯として取り扱う。実際のところプノン・クーレンの窯からアンコール・トムまでの直線距離が約 30km ほどであり、それほど遠距離に位置しているわけではない。

(4) カンボジア史の描かれかたとして、北川香子は日本史との興味深い類似を指摘している。すなわち、日本史で「縄文時代の日本」、「弥生時代の日本人」というのと同じように、「カンボジア」や「カンボジア人」が先史時代から存在したように叙述されており、その背景としてカンボジアが東南アジアでもっとも古い国家のひとつであり、しかも現在のカンボジア王国として存続しているという認識があるというものである（北川 2006：54）

(5) デーヴァラージャの語義とアンコールの王の神格化については、松浦史明氏に氏の最新の研究成果とともに御教示いただいた。ここに記して感謝したい。

(6) ヤショーヴァルマン I 世はまた、アンコール朝では数少ない父王から直接王位を継承した人物でもある。碑文をもとにした系図から、アンコールの王たちの多数が王位簒奪者であると考えられている。

(7) カンボジア史とそれを巡る諸問題については北川香子による詳細な研究（北川 2006）があるのでこれを参照されたい。

# 第3章　クメール陶器窯の分布と築窯技術

　ここでは、これまでにおこなわれた発掘調査・踏査の成果から、クメール陶器窯跡遺跡の分布と立地についての検討をおこなう。タニ窯跡をはじめとするカンボジア国内の窯跡とその製品については、中国南部、あるいはタイ東北部との関連性が指摘されている。こうした他地域との影響関係をあきらかにするためには、製品の器形や釉調といった従来の判断基準だけではなく、その背後にある窯業技術をも含めて比較検討することが重要である。窯業技術とは、次のようにいくつかのさらに細かい技術からなりたっている。

1) 築窯にともなう技術（土地の選択、基礎の構築、窯体の材質、構造、形状、規模等）。
2) 製陶にともなう技術（粘土の選択、調整、成形、整形、加飾、釉薬原料の選択、調合、施釉等）。
3) 焼成にともなう技術（乾燥、窯詰め、焼成温度、焼成日数・時期等）。

　本章ではこうした窯業技術のうち、とくに築窯にともなう技術の分析をおこなう。窯跡の分布、立地条件、構造、素材という各項目の検討を通し、築窯技術からみた窯跡の類型化をおこないたい。製陶と焼成にともなう技術については次章で遺物を中心に分析をおこなう。

## 1　アンコール地域の諸窯の分布

　まず、これまでの調査であきらかになったカンボジア国内の窯跡遺跡を概観したい。東北タイに所在するクメール陶器窯に関しては以前より調査され、その成果も公表されているが、カンボジア国内の窯跡群に関しての情報は（タニを例外として）あまりおおいとはいえない。現在、カンボジア国内で発見された窯跡は、シェムリアップ州で5ヶ所（タニ、バカオン、クナ・ポー、ソサイ、アンロン・トム）、プノンペン付近で1ヶ所（チェン・アエク）確認されている（図4）。このほか、東北タイと国境を接するバンテアイ・メアンチェイ州では、黒褐釉の製品を焼いた窯跡群が発見されている（図2）。筆者の見る限り、バンテアイ・メアンチェイ州の窯跡群で生産された製品は、東北タイのクメール陶器諸窯のそれと非常に似通った形態、釉調のものであるが、これについては今後、稿を改めて検討してみたい。

　さらに近年、シェムリアップ州ではアンコール地域の東側に位置するスヴァイ・レウ区で、トゥック・レックとカントットと呼ばれる二つの窯跡群が発見されたようである。GPSの計測値が公開されており、トゥック・レック窯跡群は北緯13度28分03秒、東経104度12分52秒に位置し、カントット窯跡群は北緯13度56分31秒、東経104度60分34秒に位置しているようであるが、詳細な調査がおこなわれておらず、規模、製品等については不明な点がおおい（エ

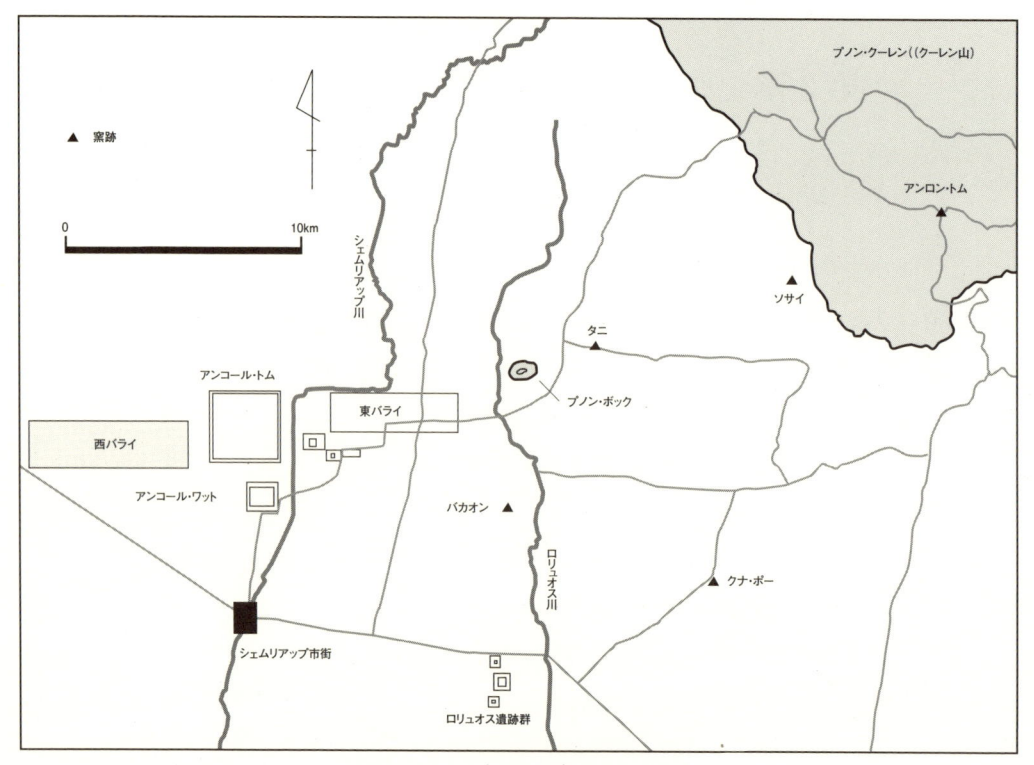

図4　アンコール地域の窯跡分布図

アほか 2005：93)。今後の集中的な調査が望まれる。

　アンロン・トム窯はプノン・クーレンの丘陵上に位置しているが、残りはすべて平地、ないしは平地のうえに築かれたダイク（堤）の上に築かれた窯である。出土遺物に関しても、すべてが無釉ないしは灰釉陶器であり、黒褐釉の施された資料は筆者の管見の及ぶ限り確認されていない。

　窯跡の分布については以前筆者が指摘したとおり、いまのところアンコール地域における既知のクメール陶器窯はすべて平野の東側に分布している（田畑 2005：9-10）。このような分布の偏りに対しては、次の二通りの考え方ができよう。

1) アンコール地域西側での踏査が不十分であるため、今後、窯跡が西側でも発見される可能性がある。
2) 10世紀以降のアンコール地域東側の開発にともない、生産遺跡である窯跡も東側に集中した。

　前者の可能性については、今後の調査の進展を待つしかないが、8世紀後半のアク・ユム寺院はアンコール地域西側に所在するため、古くからアンコール地域西側での居住がおこなわれていたと考えられ、窯業などの生産活動がアンコール地域西側でおこなわれたと想定することもできる。

一方、後者の可能性については、9世紀代の都であったロリュオス遺跡群がアンコール地域東側に所在すること、東メボンをはじめ10世紀以降の建立と考えられているアンコール遺跡のおおくが都城であるアンコール・トムより東側に所在していることなどから、かなり早い段階からアンコール地域東側の開発がおこなわれていたと考えることができる。さらに、これまで知られているアンコール地域の窯跡ではすべて瓦の生産をおこなっており、建材としての瓦がこうしたアンコール地域東側の開発にともなう建材の需要を満たすものであったとするのは、さほど的外れな意見とは言えないだろう。

現段階では、1)、2) どちらかの考え方を支持するにもデータ量が不足しているのだろうが、筆者としては、10世紀以降の建立と考えられているアンコール遺跡のおおくが都城であるアンコール・トムより東側に所在しているという事実から2) の考え方のほうがより蓋然性が高いのではと考えている。

以下、発掘調査および筆者による踏査をもとにアンコール地域に所在する窯跡の概略を述べてみたい。

### タニ（Tani）

タニ窯跡はアンコール・トムの中心バイヨンから東へ17km、平地に小高く盛り上がる山プノン・ボックから東北東へ3kmの場所に位置する窯跡である（図4）。1995年夏に上智大学アンコール遺跡国際調査団によって窯跡と確認され、同調査団により翌1996年から現在まで9次にわたる調査がおこなわれてきた。南北に延びるダイクの上に構築された窯跡群であり、A～E群と名づけられた五つのグループで構成されている。発掘調査はB群のB1号窯跡、B4号窯跡を対象としておこなわれており、また奈良国立文化財研究所（当時）によりA群のA6号窯跡も発掘調査がおこなわれた（青柳ほか 1997-2001、青柳・佐々木 2007、文化庁伝統文化課・奈良国立文化財研究所 2000a, 2001、独立行政法人文化財研究所奈良文化財研究所 2005）。調査成果の概要は以下の通りである。

B1号窯は、窯体平面形が中央部のやや膨らんだ長楕円形の単室窯である。窯体は煙道部、焼成室、燃焼室から構成されると考えられているが、調査時には煙道部は検出されていない。天井は現存していなかったが、粘土製の柱で支えられていたと思われる。燃焼室と焼成室には大きな段差があり、燃焼室がかなり低い位置にあることから、タイ東北部の窯跡との類似が指摘されている。B1号窯最終段階（廃絶時）の大きさは、壁の基部から推定した室内最大幅が約3mであり、窯体長は約8m、窯内面積は20.5m$^2$（焼成室は16.8m$^2$）である。

B4号窯は、窯体平面形が中央部のやや膨らんだ長方形状の単室窯である（写真1）。B1号窯と同じく煙道部、焼成室、燃焼室から構成されると考えられているが、調査時には煙道部は検出されていない。天井は現存していなかったが、粘土製の柱で支えられていたと思われるのも同様である。燃焼室は低く、焼成室床面は傾斜しており、粘土貼付によって補修されている。

## 第3章 クメール陶器窯の分布と築窯技術

焼成室と燃焼室の間に大きな段差があるのもB1号窯と同様である。燃焼室、焼成室で複数の床面が検出されたため、燃焼室床面aをともなう窯をa窯、燃焼室床面bをともなう窯をb窯と名づけた。B4号窯最終段階（a窯）の大きさは、室内最大幅が約2.3mであり、窯体長は約8m、窯内面積は約15～18m$^2$である

**アンロン・トム（Anglong Thom）**

いわゆるプノン・クーレン窯である。はじめて発見されたのが19世紀末であり、カンボジアでもっとも古くから知られていた窯跡であるが、内戦などの諸事情により、調査がほとんどおこなわれてこな

写真1　タニB4窯全景

かった窯跡でもある。2006年に筆者がはじめて同地で発掘調査をおこない、現在概報が一編報告されている（Tabata and Chay 2007）。

　アンロン・トム窯はプノン・クーレンの丘陵南部に位置し、シェムリアップからの直線距離は約30kmとなっている（図4）。プノン・クーレンは、地形学的には盾状地（メサ）と呼ばれ、周囲を急崖で囲まれ、平坦な頂きをもつテーブル状の高地である[1]。したがって、アンロン・トムまでのアクセスは現在でも時間がかかり、いったんプノン・クーレン西側より急斜面を上り、そこから南下しなければならない。現在一般に利用されている道路は近年整備がすすんでいるが、プノン・クーレンの南の街スヴァイ・ルーからクーレン丘陵南端へ抜ける古道もあり、現地住民によっていまも利用されている（写真2）。非常に細く急な斜面を一時間ほどのぼるとクーレン丘陵の南端へ抜ける。アンコール時代にこの古道が存在したかどうかは確認できないが、おそらく急斜面をのぼる同様な道は存在したのだろう。こうした地形の特徴から、アンロン・トム窯はアンコール平野部へ製品を供給していたとは考えにくい。クーレン丘陵内部での需要を満たすための窯だったのだろう。

　アンロン・トムはプノン・クーレンでも比較的大きな集落であり、窯跡はそこから南西に約2km進んだ場所にある（図5）。樹木が密生しており地形全体の把握が難しかったが、窯跡の存在する地域は小丘陵となっている。その北側を東西に小道が切り通している。この小丘陵の西

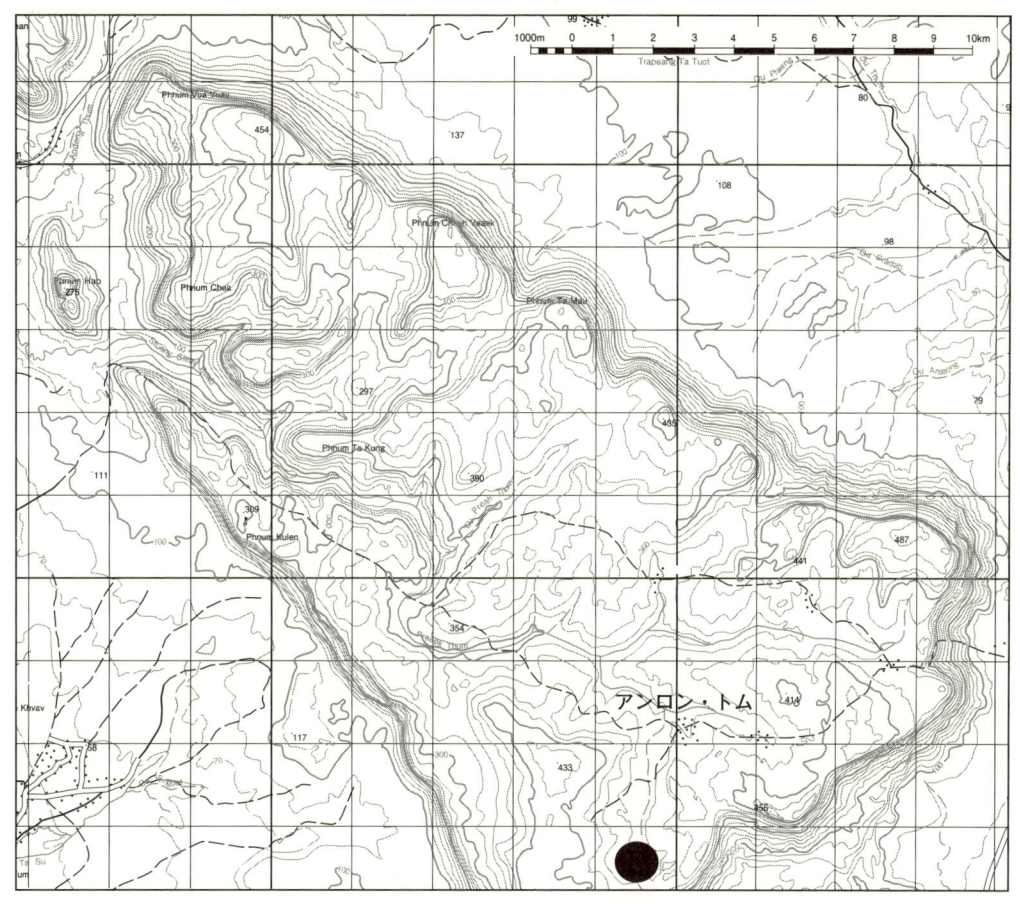

図5 アンロン・トム位置図

側は湿地帯となっている。小道の切り通し断面や、盗掘跡の周囲には陶片がちらばり、この一帯が窯跡であることを示している。

　周辺の遺物散乱状況からここが窯跡であることは確実視されているが、樹木が密生しており、また盗掘跡がおおいため、明確に窯体と判断できる場所の特定は難しい。地形から判断すると、窯跡のある小丘陵は、南北にはしる巨大な堤（ダイク）となっている（図6）。発掘調査の結果あきらかになったのであるが、他のクメール陶器窯とは立地が異なっており、マウンドの上に窯を築くのではなく、ダイクの斜面を利用して窯を構築している。また、現在のところアンコール地域でもっとも標高の高い場所に位置する窯跡である。

　発掘された窯跡はアンロン・トム1号窯と名づけられた（写真3）。基本的な構造はタニ窯のそれとよく類似しており、窯体平面形が長楕円形の単室窯である。窯体の構成は、煙道部、焼成室、燃焼室から構成されると考えられているが、上部が地形改変により削平されていたため、煙道部は検出されていない。窯体長は残存部で3mほどであり、おそらく5mほどの規模であったのだろう。室内最大幅が約1.4mであった。

図6　アンロン・トム窯周辺の地形

写真2　プノン・クーレンの古道

写真3　アンロン・トム窯跡

1 アンコール地域の諸窯の分布

**写真 4　ソサイ窯跡**（写真中央奥はプノン・クーレン）

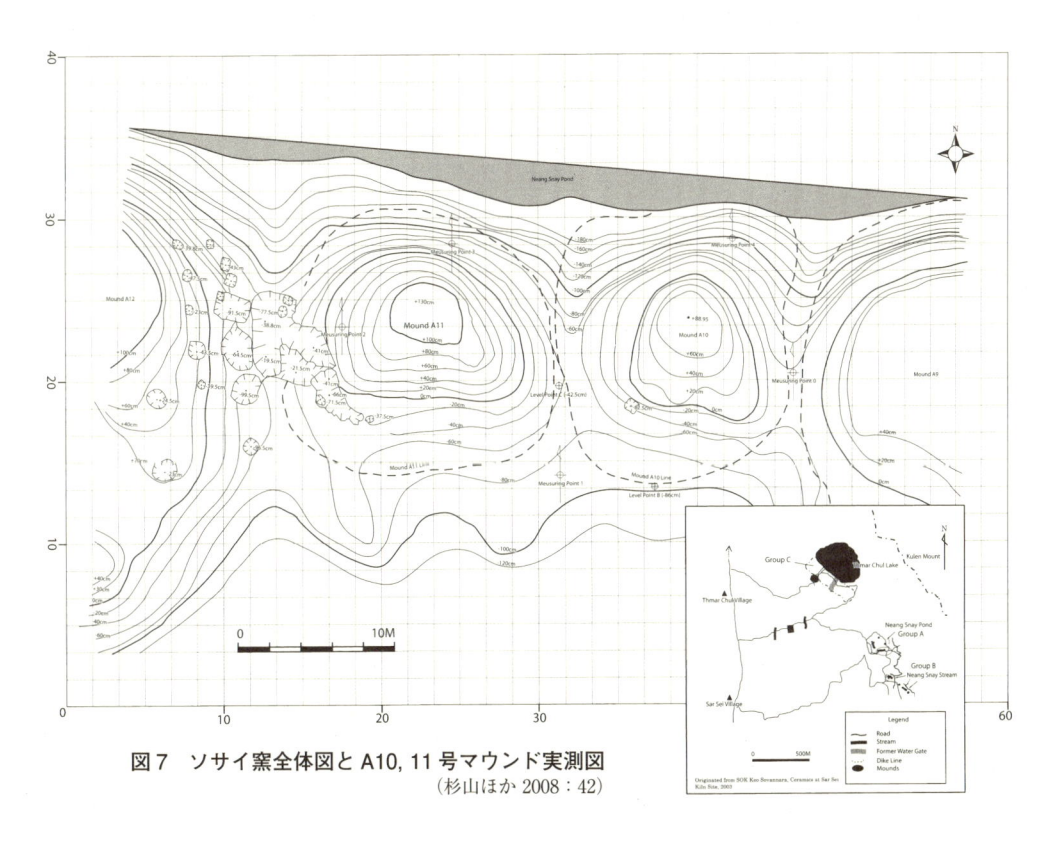

**図 7　ソサイ窯全体図と A10, 11 号マウンド実測図**
（杉山ほか 2008：42）

### ソサイ（Sar Sei）

プノン・クーレンの麓、シェムリアップから東北に25kmほど進んだところに所在する窯跡である。2002年には上智大学大学院外国語研究科地域研究専攻博士前期課程（当時）のティン・ティナとアンコール地域遺跡整備機構（APSARA）のスタッフ、およびプノンペン王立芸術大学学生による表面調査がおこなわれ、その成果は彼の修士論文としてまとめられている（Tin 2004）。また2004年から2007年にかけて奈良文化財研究所の杉山洋らによって発掘調査がおこなわれている（杉山ほか2008）。

ソサイ窯跡は、プノン・クーレンの麓の平野に位置している（写真4）。平野は他のアンコール地域と同じく北から南にかけて徐々に低くなっており、全体として湿地気味で、現在は雨期にこの窯跡へ行くのはなかなか難しい。シェムリアップの街からバンテアイ・スレイ遺跡へ向かう道を途中で右折し（ベン・メリア遺跡への分岐点）、東へ20kmほど進んでから北上するとソサイ窯跡に到着する。

窯跡は三つのグループに分かれており（図7）、Aグループは平面形が方形のダイクの上に、南のBグループは平面形が長方形のダイクの上にマウンドが築かれている。またそのさらに北方にも窯跡がひろがっておりCグループと名づけられている。

このうちAグループが発掘調査の対象となった。Aグループでは、長さが約100m、幅が約30mのダイクが4本、方形に築かれており、各ダイクの上に窯跡と比定されるマウンドが築かれている。ダイクに取り囲まれた中心部は池となっている。南側のダイクには5基、東側のダイクには1基、北側のダイクにも1基、西側のダイクに5基、全部で12基のマウンドが存在しているようである。

実際に発掘がおこなわれたのはこのなかで南側に位置する11号窯である。基本的な構造はタニ窯やアンロン・トム窯とよく類似しており、窯体平面形が長方形の単室窯である。窯体の構成は、煙道部、焼成室、通炎孔、燃焼室から構成されると考えられているが、煙道はマウンド頂部で削平されていたため検出されていない。窯体長は残存部で8mほどであり、おそらく9mほどの規模であったのだろう。室内最大幅が約2mであった（杉山ほか2008：44-46）。

発掘された灰釉の合子蓋などは、後述するアンロン・トムと類似した文様をもち、窯跡間の距離も近い（丘陵の上と麓という差はあるものの）ため、ソサイとアンロン・トムには何らかの関係があった可能性がある。これに関しては第5章で詳しく取り上げる。

### バカオン（Bakaong）

バカオン窯跡は、シェムリアップの町を東西にはしる国道6号線を東に向かい、そこからプノン・ボック（タニ窯跡群付近にある小山）へ向かって10kmほど北上する道沿いに位置している（図4）。バカオン窯跡は、タニ窯跡群と同じく1995年に発見されたといわれているが、現在ではそのほとんどが道路や水田で破壊されたと考えられており、消滅寸前の窯跡である（写真5）。した

1 アンコール地域の諸窯の分布

写真 5 バカオン窯跡

写真 6 クナ・ポー窯跡

がって、タニや後述するクナ・ポー窯のようにダイクの上に存在したのかどうかも不明である。周辺地形に関する情報も乏しく、水田を南北にはしる道沿いに存在するとしかいえない。事実、我々が通常バカオン窯と呼んでいるのは道路によって半分切り通されたマウンド1基だけである。高さ1mほどのマウンドで、切り通しの断面から陶片が顔を覗かせている。小片がおおく、詳細は不明であるが、無釉の壺・甕類、瓶類、瓦類、窯道具などが採集できた。施釉陶器は確認されなかった。

2002年12月に筆者がおこなった踏査では、このマウンド以外にもマウンドが存在するとの情報を村人から得たため、周辺を踏査したところ、従来知られていたマウンドから南へ1km、東へ700mほど進んだところでマウンドをひとつ発見した[2]。周囲は削平され、陶片がいたるところに落ちている。高さは現地表面より約3m、直径約12mのおおきなマウンドである。遺物は、無釉の壺・甕類、瓦類、窯道具などが採集できたが、やはりここでも施釉陶片は採集できなかった。

**クナ・ポー（Khnar Po）**

シェムリアップから国道6号線を東へ向かって20km、そこからさらに北へ10kmほど進んだ場所にある集落内に所在する窯跡群である（図4）。南北に広がるダイクに沿って南北に道（2kmほど）がはしっており、マウンドも（幾つかのマウンドは道に切り通されながら）南北に並んでいる（写真6）。

2002年12月におこなった踏査では全部で6基の窯跡を確認した。時間的制約があったため、広範囲の踏査がおこなえなかったが、6基以上存在する可能性が高い。マウンドはどれも現地表面より1～2mほどの高さであり、直径は約6～8mであった。

現在、表面採集では、壺・甕類、盤口瓶、瓦類、窯道具などが確認できたが、すべて無釉の製品であった。また、碗・合子類は採集出来なかった。製品は、タニやバカオンでこれまで出土・採集された無釉の資料と類似している。ここでも施釉陶器は確認できなかった。同窯は現在、大阪大谷大学によって発掘調査がおこなわれており、その成果が期待される。

## 2　コーラート高原を中心とした諸窯

次に、コーラート高原を中心とした窯跡を概観したい（図8）。現在の東北タイ、スリン、ブリラム両県に多数の窯跡が存在していることは古くから知られていた。しかし、これら諸窯が正式に報告されはじめたのは1970年代に入ってからである。スリンの街から東南へ15kmほどくだったバン・サワイ（Ban Sawai）村で発見された窯跡については、R.ブラウン等が1973年におこなった踏査をもとに報告している（Brown *et al.* 1974）。東北タイのクメール陶器窯跡に関する報告としてはもっとも早い報告のひとつである。そのほか、東北タイのクメール陶窯跡に関

2 コーラート高原を中心とした諸窯

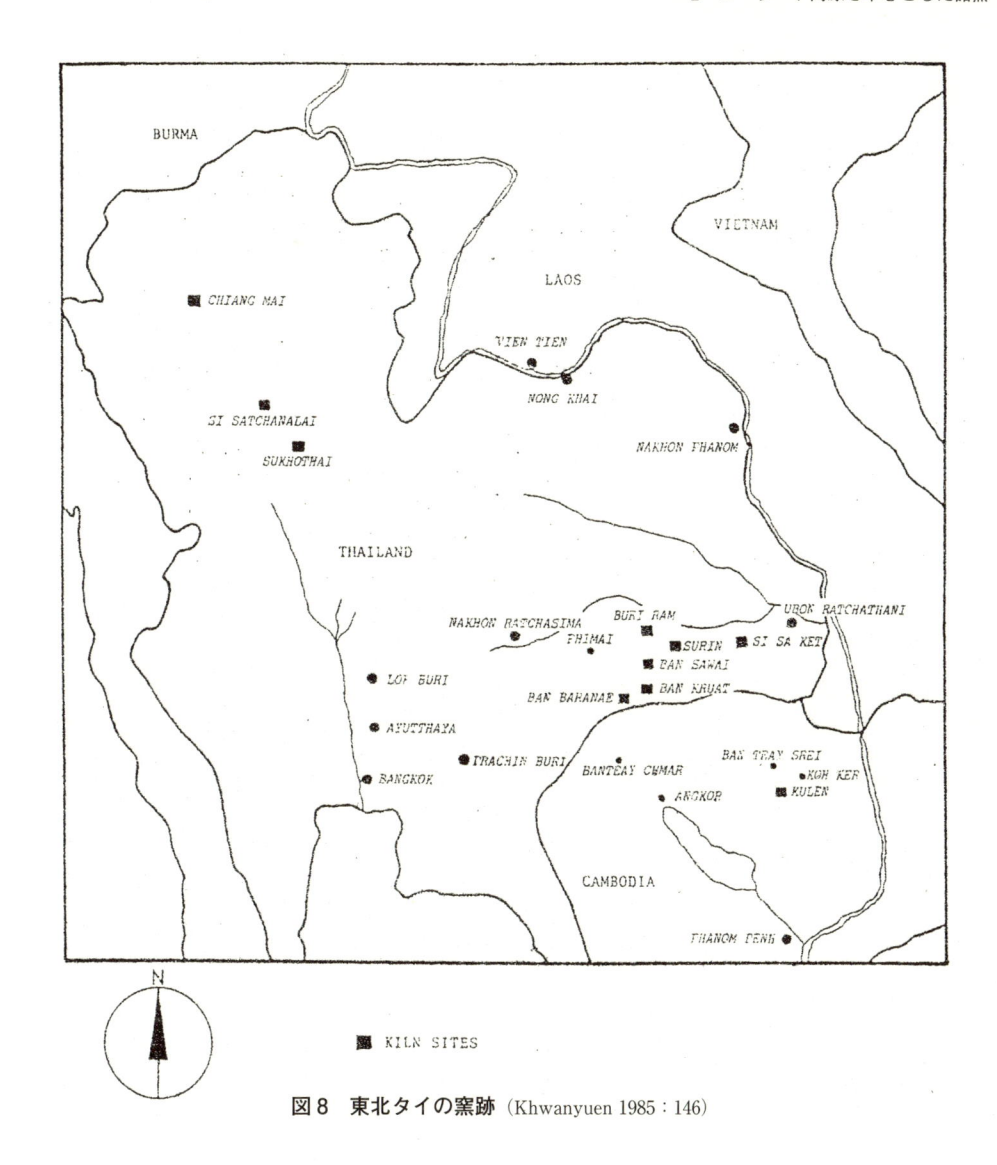

**図8 東北タイの窯跡** (Khwanyuen 1985：146)

する報告はいくつか存在する (Chandaviji 1990、Fine Arts Department, Thailand 1989)。以下、これらの報告をもとにスリン、ブリラム両県の窯跡を紹介したい。

**スリン県の窯跡**

　スリン県の窯跡は、前述のバン・サワイ窯跡があげられる (図9)。窯跡は全部で7基確認され、灰釉、黒褐釉、灰釉と黒褐釉の掛け分け、そして無釉の製品を生産していたようである。ほとんどの製品は輪積み成形かロクロで成形されており、小型の製品の底面には窯印のような記号が施されている。黒褐釉の製品がもっともおおく、次いで灰釉の製品が多かった。釉種によって胎土が異なり、黒〜灰色の胎土をもつ黒褐釉は近隣の粘土を用いているが、灰釉は精選された他地域の粘土がもちいられたと考えられている。採集された製品は、合子、碗、瓶、壺、バ

第3章　クメール陶器窯の分布と築窯技術

ラスター壺などである。年代は、アンコール地域との製品と類似していることから11世紀後半から13世紀とされている。さらに近隣では中国産青白磁が3個体発見されているとのことである。また15点の陶片で化学分析もおこなわれている（Brown *et al.* 1974：239-242）。

**ブリラム県の窯跡**

　ブリラム県はスリン県と同じく現在の東北タイ南部に位置し、その南はダンレック山脈を挟んでカンボジアと国境を接している。古くから多数の窯跡が存在することが知られており、バン・クルアット（Ban Kruat）郡

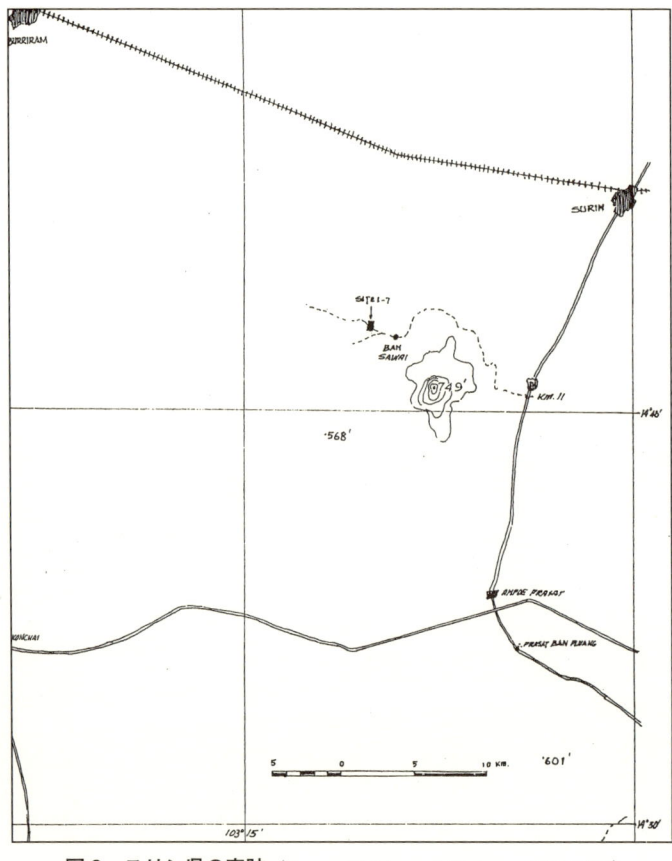

**図9　スリン県の窯跡** (Brown, Childress & Glukman 1974：251)

に8窯跡、ラハンサイ（Lahan Sai）郡に3窯跡、ムアン（Muang）郡に8窯跡、プラコーン・チャイ（Prakhon Chai）郡に4窯跡、サテゥク（Sateuk）郡に6窯跡、ノン・キ（Nong Ki）郡に3窯跡、ランプライ・マット（Lamplai Mat）郡に3窯跡、クラサン（Krasang）郡に3窯跡が確認されている（Chandaviji 1990：230-233）[3]。これらは1980年代になると集中的に調査され、1984年にはラハンサイ郡のコック・リン・ファー（Khok Lin Fa）窯跡（図10）が発掘され、1987、88年にはバン・クルアット郡のナイ・ジアン（Nai Jiam）窯跡とサワイ（Sawai）窯跡が発掘されている。これらの発掘の最終報告書は未刊行であるが、概報がそれぞれ出版されており（Khwanyuen 1985、Fine Arts Department, Thailand 1989）、その成果を知ることができる。以下、これらの概報をもとに窯跡の概要を紹介したい。

　コック・リン・ファー窯跡は、ラハンサイ郡バラナエ地区（Ban Baranae）に所在する窯である。同区ではこれまでに80基の窯跡が発見されており、ほとんどは Huai Takhian とよばれる河川に沿って位置しているようである。コック・リン・ファー窯跡の座標は北緯14度15分44秒、東経102度57分45秒となっている。発掘前のマウンドは、長軸直径21m、短軸直径15mほどの楕円形を呈しており、発掘により3基の横焔式窯が相互に窯壁を接して（共有して）発見

された。窯の長軸は南北方向を向いており、窯体のサイズはそれぞれ幅1.5m、長さ15mである。竹の圧痕が残る粘土塊から、窯体は竹の骨組みの上に粘土を貼り付けて造られていたと考えられている。また、西側の窯体内部では直径60cmほどの粘土円柱が発見され、天井の支えと考えられている。遺物は碗、合子、皿(4)、小型壺、大型壺（甕）が確認されている。主体となるのは灰釉の製品で、黒褐釉や無釉の製品も出土している。そのほか特殊な遺物として、窯道具、黒褐釉の台付鉢（碗）、灰釉人物像、ベル、灰釉瓦などが出土している。ここでも20点ほどの遺物が化学分析されている（Khwanyuen 1985：137-144）。

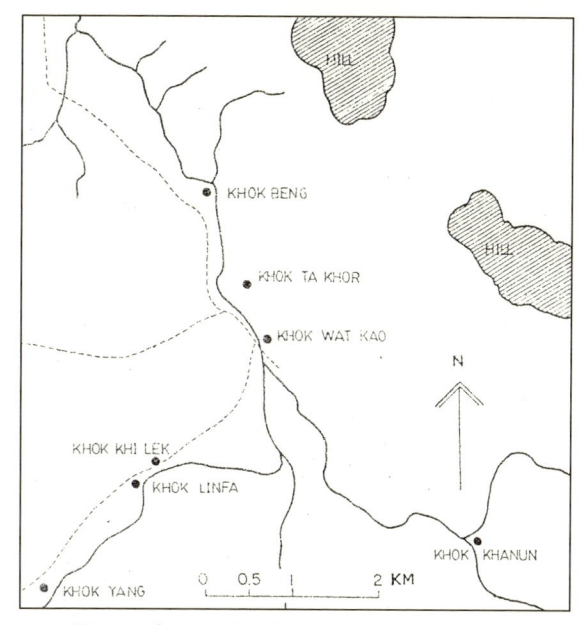

図10　ブリラム県の窯跡 (Khwanyuen 1985：146)

　ナイ・ジアン窯跡はバン・クルアット郡タノンノーイ地区（Thanon Noi）に所在する窯跡である。発掘前の同郡の踏査では、八つの村で合計36基の窯跡が発見されている。同窯跡の座標は北緯16度20分50秒、東経103度08分47秒となっており、ここから南東約500m、西に約300m離れたところにトーン渓谷がある。この渓谷は流れが小さく、現在ではますます浅くなってしまったというが、ナイ・ジアン窯跡もコック・リン・ファー窯跡と同じく河川沿いに築かれた窯といえよう。タイとカンボジアの国境であるダンレック山脈までは南にわずか20kmほどしか離れていない。

　発掘前のマウンドはほぼ円形で、サイズは東西約16m、マウンド頂上は現地表面から2mほどの高さであった。発掘の結果、マウンド斜面に築かれた横焔式窯が発見された。横幅7.5m、長さ12mのなかに全部で七つの窯壁があきらかになり、A～Eと名づけられた五つの焼成室と燃焼室が平行して配置されている(5)。長軸方向はほぼ南北（東北から南西）で、窯壁の平均的な厚みは約15cm(6)で、いずれも燃焼室が北側にある。幾つかの壁を共有しているためか、サイズには若干不明瞭な点があるが、一つの窯体は横幅1.2～1.6m、長さは11mくらいの細長い長方形のプランとなっている。ここでも竹の圧痕をもつ粘土塊が発見されていることから、竹の骨組みの上に粘土を貼り付けて造られた上部構造をもつと考えられる。中央には直径30cmほどの粘土円柱が発見され、天井の支えと考えられている。支柱の間隔は1m前後で、一つの窯に6～7本の支柱があったとみられている。燃焼室A（一番東端の燃焼室）が燃焼室B（東から2番目の燃焼室）より低い位置にあることなどから、古い窯の上に新しい窯を築きなおしているようである(7)。

出土する遺物もコック・リン・ファー窯跡と類似し、灰釉と黒褐釉、無釉の製品を焼いている。灰釉の碗と合子が特徴的である（Fine Arts Department, Thailand 1989、野上 2004）。

**バンテアイ・メアンチェイ州の諸窯**

　2003年、カンボジア北西部、タイと国境を接するバンテアイ・メアンチェイ（Banteay Meanchey）州で新たに窯跡が3ヶ所発見された。現認者はアンコール地域遺跡整備機構（APSARA）のEa Darith、Chay Visoth、上智大学大学院外国語研究科地域研究専攻博士前期課程（当時）のTin Tinaである。残念ながら、現地の道路事情により、現在にいたるまで上記3名による予備的な踏査以外の調査活動はおこなわれておらず、わずかにTin Tinaが上智大学大学院へ提出した修士論文の一節に概略が報告されているのみである（Tin 2004）。以下、彼の報告をもとにバンテアイ・メアンチェイ州の窯跡について紹介したい。

　バンテアイ・メアンチェイ州は上述の通りタイと国境を接しており、ダンレック山脈の北はちょうど東北タイのブリラム県となる。今回発見された窯跡は前述のとおり3ヶ所であり、どれもスヴァイ・チェク（Svay Chey）地区を中心とする一帯にある（図2）。スヴァイ・チェクは国道6号線の要所、シソポンの町からバンテアイ・チュマール遺跡へ北上する道沿いにある。最初の窯跡はロベク・スヴァイ（Lboek Svay）といい、2番目の窯であるロベク・アンピル（Lboek Ampil）はロベク・スヴァイの南約3kmに位置している。3番目の窯はタップ・シュム（Tap Siam）といい、上述の2窯跡とはやや離れた場所に位置しているようである。国道6号線のシソポンの町から北に約20km、西に3kmほど離れている（Tin 2004：32-35）。道路事情もさることながら、未撤去の地雷もおおい地域であるらしく、周辺の地形情報やマウンドの総数等詳細な情報に欠けるが、採集された遺物に物原出土らしい重ね焼の資料や窯体とおぼしき破片も含まれていることから、窯跡であることは間違いないであろう。

　製品としては、黒褐釉の製品（小壺、バラスター壺）が採集されており、黒褐釉製品の産地がカンボジア国内でも確認されたのである[8]。地理的にはアンコール地域よりもブリラム県に近く、スヴァイ・チェクの町から国境のダンレック山脈までは直線距離で北に約40km、東北タイの窯跡であるブリラム県バン・クルアット郡までは直線距離で東北東へ約70kmほどである（逆にシェムリアップの町までは東に100kmほどである）。

## 3　プノンペン地域の窯跡

　そのほか、これまでに所在があきらかになっている窯跡についてもふれておきたい。首都のプノンペン近郊に位置するチェン・アエク（Choeung Ek）窯跡である。プノンペンから南に5kmほど下った所にあり、周辺は小湖沼が多数存在する湿地帯である。現在はほとんど全域が水田として利用され、幾つかのマウンドの周辺からは無釉陶器の破片と窯体とおぼしき粘土塊

が採集できる。この窯跡に関しては現在のところ、Tin Tina と筆者しか踏査を試みておらず、その詳細は不明である。ポスト・アンコール時代の窯である可能性も指摘されているが（Tin 2004：31）、採集資料を見る限り、次章で取り扱う広口甕に類似している資料がほとんどであり、これをもってポスト・アンコール時代のものとするのはいささか早計にすぎよう。

　資料もすくないため、ここではその存在についてふれるのみとし、考察の対象とはしないこととする。

## 4　窯跡遺跡の立地と築窯技術

　以上、これまでの調査であきらかになった窯跡遺跡を概観してきたが、つぎに本章の目的である築窯技術に関する分析、すなわち窯跡の立地条件、構造、素材の検討をおこないたい。残念ながら、これまで見てきた通り、カンボジア国内では今のところ数ヶ所の窯跡でしか発掘調査がおこなわれておらず、また東北タイでの調査でも最終報告書未刊行という状態であるので、窯体構造に関する詳細に欠けているのが現状である。そこで、タニ、アンロン・トム、ソサイ窯跡の発掘調査であきらかになった事実を詳細に検討し、つぎにこれらとの比較という形でそれぞれの窯跡を検討してみたい。タニについては、これまでにA6、B1、B4号窯が発掘されてきたが、考察の対象としては筆者も発掘調査に参加し、また報告数もおおいB1、B4号窯跡を基本としたい。

### タニ窯跡
〈立地〉

　すでに述べた通り、タニ窯跡はアンコール・トムの中心バイヨンから東へ17km、平地に小高く盛り上がる山プノン・ボックから東北東へ3kmの場所に位置する窯跡である（図4）。窯跡周辺は標高35m前後の平野であり、北から南へ徐々に低地化していき、トンレ・サップ湖へとつながる。窯はマウンド上に築かれているが、そのマウンドもプノン・ボックの東側に南北に延びるダイク上に構築されている。近辺には新たに造られた灌漑水路のほかに恒常的な河川は見あたらないが、4kmほど西にはロリュオス川が南北にはしっている。

　ダイクは幅が約50mある。周辺の標高35〜36mに対し、ダイク上の標高は（窯のあるマウンドは別として）38m前後である。アンコール地域に散在するダイクは、アンコール朝期に水田耕作などに利用された施設として位置づけられており、例えばソサイ窯跡などでもダイクの上に窯が築かれている。しかし、こうしたダイク、特にタニ窯跡群が位置するダイクが水利の為のものであったのかどうか、検証はなかなか難しく、すくなくとも現段階では考古学的に立証するのは不可能である。もっとも、幅が50m、長さが少なくとも800m以上という規模は、雨季に冠水しない地域を造り出したり、水の流れをコントロールしたりするためには十分なサイズ

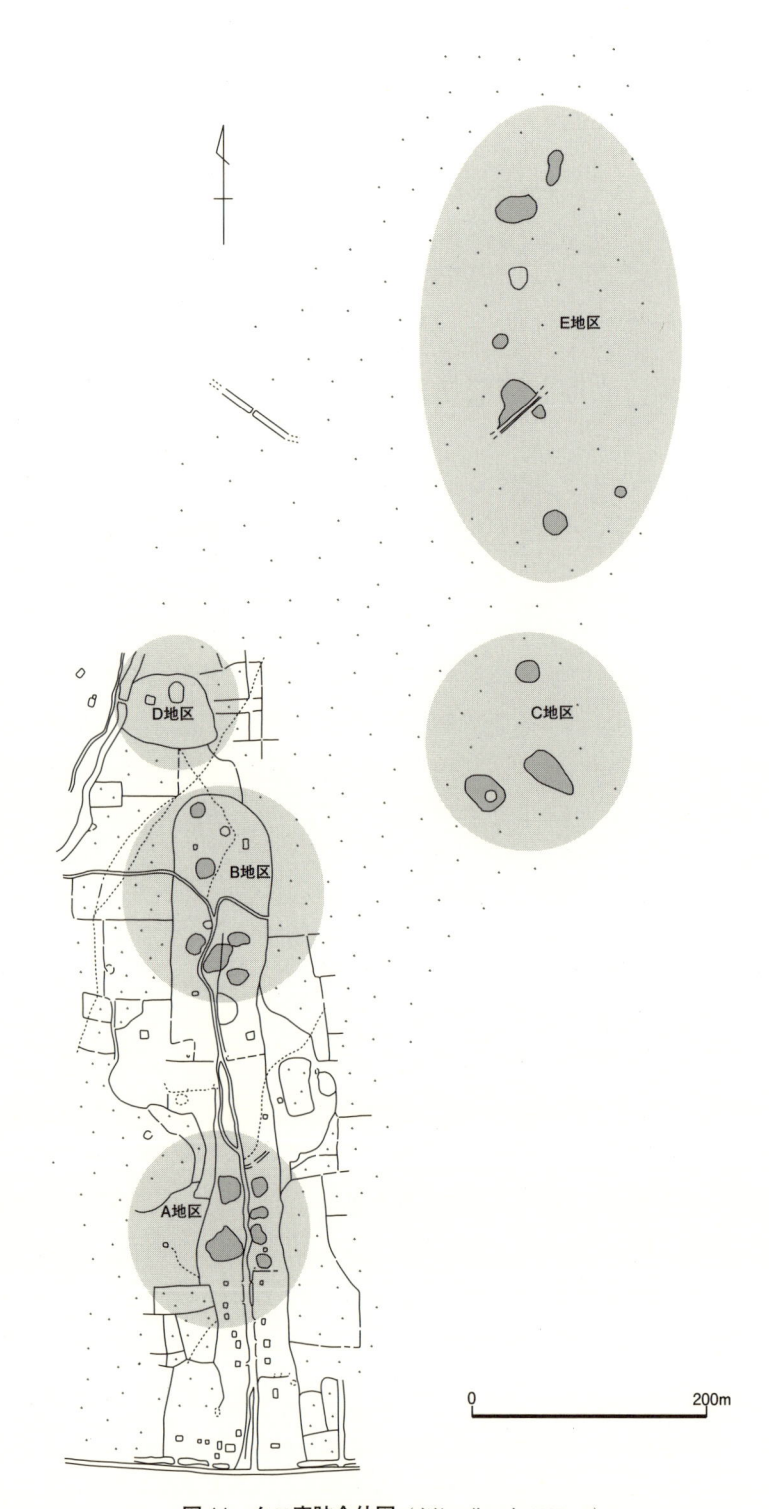

第3章 クメール陶器窯の分布と築窯技術

**図 11　タニ窯跡全体図**（青柳・佐々木 2007：5）

4　窯跡遺跡の立地と築窯技術

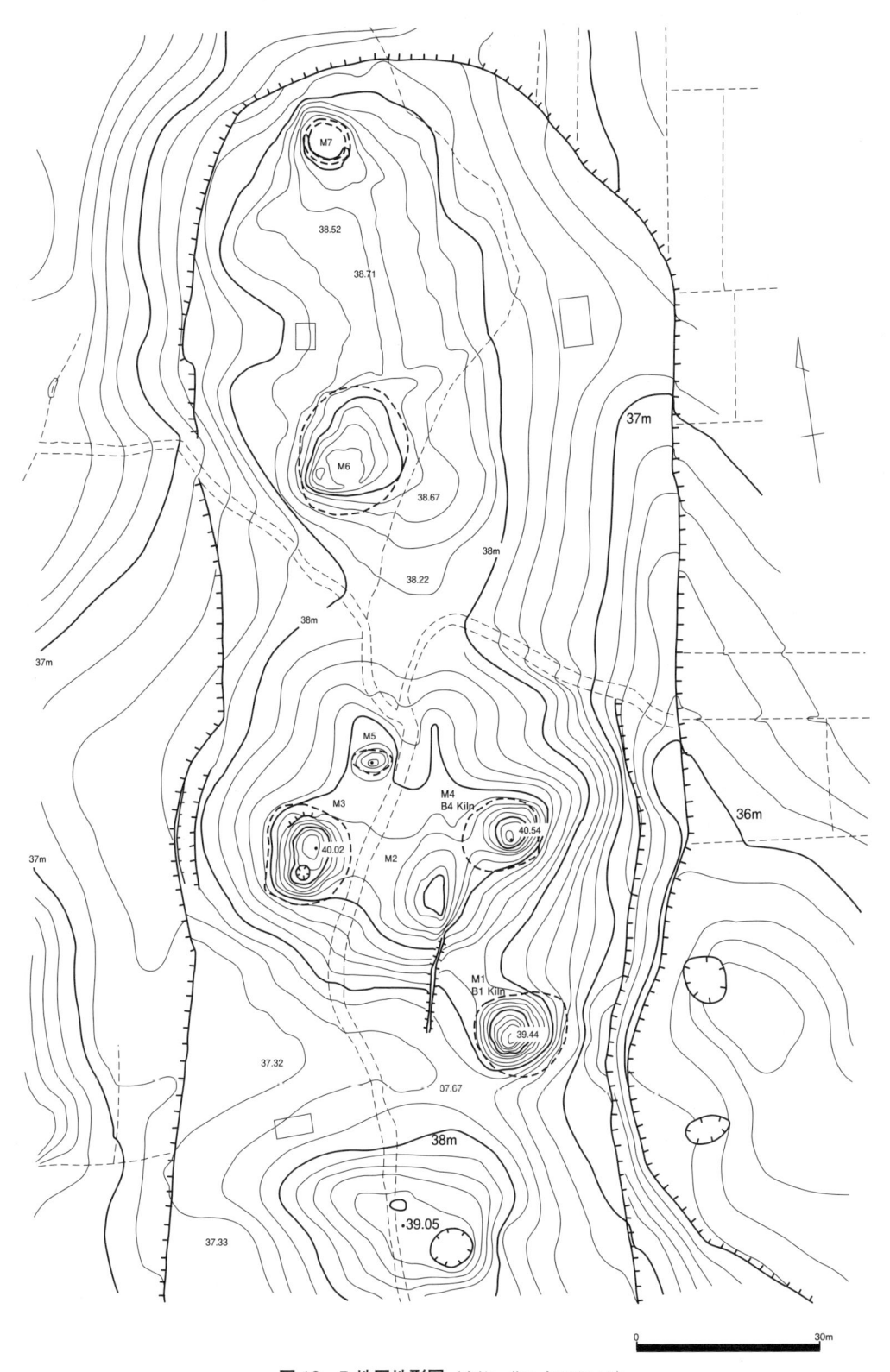

図 12　B 地区地形図 (青柳・佐々木 2007：5)

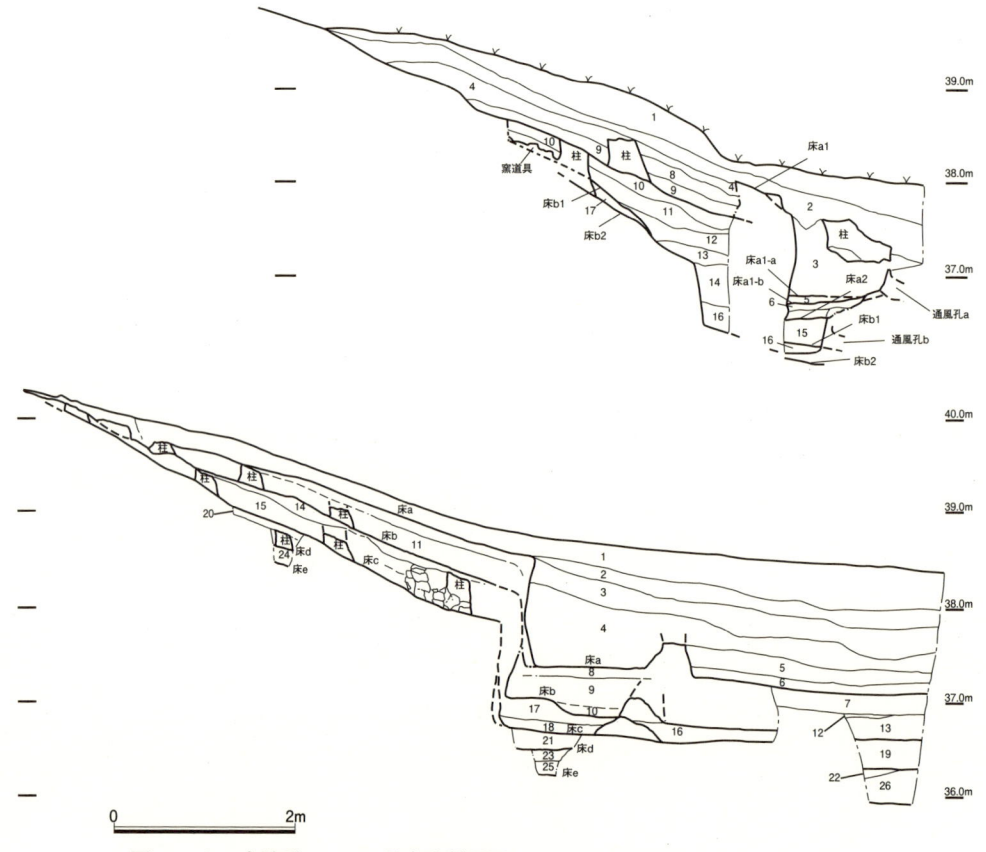

**図 13　タニ窯跡群 B1・B4 号窯跡断面図**（青柳・佐々木 2007：46, 56 をもとに作図）

を備えており、水利の為につくられたダイク⁽⁹⁾の平坦面を利用して窯を築いたという考え方は十分成り立つ。

　また、ダイクの形成年代とマウンド、すなわち窯の構築年代が同時期なのか、あるいは時間差があるのかという問題もあるが、これに関してはダイクそのものの発掘調査をおこなっているわけではないので検討は難しい。しかし、最終章で取り上げるようにタニ窯跡（すくなくとも B4 号窯）の年代が 10 世紀中頃と考えられるため、ダイクが形成されたとすると、これと同時期かそれ以前であることは間違いないだろう。

　1998 年の踏査によって A～E 地区で窯跡群（マウンド群）が確認されている（図 11、12）。ダイクの南から A 地区、B 地区、その北側に少し離れた D 地区、ダイク東側の水田にある C 地区、C 地区の北側水田に点在する E 地区である。窯跡は A 地区、B 地区に密集しており、A 地区では 6 基、B 地区では 7 基のマウンドが確認されている。

〈窯の構造〉

　前述の通り、タニ窯跡群で発掘調査がおこなわれたのは B 地区の B1 号窯、B4 号窯、および A 地区の A6 号窯である。ここでは、B1、B4 号窯の窯体構造についてのべてみたい。なお、

4　窯跡遺跡の立地と築窯技術

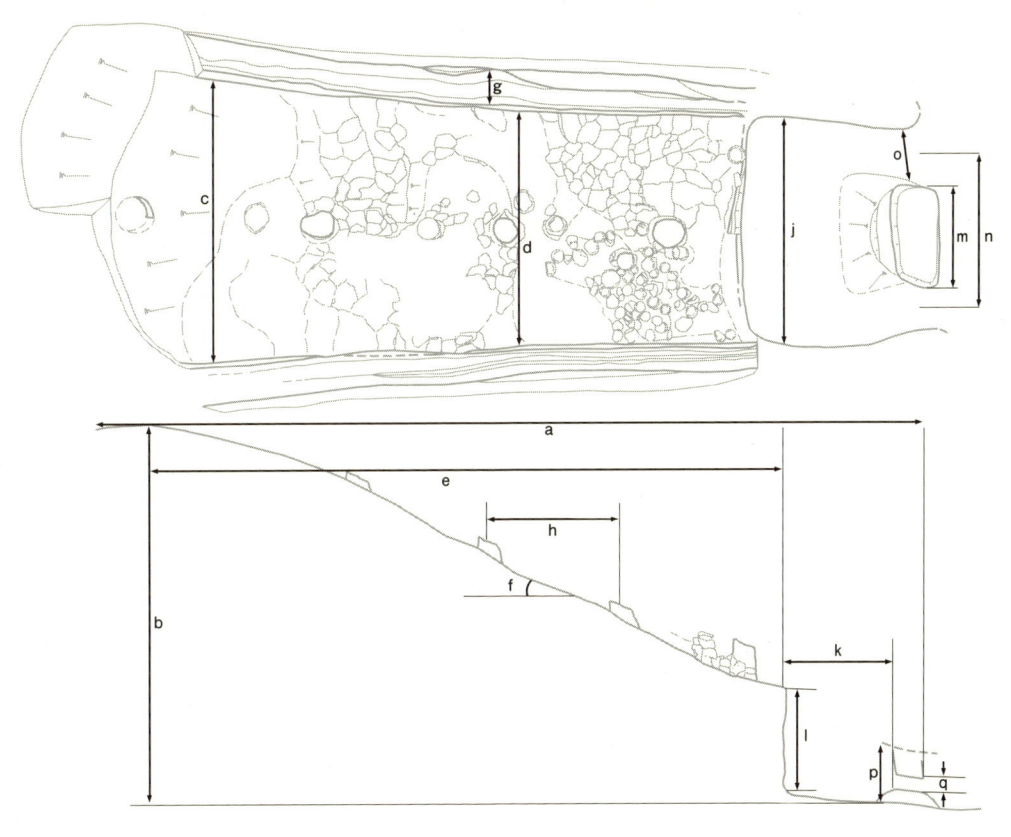

| 窯跡名 | 窯体 窯体長a | 高差b | 燃焼室 最大横幅c | 横幅d | 長さe | 傾斜f | 側壁幅g | 柱間距離h | 室内面積 I |
|---|---|---|---|---|---|---|---|---|---|
| B1a | *8.0m* | 3.0-3.3m | 2.84m | 2.3m | 6.5m | 22-24° | 30-40cm | - | 16.8㎡ |
| B1b | *7.3m* | 3.6-3.7m | - | - | 5.5m | 27-31° | - | - | - |
| B4a | 8.5m | 2.9m | 2.3m | 2.0m | 6.9m | 18° | 20-30cm | 1.25m | 14.8㎡ |
| B4b | 8.2m | 3.3m | 1.9m | 1.8m | *6.6m* | 18-22° | 20-30cm | 1.0m | 11.9㎡ |
| B4c | 8.2m | 3.6m | 2.2m | 1.7m | 6.5m | 20-29° | 15-30cm | 1.2-1.4m | 12.6㎡ |

| 窯跡名 | 燃焼室 横幅j | 奥行k | 奥壁高l | 前壁幅m | 焚口間距離n | 焚口幅o | 焚口高p | 通風孔q | 室内面積r |
|---|---|---|---|---|---|---|---|---|---|
| B1a | 2.5m | 1.0m | 0.9-0.95m | 1.3m | 1.8m | 45cm | - | 28×15cm | 2.2㎡ |
| B1b | *2.3m* | *1.2m* | 0.7-0.8m | 1.0m | 1.4m | 30-40cm | - | *20-25cm* | *2.2m* |
| B4a | 2.1m | 1.1-1.3m | 1.0-1.2m | 1.0m | 1.7m | 40cm | 40cm | 23×24cm | 2.4㎡ |
| B4b | 1.85m | 1.1m | 1.1m | 0.7m | 1.2m | 37cm | - | - | 2㎡ |
| B4c | 1.7m | 1.0m | 1.15m | 0.8m | 1.2m | 35-40cm | - | - | 2.2㎡ |

（※斜体字は推定値）

**図14　窯体計測値**（青柳・佐々木 2007：57）

　窯体構造については最終報告書（青柳・佐々木2007）および、窯体の発掘担当者であった野上建紀による窯体構造についての論文（野上2004）から抜粋した。
　B1窯、B4窯はいずれもひとつのマウンドに複数の窯体が重なっている（図13）。改築を繰り返したものと考えられる。B1窯では2基、B4窯は5基の窯体が確認され、新しい（上層）窯よりa, b, c…と名づけられている。確認された7基の窯体のなかで発掘調査をおこなったのは、B1窯のB1a窯、B1b窯の一部（燃焼室）、B4窯のB4a窯、B4b窯、B4c窯である。それぞれの

53

窯の計測値等は図14のとおりである。

　①全体形　どの窯も横焔式地上窯で、基本的な構造は同じである（A6窯も同様）。粘土で構築され、レンガなどはもちいられていない。窯体は煙道部、焼成室、燃焼室から構成されると考えられているが、調査時には煙道部は検出されていない。天井は現存していなかったが、粘土製の柱で支えられていたと思われる。燃焼室には奥壁（障壁）がある。

　平面プランは基本的には側壁が平行する細長いプランをしている。詳細にみると、B1a窯は中央部のやや膨らんだ長楕円形状の平面プランをもつが、B4a・b窯は側壁がほぼ平行する長方形状の平面プランであり、B4c窯は上方に向かって側壁がやや開き気味となっている（図15、16）。

　②サイズ　マウンド頂上部にあったと考えられる煙道部が残っていないため、正確な全長は不明であるが、各窯の燃焼室の下端からマウンドの頂部までの長さは7～8mである。焼成室中央部の横幅は2m前後であり、概して上層の窯ほど横幅が広くなっている（図14）。古い窯を壊して新しい窯の基礎とする際にマウンドを拡大しているのであろう。

　③燃焼室　燃焼室の横幅は、もっとも狭いB4c窯で1.7m、もっとも広いB1a窯で2.5mである。奥行は1m程度なので、面積は約$2m^2$となる。燃焼室は手前側に二つの焚口を持ち、二つの焚口の中間に一つの通風孔をもつ。燃焼室の床面はほぼ水平か、わずかな傾斜をもっている。奥側はほぼ垂直に壁が約1m立ち上がっている。

　④焼成室　焼成室は側壁が平行するもの（B4a・b窯）、やや中央部が膨らむもの（B1a窯）、上方に向かってやや広がるもの（B4c窯）がある。もっとも横幅の広いB1a窯は燃焼室に近い部分で横幅2.3m、最大横幅2.84mである。もっとも横幅の狭いB4b窯は最大横幅1.9mである。

　側壁は幅約20～30cmで、遺存状態が良かったB4c窯の側壁は内側と外側ともに床面にほぼ垂直に立ち上がっている。

　床面は傾斜している。砂などは敷かれておらず、直接床面に窯道具を置いて製品を焼成している。床面の傾斜がもっとも緩やかなB4a窯で約18°、もっともきついB1b窯で約27～31°である。傾斜はほぼ一定であるが、頂上に近い部分はやや傾斜が緩くなる。

　いずれの窯も主軸上に天井を支える粘土製の柱が約1m間隔で設けられている。B1a窯では燃焼室側に崩れ落ちた残長70cm、径約30cmの支柱が検出されており、焼成室上に残る基部の残高10cmと合わせると、支柱の長さ（天井高）80cm以上となろう。

　⑤基礎マウンド　窯体は人工的なマウンドの上に築かれている。B4窯を例に挙げると、基礎マウンドの基盤となるダイクの黄色砂層面の標高は36.7mであり、マウンド頂部との比高は約3.8mである（青柳・佐々木2007：43-67, 147-153、野上2004：7-12）。

4　窯跡遺跡の立地と築窯技術

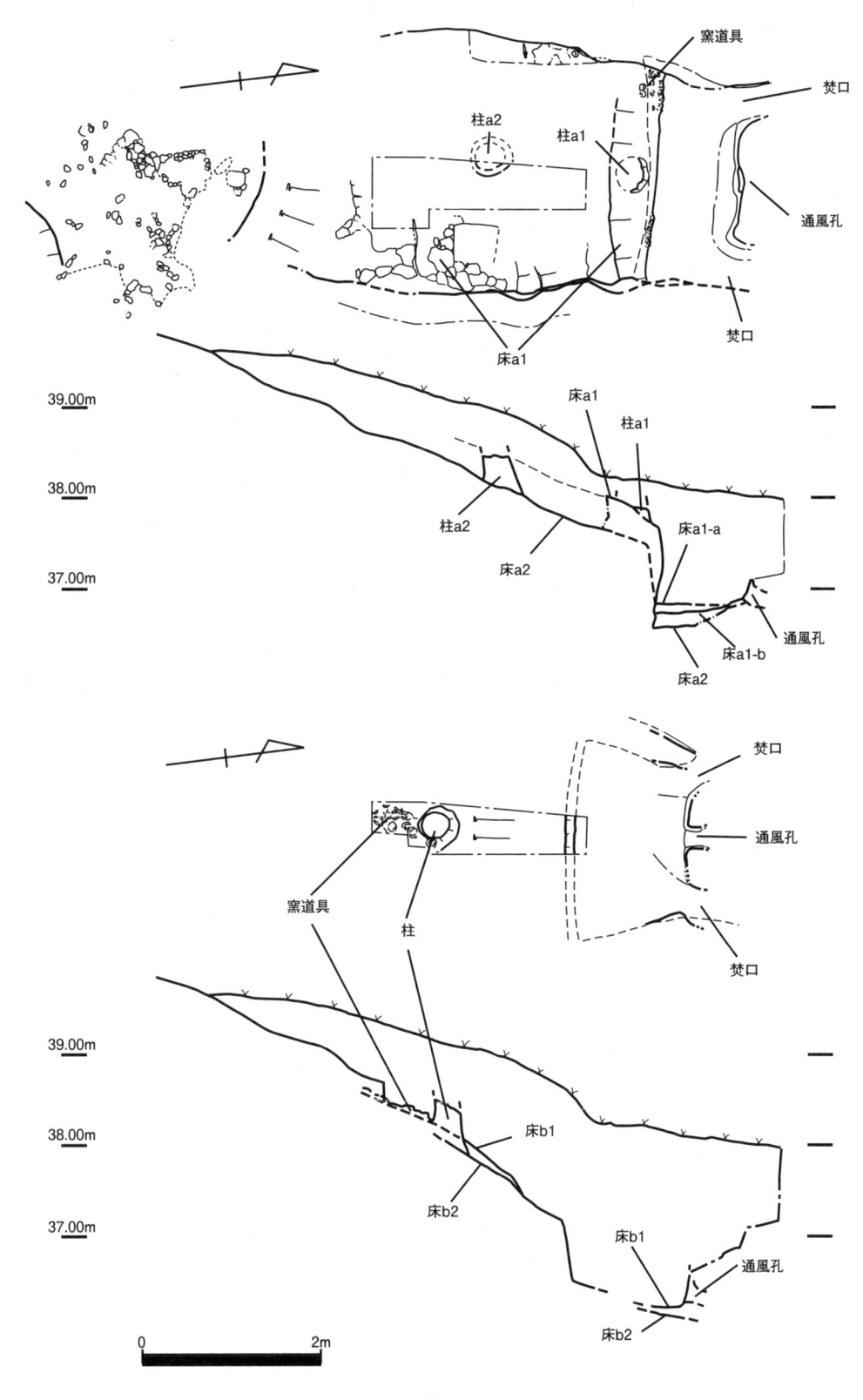

図15　タニ B1 窯平面・断面図（青柳・佐々木 2007：48）

第 3 章　クメール陶器窯の分布と築窯技術

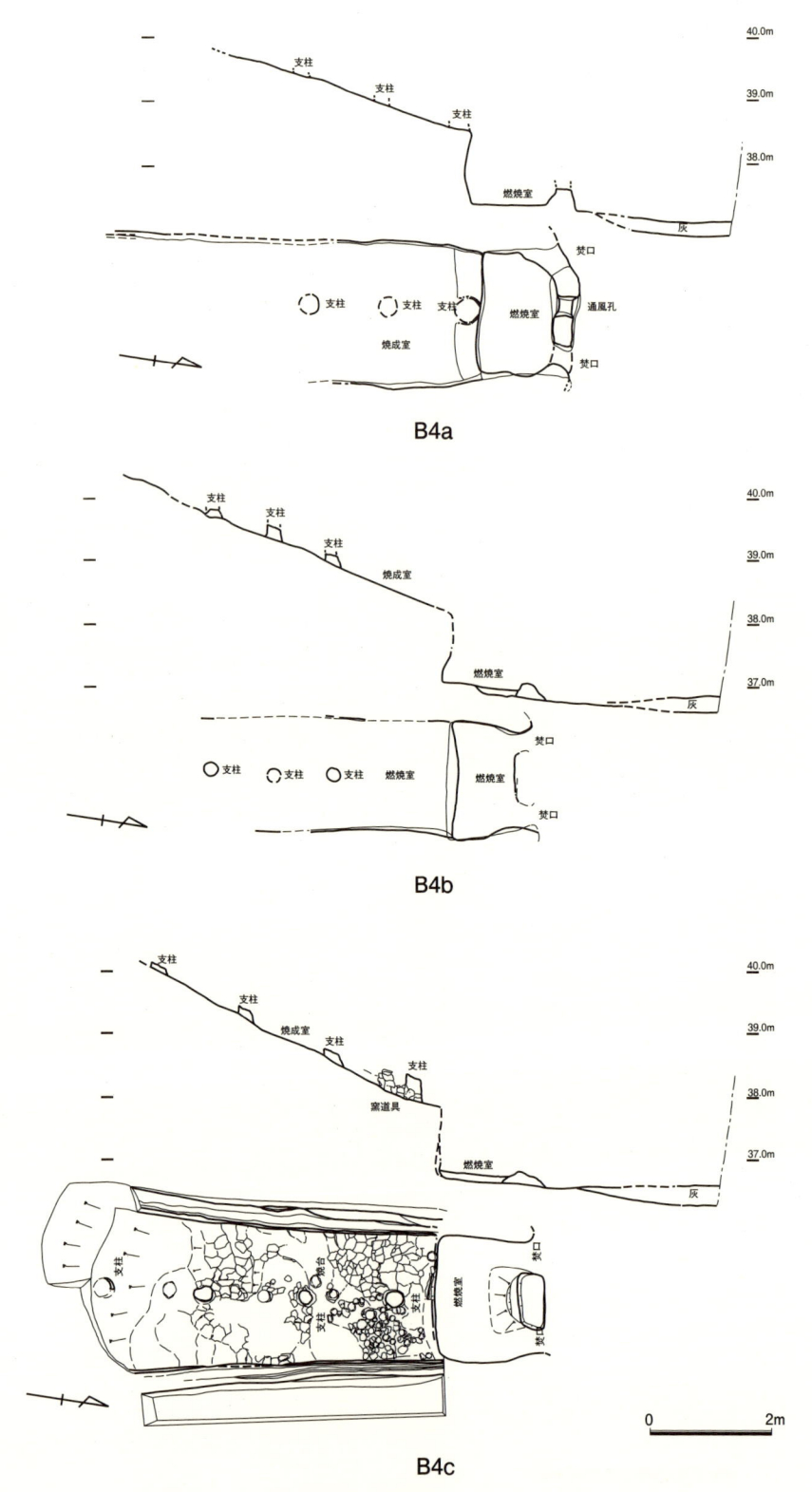

B4a

B4b

B4c

図 16　タニ B4 窯平面・断面図（青柳・佐々木 2007：58-60）

## アンロン・トム窯跡

〈立地〉

アンロン・トム窯はプノン・クーレンの丘陵南部、アンロン・トム村の南西約2kmに位置している（図5）。前述のとおり、地形から判断すると、窯跡のある小丘陵は南北にはしる巨大な堤（ダイク）となっている。他のクメール陶器窯とは立地が異なり、マウンドの上に窯を築くのではなく、ダイクの斜面を利用して窯を構築している（図17）。また、現在のところアンコール地域でもっとも標高の高い場所に位置する窯跡である。発掘調査は筆者によるもの（Tabata and Chay 2007）とほぼ同時期にシンガポール大学とアンコール地域遺跡整備機構との合同調査もおこなわれているが、報告書が未刊行であるため、筆者による発掘成果を検討する。

〈窯の構造〉

発掘された窯跡はアンロン・トム1号窯（ALK01）と名づけられた。基本的な構造はタニ窯のそれとよく類似しており、窯体平面形が長楕円形の単室窯である。窯体の構成は、煙道部、焼成室、燃焼室から構成されると考えられているが、上部が地形改変により削平されていたため、煙道部は検出されていない。3基の窯体が確認され、新しい（上層）窯よりa, b, cと名づけられている。完掘されたのは1号a窯のみである。

①全体形　横焔式地上窯で、基本的な構造はタニ、ソサイ各窯と等しい。粘土で構築されている。窯体の一部でレンガが検出されたが、これは窯体の主体的な構築材とはいえず、部分的にもちいられたと判断できるため、タニ、ソサイと同じく粘土製の窯体構造として差し支えなかろう。

窯体は煙道部、焼成室、燃焼室から構成されると考えられているが、調査時には煙道部は検出されていない。天井は現存していなかったが、粘土製の柱で支えられていたと思われる。燃焼室には奥壁（障壁）があるのもタニ、ソサイと同様である。

平面プランは基本的には側壁がほぼ平行し、焚口付近ですぼまる長楕円形状の平面プランをもつ（図17）。

②サイズ　窯体長は残存部で約3mほどであり、おそらく5mほどの規模であったと考えられる。タニ、ソサイと比べるとやや小型の窯といえよう。

③燃焼室　燃焼室の横幅は、焼成室側で約1m、焚口側で約80cmを測る。奥行は1mほどなので、面積は約$2m^2$となる。焚口付近の残存が悪く、焚口と通風孔の詳細は不明である。燃焼室の床面はほぼ水平であった。奥側はほぼ垂直に壁が約1m立ち上がっている。

④焼成室　焼成室は側壁が平行し、室内最大幅が約1.4mであった。側壁は幅約20cmで、床面にほぼ垂直に立ち上がっている。床面は傾斜しており、砂などは敷かれていなかった。直接床面に窯道具を置いて製品を焼成している。床面の傾斜は約30°と、タニのもっともきつい傾斜をもつB1b窯とほぼ等しい。おそらく、窯を築き直すたびに傾斜がきつくなっていったのであろう。傾斜はほぼ一定であるが、中央部に約10cmの段差（張り出し）がある。これは窯内での

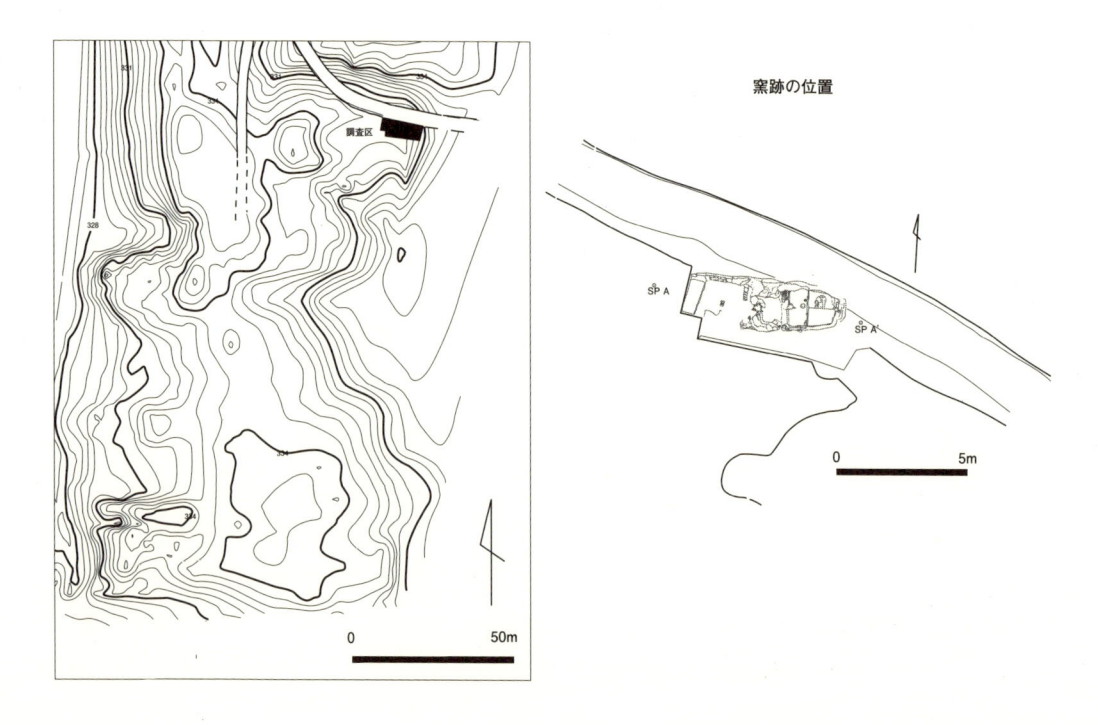

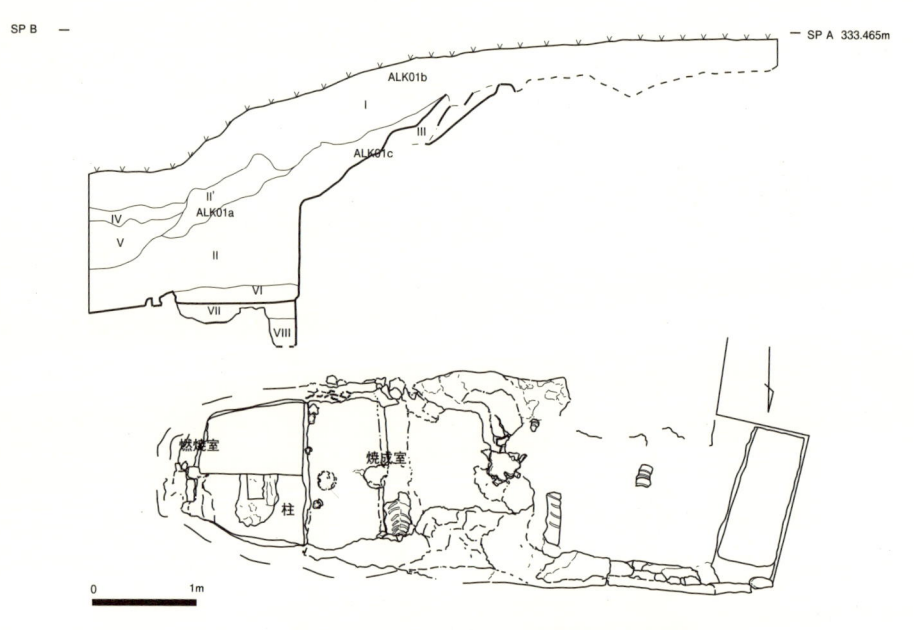

第3章 クメール陶器窯の分布と築窯技術

図17 アンロン・トム1号窯平面・断面図

炎のコントロールを目的とするというよりも、製品（窯道具）を設置するために設けられたものだと考えられる。

窯の主軸上に天井を支える粘土製の柱が２本残存していた。

⑤基礎マウンド　他のアンコール地域の窯と異なり、基礎となるマウンドは検出されなかった。ダイクの斜面を利用して窯が築かれていたが、これについては後で検討する。

### ソサイ
〈立地〉

ソサイ窯はプノン・クーレンの麓の平野に位置している。窯跡は三つのグループに分かれており（図7）、Aグループは平面形が方形のダイクの上に、南のBグループは平面形が長方形のダイクの上にマウンドが築かれており、またそのさらに北方にも窯跡がひろがっておりCグループと名づけられている。

Aグループでは、長さが約100m、幅が約30mのダイクが４本、方形に築かれており、各ダイクの上に窯跡と比定されるマウンドが築かれている。ダイクに取り囲まれた中心部は池となっている。南側のダイクには５基、東側のダイクには１基、北側のダイクにも１基、西側のダイクに５基、全部で12基のマウンドが存在しているようである。

〈窯の構造〉

実際に発掘がおこなわれたのは南側に位置する11号窯である。基本的な構造はタニ窯やアンロン・トム窯とよく類似しており、窯体平面形が長方形の単室窯である。窯体の構成は、煙道部、焼成室、通炎孔、燃焼室から構成されると考えられているが、煙道はマウンド頂部で削平されていたため検出されていない（図18）。

①全体形　横焔式地上窯で、基本的な構造はタニ、アンロン・トム各窯と等しい。粘土で構築されている。

窯体は煙道部、焼成室、燃焼室から構成されると考えられているが、調査時には煙道部は検出されていない。天井は現存していなかったが、粘土製の柱で支えられていたと思われる。燃焼室には奥壁（障壁）があるのもタニ、アンロン・トムと同様である。

平面プランは基本的には側壁がほぼ平行し、マウンド上方でやや広がる長方形状の平面プランをもつ。

②サイズ　窯の燃焼室の下端から焼成室残存部頂上で８mほどであり、おそらく9mほどの規模であったのだろう。

③燃焼室　燃焼室の横幅は２m、奥行は1.9mである。面積は約４$m^2$となり、これまで発掘されたアンコール地域のクメール陶器窯のなかではもっともおおきいもののひとつである。燃焼室東側に二つの通風孔をもつ。燃焼室の床面はほぼ水平である。奥側はほぼ垂直に壁が約１m立ち上がっている。

第3章　クメール陶器窯の分布と築窯技術

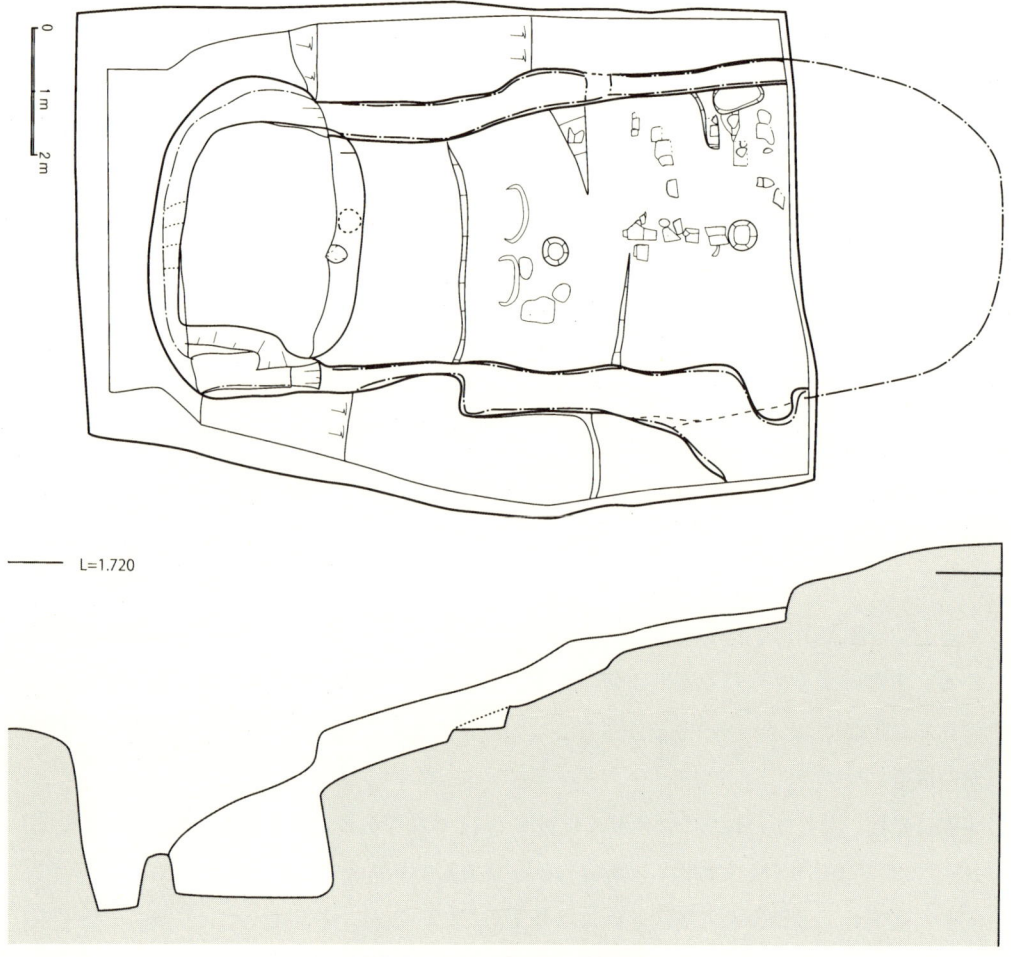

図18　ソサイ窯平面・断面図

　④焼成室　焼成室は側壁が平行し、上方に向かってやや広がっている。横幅は燃焼室に近い部分で約4mである。側壁の遺存状態はあまりよくないが、床面にほぼ垂直に立ち上がっている。壁の厚みは25～35cmである。

　床面は傾斜している。砂などは敷かれておらず、直接床面に窯道具を置いて製品を焼成している点はタニ、アンロン・トムと同様である。窯の主軸上に天井を支える粘土製の柱が4本確認された。焼成室の東壁が小型の粘土塊を積み上げて造り上げるのに対し、西壁は粘土塊と粘土を一緒に積み上げる構築法をもちいており、窯体が修復によって造り替えられている可能性が示唆される。

　⑤基礎マウンド　窯体は人工的なマウンドの上に築かれている。11号マウンドは東西約18m、南北約12.6mである。ダイク南側の南西方向には大きな平地が存在しており、工房の所在がこの近辺と推定されている。南側平地とマウンド頂部とは約2mの比高がある（杉山ほか：2008）。

## 5　窯体の比較

　それでは次に、窯体構造の検討からあきらかになった事実をもとに、各窯跡との比較をおこないながら、それぞれの窯の特徴をあきらかにしていきたい。なお、比較の材料とするのは、タニ、アンロン・トム、ソサイ、クナ・ポー、バカオン、コック・リン・ファー、ナイ・ジアンの各窯跡である。バンテアイ・メアンチェイ州の諸窯は、今後の研究で非常に重要になってくると思われるが、現段階では窯体のデータがなく、本章での比較資料たり得ない。バンテアイ・メアンチェイ州の製品のみを第5章で取り上げることとする。また、発掘により窯体構造のデータが得られているのは今のところタニ、アンロン・トム、ソサイと東北タイの窯跡のみであるので、比較に際してはこれらの窯を検討材料とする。

### 立地

　最初に立地にともなう諸条件を比較してみたい。平地に位置するものと丘陵斜面に位置するものがあるがこうした立地によって窯跡を分類すると、次のとおりになる。

- 平野に位置するもの‥‥タニ、ソサイ、クナ・ポー、バカオン、コック・リン・ファー、ナイ・ジアン
- 丘陵に位置するもの‥‥アンロン・トム

　もっとも、丘陵上に位置するアンロン・トムであるが、プノン・クーレンの頂上は平坦面が多いため、平野か丘陵かという区別はそれほど重要なものではない。むしろ重要なのはアンロン・トムがマウンド上に築かれていないという点である。

　アンロン・トム窯跡を踏査した西村康は、同窯跡はタニ、あるいはクナ・ポーと同様にマウンドを呈し、斜面に位置するにも関わらずマウンドを造るという点に注目する必要があるとしている（文化庁伝統文化課・奈良国立文化財研究所 2000a：12）。しかし、同じく現地を踏査した野上建紀は西村の見解に注意を払いながらも、同窯跡は丘陵の傾斜を利用した可能性が高く、地上式窯でない可能性もあるとしている（野上 2004：11）。筆者の発掘調査ではマウンドは検出されておらず、アンロン・トム窯跡は丘陵の傾斜を利用した窯だと考えている。アンロン・トム窯跡周辺は樹木が密生しており、地形全体を詳細に検討することができなかったが、部分的な地形測量の結果、窯跡の存在する地域が小丘陵、おそらく南北にはしるダイクとなっていることが確認できた。

　つまり、地形の前提としてアンロン・トム一帯は丘陵となっているのであり、他の窯跡のように平坦面に位置していないのである（この事実については西村も認めている）。またダイクと考えられる丘陵の頂上の平坦面に窯が築かれているわけではない。

　確かにタニとアンロン・トムでは土壌の堆積環境が異なろう。しかしタニ、ソサイ、クナ・ポー

表1　窯跡の立地条件

| 窯跡名／立地条件 | タニ | アンロン・トム | ソサイ | クナ・ポー | バカオン | ナイ・ジアン | コック・リン・ファー |
|---|---|---|---|---|---|---|---|
| 平野に位置する | ◎ | × | ◎ | ◎ | ◎ | ◎ | ◎ |
| ダイク上に位置する | ◎ | ○ | ◎ | ◎ | △ | △ | △ |
| 人工的なマウンドをもつ | ◎ | × | ○ | ○ | △ | ◎ | ○ |

◎…Yes　○…恐らくYes　△…判断できず　×…No

は、窯の廃絶後、物原と窯体の含まれるマウンドが土壌で覆われているにもかかわらず、マウンド自体は周辺地域と同一レベルまで埋没することなく明確なマウンド形を保っている。アンロン・トムは周辺よりも100m以上標高が高く、その中でも小丘陵に位置しているため、マウンドが存在するとしたら低地部よりも早く埋没するとは考えがたい。このことからもやはりアンロン・トム窯跡は丘陵（ダイク）の傾斜を利用したと結論せざるを得ない。以上の考察をふまえると、やはり立地条件としてアンロン・トム窯跡だけが他の窯跡と異なる条件をもつことがはっきりする。

　それでは、窯が人工的なマウンド上に築かれているのかどうかで分類してみたい。ただし、マウンドが人為かどうか、発掘調査がなされていない窯に関しては自然地形を利用した可能性もあるため、確実とは言い難い。人工マウンドかどうかを基準に分類すると次のとおりとなる。

- 発掘調査の結果、人工的なマウンドの上に築かれていることが確認された窯跡‥‥タニ、ナイ・ジアン
- 地形観察の結果、そもそもマウンドを使用していないと考えられる窯跡‥‥アンロン・トム
- ダイク上に位置すること、あるいは窯体構造が類似していることから人工的なマウンドの上に築かれていると考えられる窯跡‥‥ソサイ、クナ・ポー、コック・リン・ファー
- 判断がつかないもの‥‥バカオン

　次に、ダイク上に位置する窯跡と位置しない窯跡で分類してみたい。ダイクの有無によって窯跡を分類すると次のとおりとなる。

- ダイク上に位置する窯跡‥‥タニ、クナ・ポー、ソサイ
- ダイク上に位置しない窯跡‥‥アンロン・トム
- 現状では判断出来ない窯跡‥‥バカオン、コック・リン・ファー、ナイ・ジアン

　現状ではダイク上に位置するのかどうか判断出来ない窯跡であるが、これは周辺地形が耕作によって改変されているためである。しかし、ナイ・ジアン窯跡の発掘では人工のマウンド直下は自然堆積層であるとの報告がなされており（Fine Arts Department, Thailand 1989：85）、すくなくともナイ・ジアン窯については人工的なダイク上に位置しない可能性が強い[10]。

　このように幾つかの基準で分類してみたが、このことからどのようなことが言えるのであろうか。表1はこれまでの分類リストを表の形にまとめたものである。これをみると、立地条件

としてアンロン・トムだけが他の窯跡と著しく異なるほかは、東北タイの諸窯とアンコール地域の諸窯では立地条件にさほどおおきな差がないことが見て取れる。

### 素材

次に素材について検討したい。ここでいう素材とは窯の構築材料のことであるが、これに関してはすべての窯跡で一致している。これまでに発掘調査がおこなわれたクメール陶器窯跡は、アンコール地域でもコーラート高原でもレンガを使わず、粘土で築かれていることがあきらかになっている。発掘調査のおこなわれていないものでも、また窯体とおぼしき被熱粘土塊が多数確認されていることから、これらの窯でも素材に関しては同様であると考えられる。ただし、アンロン・トムでは、燃焼室の一部でレンガが検出されている。しかし、これもレンガが1個確認されているだけで、レンガが窯の主体となる構築材であるわけではない。やはり、クメール陶器窯の一般的な構築材は粘土ということになる。

また東北タイのクメール陶器窯であるナイ・ジアン窯やコック・リン・ファー窯では表面に竹の圧痕が残されている粘土塊が出土していることはすでに述べたが、このことから、東北タイのクメール陶器窯では築窯に際し、窯体は竹の骨組みの上に粘土を貼り付けて造られていたと考えられる。

### 窯体構造

最後に窯体構造を比較してみたい。まずアンコール地域の窯の全体形であるが、いずれも横焔式地上窯で基本的な構造は同じである。検出された窯体は燃焼室と焼成室に分かれており、燃焼室には奥壁（障壁）があり、燃焼室は焼成室より1mほど低い位置にある。いずれも煙道部は遺存していない。詳細は前節を参照されたいが、サイズに大小はあるものの平面プランは基本的に長楕円形から長方形であり、窯の主軸上には天井を支える粘土製の柱が設けられている。

これに対し、東北タイの窯の場合、コック・リン・ファー窯跡は、3基の横焔式窯が相互に窯壁を共有して発見された。窯の長軸は南北方向を向いており、窯体のサイズはそれぞれ幅1.5m、長さ15mである。西側の窯体内部では直径60cmほどの粘土円柱が発見され、天井の支えと考えられている。

ナイ・ジアン窯跡もマウンド斜面に築かれた横焔式窯で、横幅7.5m、長さ12mのなかに全部で七つの窯壁があきらかになり、A～Eと名づけられた五つの焼成室と燃焼室が平行して配置されている。長軸方向はほぼ南北（東北から南西）で、一つの窯体は横幅1.2～1.6m、長さは11mくらいの細長い長方形のプランとなっている。支柱の間隔は1m前後で、一つの窯に6～7本の支柱があったとみられている。また焼成室と燃焼室の間には段があり、段差は約1mである（図19）。こうした各窯跡の構造を比較すると、表2のようになる。

以上、クメール陶器窯について立地・窯体の素材および構造という観点から比較してきたが、

第3章 クメール陶器窯の分布と築窯技術

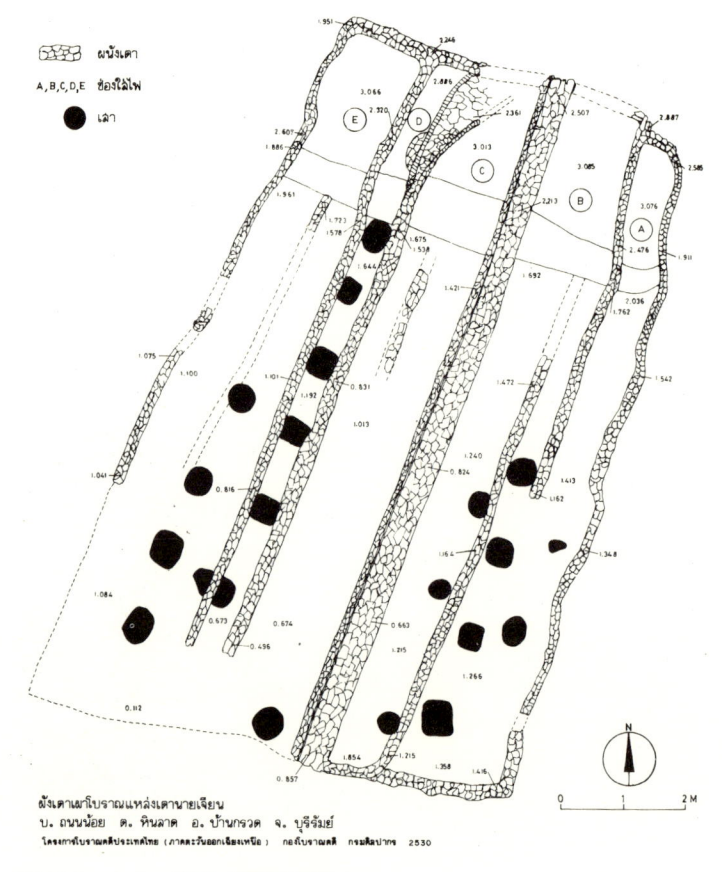

図 19-1 ナイ・ジアン窯跡平面図（Fine Arts Department, Thailand 1989：52）

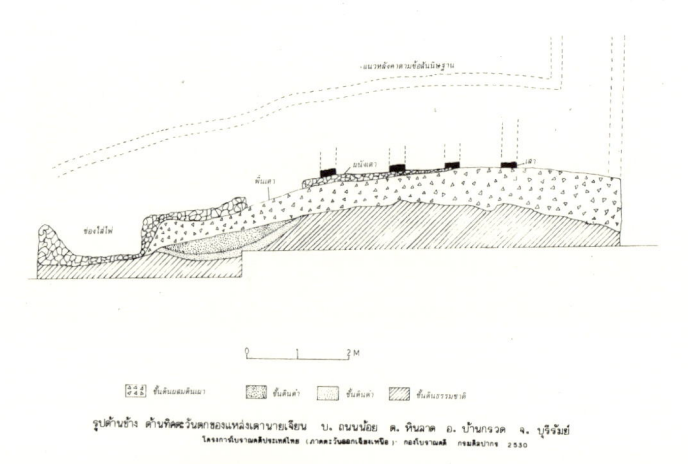

図 19-2 ナイ・ジアン窯跡断面模式図（Fine Arts Department, Thailand 1982：52, 85）

共通点としては、マウンドの上に築かれた横焔式地上窯であること、粘土で築いていること、細長い長方形の平面プラン、燃焼室と焼成室間の約1mの段差、傾斜した焼成室の床面、天井を支える支柱などがあげられる。これらの共通点をもってクメール陶器窯の特徴とすることも可能であろう。

## 5 窯体の比較

表2 窯体構造の比較

| 構造／窯跡 | タニ | アンロン・トム | ソサイ | ナイ・ジアン | コック・リン・ファー |
|---|---|---|---|---|---|
| 平面プラン | 楕円〜長方形 | 長楕円形 | 長方形 | 長方形 | 報告書記載なし |
| サイズ | 長さ7〜9m、幅約2m | 長さ約5m、幅約1.2m | 長さ約9m、幅約4m | 長さ約11m、幅約1.6m | 長さ約15m、幅約1.5m |
| 構造 | 燃焼室・焼成室・煙出（未発見） | 燃焼室・焼成室・煙出（未発見） | 燃焼室・焼成室・煙出（未発見） | 燃焼室・焼成室・煙出（未発見） | 燃焼室・焼成室・煙出（未発見） |
|  | 横焔式地上窯 | 横焔式地上窯 | 横焔式地上窯 | 横焔式地上窯 | 横焔式地上窯 |
| 焼成室の数 | 1 | 1 | 1 | 1 | 1 |
| 燃焼室と焼成室間の段差 | 有 | 有 | 有 | 有 | 有 |
| 側壁の共有 | 無 | 無 | 無 | 有 | 有 |
| 焼成室床面 | 傾斜（急） | 傾斜（急） | 傾斜（急） | 傾斜（緩） | 傾斜（報告書記載なし） |
| 天井の支柱 | 窯体主軸上に1列 | 窯体主軸上に1列 | 窯体主軸上に1列 | 窯体主軸上に1列 | 窯体主軸上に1列 |
| 主軸の方位 | 南北2基 東西1基 | 東西 | 南北 | 南北 | 南北 |

　では、相違点はどの程度あるのであろうか。まずおおきな違いはサイズである。ナイ・ジアン、コック・リン・ファーといった東北タイの窯跡は長さが11〜15mであるのに対し、タニは8m前後とやや小さい。横幅は東北タイの窯跡1.5m程度であるのに対し、タニは約2mと若干大きい。したがって、タニのほうが平面プランは小型でずんぐりしているのに対し、東北タイのそれはより細長いことになる。側壁の共有も際だった違いの一つである。

　東北タイの窯は複数の窯が側壁を共有している。このことは、窯の築き直し時に横に拡張したことを意味している。また、ナイ・ジアン窯跡では築き直しだけでなく、同時期に複数の窯が稼働していた可能性が高い。一方、タニ窯の場合は古い段階の窯の上に新しい窯を築いており、一つのマウンドでは一時期に1基の窯のみが稼働していたのはあきらかである。さらに、タニにくらべてナイ・ジアンのほうが焼成室床面の傾斜が緩やかであるという違いもある。また、東北タイでは築窯に際し、窯体は竹の骨組みの上に粘土を張り付けて造られていたと考えられるが、タニ窯跡群ではこうした技術は使っていないようである。

　窯体主軸の方位についてはほとんどが南北軸であるが、タニ窯跡群A6号窯跡は窯体の主軸が東西方向をむいており、窯跡群内でも一致していない。ソサイ窯の項でも述べたが、ソサイではすべてのマウンドは長軸方向が中心の池を向いている。つまり、発掘された南側ダイクの窯の主軸は南北方向だったが、西側と東側のダイク上に位置するマウンドの主軸はすべて東西方向だと考えられる。窯体構造の詳細は発掘調査を待たなければならないが、窯体はこのマウンドの主軸方向と同じ向きに設置されていた可能性が非常に強い。このことから、主軸の方向決定にあたってそれほど強い規則性が存在しなかったことがうかがわれる。したがって、窯体

の主軸方位は風向きなどよりも窯体周辺の作業スペースなど単なる利便性から決定されたのではないだろうか。

## 小　結

　以上、本章ではこれまでに判明しているクメール陶器窯を概観するとともに、タニ窯跡群の発掘調査であきらかになった窯体に関する事実をもとに各窯跡との比較をおこなった。こうしてみると、タニ窯跡群を中心とするアンコール地域の窯跡と、東北タイの窯跡では、基本的な立地、構造が類似しており、このことからクメール陶器窯構造の基本的なパターンを導き出せた。一方、築窯に関しては、それぞれの窯の築窯技術が地域によって異なってくることもあきらかにした。しかし、これだけでは各窯跡の性格をあきらかにしたとは言い難い。窯体だけでなく製品とその技術に関する考察も必要である。そこで本章での分析はこれまでとし、次章からは窯跡出土資料の分析をおこない、本章の成果と照らし合わせることによってさらに論を深めて行きたい。

**註**
（1）現在のプノン・クーレンは全体に山がちであるが、それでも南部には平坦面が続き、そうしたところでは水田耕作も営まれている。
（2）踏査に同行してくれた上智大学アンコール研修所研修生（当時）Nuon Mony 氏は、かつてバカオンで別のマウンドを訪れたことがあるという。Mony 氏が訪れたというマウンドを確認するため、新たに見つかったマウンドの北側をさらに調査した。農作業中の村人に情報を求めると、我々が言うようなマウンドは確かにあったが、すべて畑になっているとのことであった。1 km ほど北に歩くと、マウンドの頭らしきものが西瓜畑のなかに見えてきた。Mony 氏は恐らくこれが以前訪れた所だろうと言う。一面の西瓜畑はかなり厚く土を盛っているらしく、陶片は見あたらない。畑の北では、村人が土取りの作業をおこなっていた。おそらく、こうした作業によってマウンドが破壊されたり、耕作土で分厚く覆われたりしているのだろう。窯であるとの確証は得られなかった。
（3）残念ながら現在は農地、ダムの開発にともない破壊された窯跡もおおく、これらの窯跡がどのような窯跡群を構成していたか不明である。
（4）破片のみの出土であり、他の遺物の胴部を誤認したのではないかと考えられる。
（5）発掘調査報告、および現地展示では五つの燃焼・焼成室が報告されているが、野上建紀の検討によれば、支柱の列が6列あると見られることから最低6基以上の窯があったのではとされている（野上 2004：10）。この点については、筆者も 2004 年8月に現地展示施設をおとずれ、実際に検討したが、やはり野上の指摘する通り、少なくとも6基の窯が存在したと考えられる。
（6）中央部に約 60cm 幅の厚い壁が見られるが、これは窯の改築の際、別の窯の壁を共有した結果と思われる
（7）この点についても、野上は側壁を共有、あるいは古い窯の支柱を新しい側壁で挟み込みながら、同時期に複数の窯が稼働している可能性を指摘している（野上 2004：10）。
（8）筆者は 2004 年6月、これらバンテアイ・メアンチェイ州の窯跡表採資料を実見、写真撮影をおこ

なう機会を得た。資料については第5章を参照されたい。
（9）水利の為かどうかはさておき、タニ窯跡群のダイクが人為的に形成されたのか、自然地形かという問題もある。ただし、これに関しては当該地域の詳細な測量調査をおこなった奈良文化財研究所の報告でも、その形態からダイクが人工的な構築物と推定しており（文化庁伝統文化課・奈良国立文化財研究所 1998：15）、筆者もその見解を支持したい。
（10）おなじような窯体構造をもつコック・リン・ファー窯跡もダイク上に位置しない可能性が強いが、報告からは確認出来なかった。

# 第4章　タニ窯跡出土遺物の分析

　本章では窯跡出土遺物の型式学的な分析をおこなうことによってアンコール地域におけるクメール陶器の製陶と焼成に関わる技術を検討する。基本となる資料は、これまでのアンコール地域の窯跡発掘調査でもっとも多量に遺物が出土したタニ窯跡出土遺物である。まずタニ窯跡遺跡出土の遺物基本組成をあきらかにしたのち、素材の選択、成形、加飾、施釉、窯詰め・焼成などの製品に直接関わる各技術を詳細に検討することでクメール陶器の生産技術を明確にしたい。

## 1　分析手法

　分析の対象となる資料群はタニ窯跡（B1号、B4号窯）、アンロン・トム窯、ソサイ窯の発掘調査・表面採集で得られた資料とバカオン窯、クナ・ポー窯踏査で得られた表面採集資料である。とくにタニ窯跡出土資料は基本的に各窯体および物原で層位発掘をおこなった際に得られた層位別一括資料であり、大型コンテナに約450箱、概算で4t以上の重量と膨大な出土量となっているので、これを基本資料として分析をおこなう。タニ以外の各窯跡資料についてはタニとの比較しながら次章で検討する。

　分析資料の抽出にあたっては、洗浄・注記・接合といった基本的な整理作業ののち、資料を1点ずつチェックしながら全形のうかがえる資料と破片でも製作技法や焼成技法の痕跡が明瞭に残っている資料を選出した。分析は以下の点に留意しながらすすめた。

1) 基準資料の構築‥‥「クメール陶器とはなにか？」という問いに対し、これまでの研究では、東北タイにおける窯跡発掘調査を例外として、伝世品を資料として取り扱ってきたためにつねにある種の疑問がつきまとってきた。すなわち、来歴不明の資料は「本当にアンコール時代に生産され、使用されたものであるのか？」、あるいは「これまで知られてこなかった新たな形態の（一見してクメール風に見える）資料を本当にクメール陶器として扱いうるのか？」といった研究の根幹を揺るがすような疑問、資料認定の正当性に対する疑問に真に答えることが出来なかったのである。こうした疑問に対し、アンコールの地で生産されたことに疑いの入る余地のない基準資料の構築が求められてきたのであるが、本書では生産地における出土資料・表面採集資料を取り扱うため資料の来歴に関しては問題がないだろう。
2) 分類基準‥‥分類に際しては器種の大分類を最初に設定した。名称については従来の研究でもちいられてきた名称（Rooney 1984、コート 2002、デュマルセ 1997）にならい、これにあてはまらないものに関しては名称を新たに設定した[1]。器種の大分類ではそれぞれの器種

名の後に「類」をつけ、碗類・合子類・瓶類というように呼称する。次に各類のなかで明確に形態上の差異が認められるものを分類し、型式設定をおこなった。たとえば、合子類のなかで身の器形が半球形にちかいものを丸形合子身、シリンダー状の胴部をもつものを筒形合子身という具合に分類した。さらに、各型式のなかでより細かい属性（文様帯の有無、口縁部の仕上げの差異等）により細別できる場合は、型式名の後にアラビア数字で1から細分類(亜型式)番号を与えた。したがって合子類丸形合子身1類といった場合は大分類が合子、型式は丸形合子身の1類となる。

3) 技術の類型化‥‥陶磁器類の場合、ナデ調整痕、当て具痕、ロクロ目といった製作技術の差異は形態的な差異に反映しやすいため、型式分類をおこなう際にはある程度の技術的な分類も含まれているが、これをより意識的に、明確に進めることにより技術の類型化をおこない、各窯跡間での比較を可能にすることが分析の目標である。そのため、融着資料や重ね積みの痕跡が残る資料なども検討の対象としながら、素材の選択、成形、加飾、施釉、窯詰め・焼成などの製品に直接関わる技術の痕跡を再構成していく。

## 2 型式学的分類

　タニ窯跡の調査は、これまでにアンコール地域でおこなわれた発掘調査のなかでは一番規模がおおきく、資料の集積の度合いが他の窯跡とは格段の違いがある。一連の分析を通し、タニ窯跡出土資料で設定された器種基本組成は、これまでに発見されたアンコール地域諸窯の器種をほぼ網羅していることがあきらかとなった。したがってタニ窯跡出土資料の分類をもってクメール陶器、すくなくともアンコール地域で生産されたクメール陶器の基準資料を構築することが出来たといえよう。

　タニ窯跡出土資料は分類の結果、合子類、碗類、瓶類、壺・甕類、瓦類、窯道具類の6類に大別される。合子と瓦の融着資料も出土したことから、いわゆる瓦陶兼業窯であると考えられる。黒褐釉の製品は確認出来なかった。B1、B4号窯で出土した製品の間には大きな差異が見られず、後述するように合子の蓋などで若干異なるタイプの製品を確認できたのみであった。そのため、B1号、B4号窯の資料は基本的に同種のものとして取り扱った。

**合子類**

　合子は蓋と身が出土しており、身の器形から半球形にちかい丸形合子と、シリンダー状の胴部をもつ筒形合子に大別される。丸形合子、筒形合子ともに、サイズはミニチュアのような小型のものから径が10cmを超える大型のものまで様々である。

　ほとんどすべての合子は灰釉の製品であるが、若干無釉のものも出土している。ただし、これらはよく観察すると釉薬が剥げてしまったものがおおく、基本的には合子は施釉の製品であ

## 2 型式学的分類

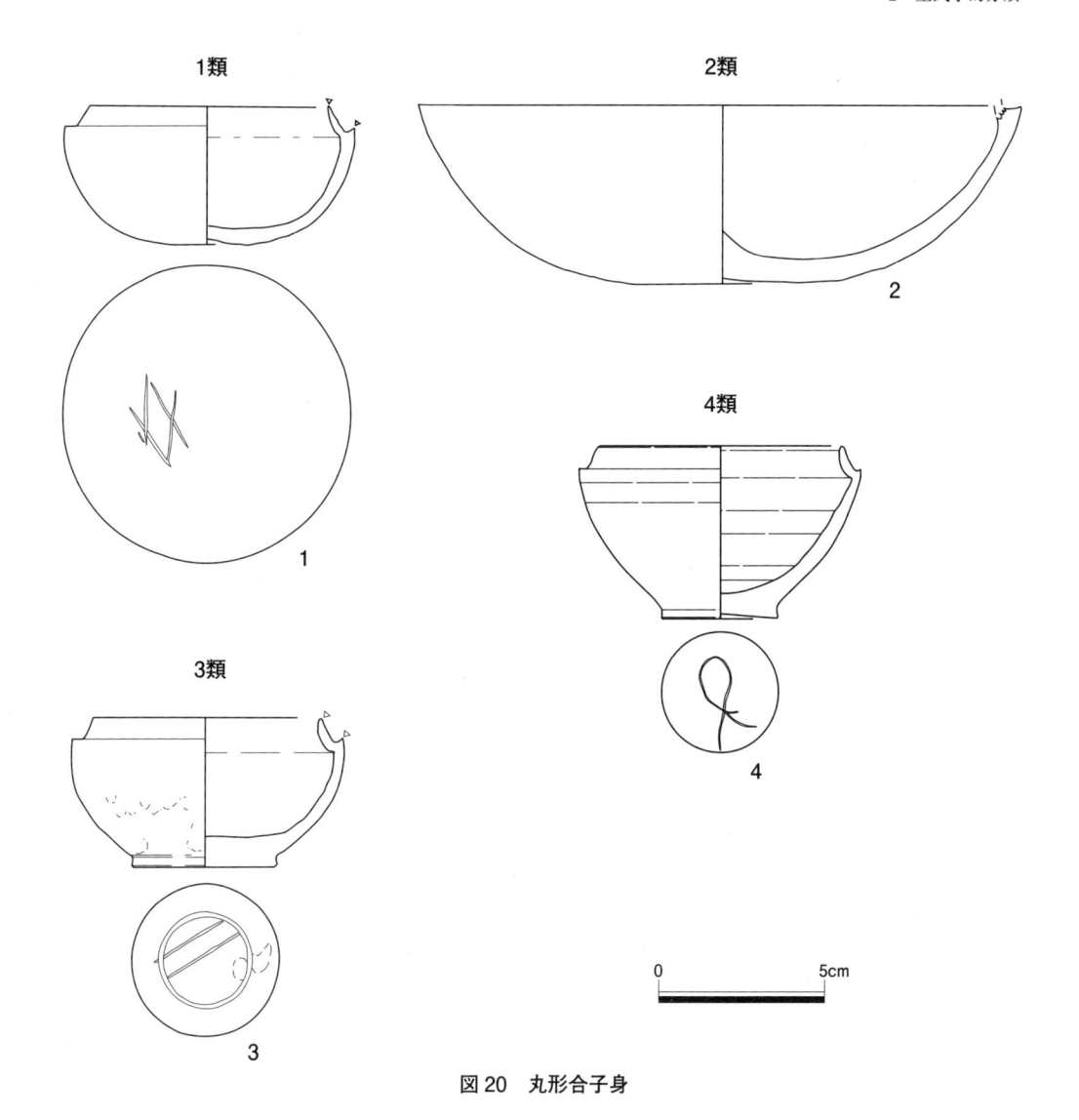

**図20 丸形合子身**

り、無釉のものはごく例外的なものだと考えられる。また、丸形合子、筒形合子の区別なく、合子身の底面には、先端の尖った工具でつけられたと思われる記号が施されていることがおおい。こうした窯印とも考えられる記号と器種の関係は今のところ不明である。さらに、他の製品と融着したものや、蓋と身が融着したものも出土している。

〈丸形合子身〉（図20）

合子類のうち、身の器形が半球形にちかいものを丸形合子身とした。丸形合子身は底部から胴部にかけての形状からさらに細分できるが、それぞれの特徴は以下のとおりである。

- 丸形合子身1類‥‥高台をもたず、平底のもの（図20-1）。
- 丸形合子身2類‥‥高台をもたず、平底であるが内面中央に突起をもつもの（図20-2）。
- 丸形合子身3類‥‥削り出しの平高台をもち、胴部が緩やかに立ち上がるもの（図20-3）。

第4章　タニ窯跡出土遺物の分析

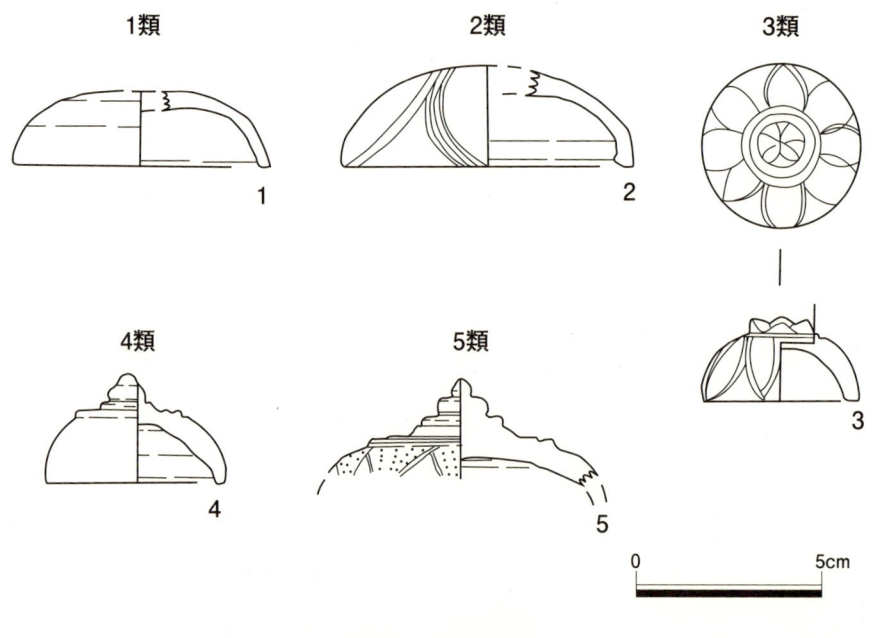

**図21　丸形合子蓋**

・丸形合子身4類‥‥削り出しの平高台をもち、胴部が急角度で立ち上がるもの（図20-4）。

〈丸形合子蓋〉（図21）

　丸形合子、筒形合子の蓋と身の対応関係は、これまではっきりとしないまま、半球状の蓋が丸形合子の蓋、半球状でなく、口縁部に段をもつものが筒形合子の蓋であるとされており、筆者の分類試論（田畑 2002）でもこうした分類がそのまま踏襲されているが、いささか分類の厳密性に欠けていた感がある。しかし図49-1, 4, 6, 7といった蓋と身の融着資料の発見により、従来の蓋の分類が正しかったことがあきらかとなった。

　丸形合子蓋は、全体的な形状が半球形にちかく、つまみの有無、文様の有無で細分化される。それぞれの特徴は以下のとおりである。

・丸形合子蓋1類‥‥つまみをもたない無文のもの（図21-1）。

・丸形合子蓋2類‥‥つまみをもたず、線刻蓮弁文が施されたもの（図21-2）。

・丸形合子蓋3類‥‥つまみの形状が蓮の花芯状であり、線刻蓮弁文が施されたもの（図21-3）。

・丸形合子蓋4類‥‥宝珠状のつまみをもち、無文のもの（図21-4）。

・丸形合子蓋5類‥‥宝珠状のつまみをもち、線刻、刺突文で蓮弁が施されたもの（図21-5）。

〈筒形合子身〉（図22）

　合子類のうち、身の器形がシリンダー状になっているものを筒形合子とした。すべての筒形合子は削り出しの平高台をもつが、胴部の立ち上がりと高台のおおきさによって細分できる。それぞれの特徴は以下のとおりである。

・筒形合子身1類‥‥胴部がほぼ垂直に立ち上がり、高台の直径が胴部最大径の2分の1前後

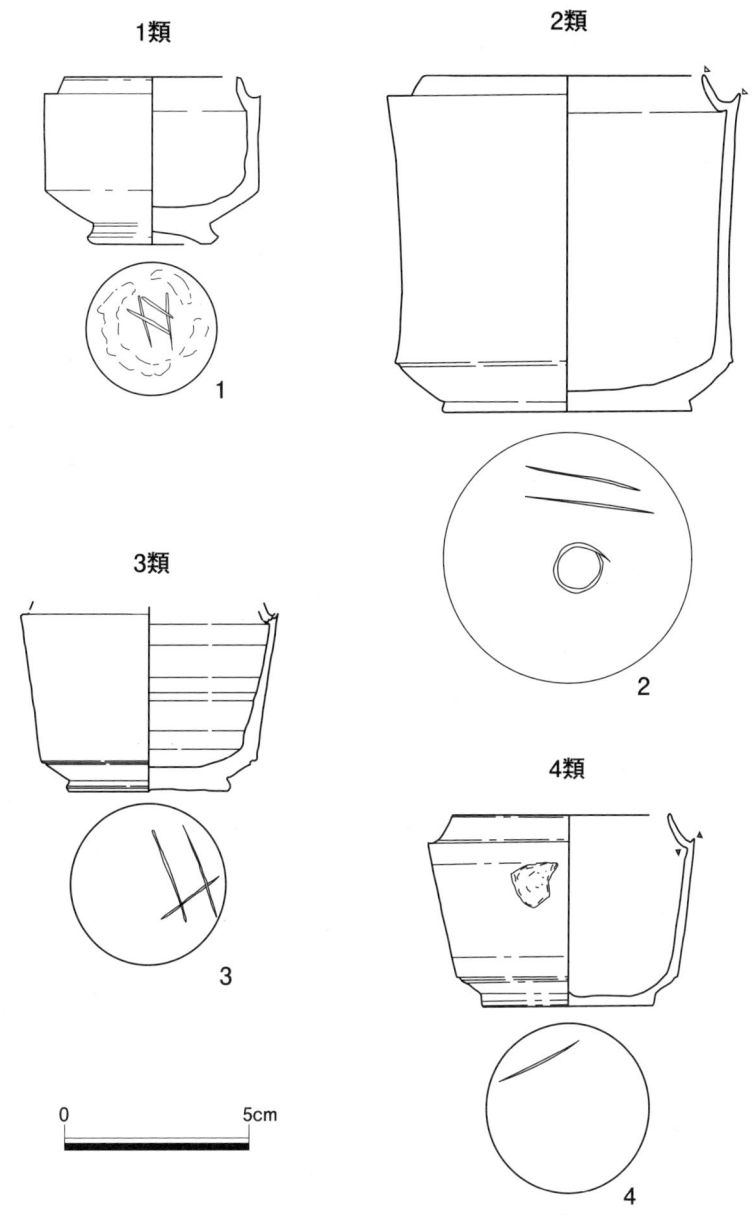

図22　筒形合子身

のもの（図22-1）。
- 筒形合子身2類‥‥胴部がほぼ垂直に立ち上がり、高台の直径が胴部最大径の3分の2以上のもの（図22-2）。
- 筒形合子身3類‥‥胴部がやや外側に向かって開き、高台の直径が胴部最大径の2分の1前後のもの（図22-3）。
- 筒形合子身4類‥‥胴部がやや外側に向かって開き、高台の直径が胴部最大径の3分の2以上のもの（図22-4）。

第4章 タニ窯跡出土遺物の分析

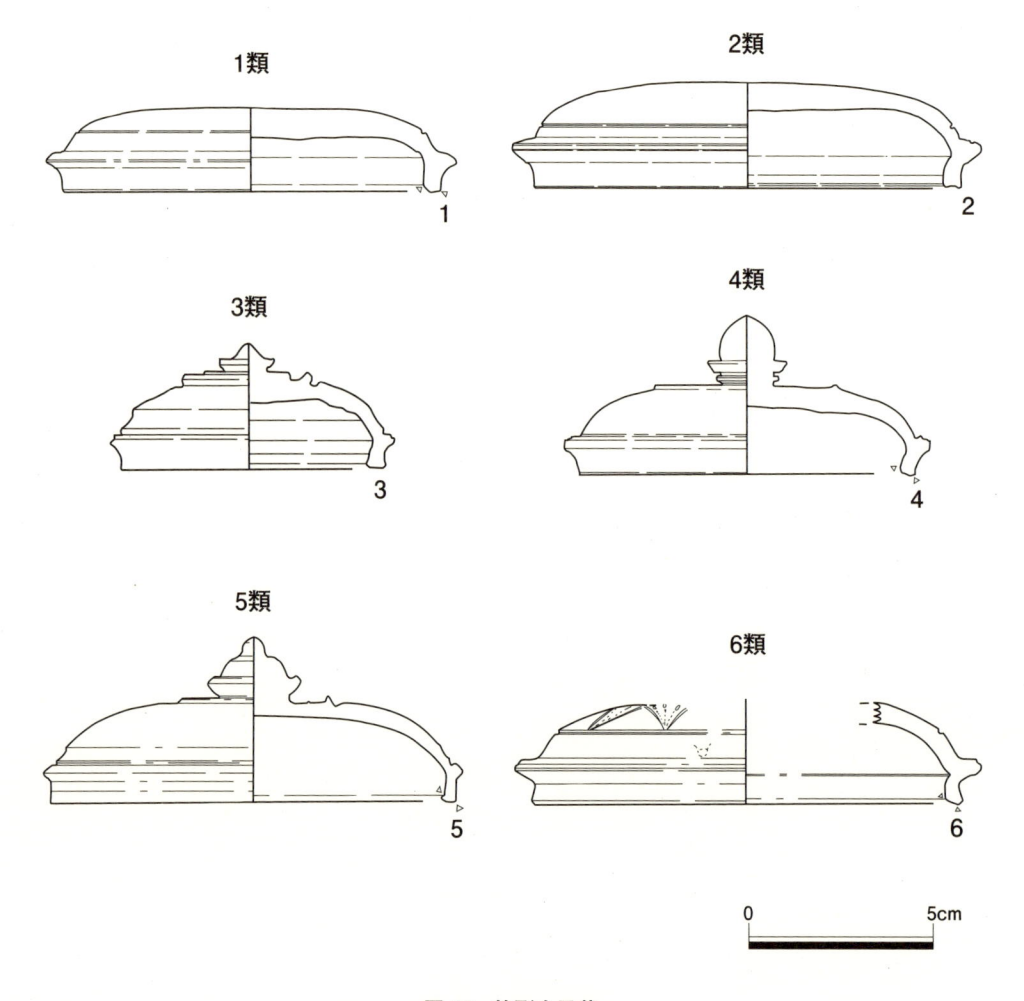

図23 筒形合子蓋

〈筒形合子蓋〉（図23）

　半球状でなく、口縁部に段をもつ合子の蓋を筒形合子蓋とした。つまみの有無や文様、形状などにより細分できるが、その詳細は以下のとおりである。

- 筒形合子蓋1類‥‥つまみをもたず、上面がほぼフラットになるもの（図23-1）。
- 筒形合子蓋2類‥‥つまみをもたず、上面がやや盛り上がるもの（図23-2）。
- 筒形合子蓋3類‥‥つまみをもち、その先端の断面形が三角形のもの（図23-3）。
- 筒形合子蓋4類‥‥宝珠状のつまみをもち、先端が砲弾型をしているもの（図23-4）。
- 筒形合子蓋5類‥‥宝珠状のつまみをもち、先端に突起をもつもの（図23-5）。
- 筒形合子蓋6類‥‥つまみの有無は不明であるが、線刻、刺突文で蓮弁が施されたもの（図23-6）。

2　型式学的分類

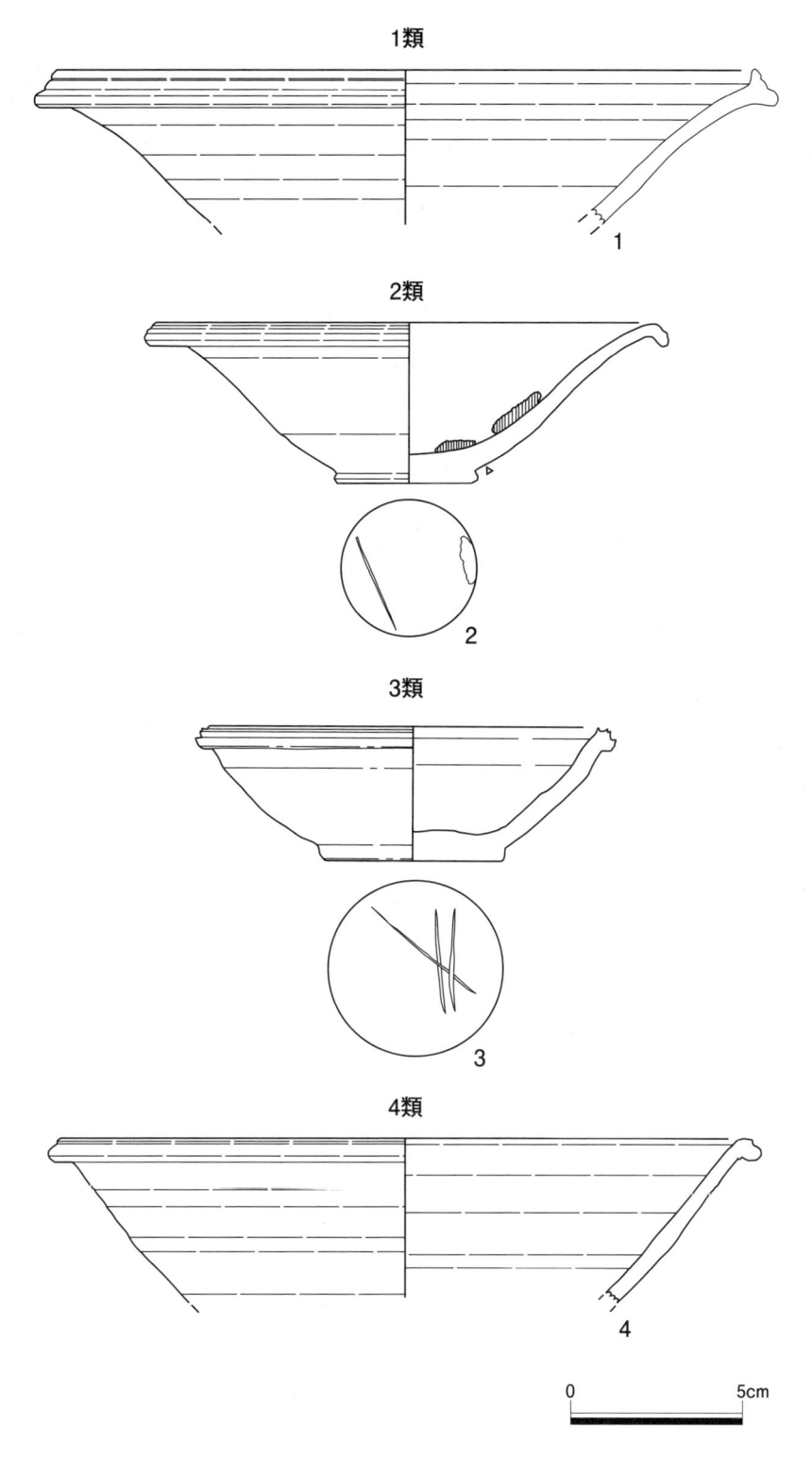

1類

2類

3類

4類

0　　5cm

図24　朝顔形碗

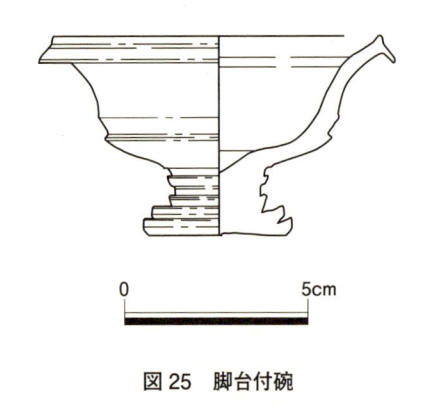

第4章　タニ窯跡出土遺物の分析

図25　脚台付碗

**碗類**

碗類は、形状から朝顔形碗、脚台付碗、筒形碗の3種に大別される。朝顔形碗、脚台付碗は基本的に灰釉の製品であるが、筒形碗のみは無釉であり、特徴的な胎土をもつ。

〈朝顔形碗〉（図24）

全体的な形状が朝顔形であり、平底の高台をもつものを朝顔形碗とした。ほぼ全面に灰釉が施されているが、高台周辺のみ無釉のものも存在する。底面に窯印と考えられる記号が施されている点は他の製品と同様である。口縁の形状で細分できるが、その詳細は以下のとおりである。

- 朝顔形碗1類‥‥口縁が外反し沈線をもつもの（図24-1）。
- 朝顔形碗2類‥‥口縁が外反し沈線をもたないもの（図24-2）。
- 朝顔形碗3類‥‥玉縁状の口縁で沈線をもつもの（図24-3）。
- 朝顔形碗4類‥‥玉縁状の口縁で沈線をもたないもの（図24-4）。

〈脚台付碗〉（図25）

底部に多段の脚をもつ碗状の資料を脚台付碗とした。無釉と灰釉の両者が出土している。ただし無釉の胎土は灰釉のものと同じ白色の胎土をもち、恐らくは釉が剥落したと考えられることから、基本的には灰釉の製品と思われる。脚台は工具による削り出しで五つ前後の段をもつ。脚台の底径に比べ、口径はひろく、やや浅めの碗となっている。出土した数量がすくないため（筆者が確認できたものは全出土遺物のなかで3点のみ）、型式学的な細分はおこなえなかったが、形態

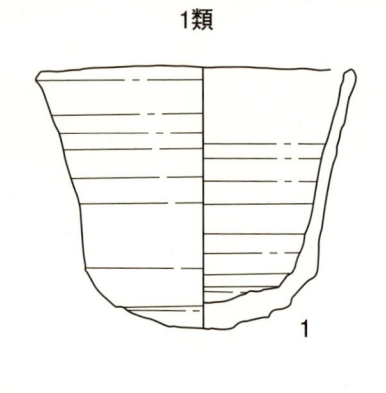

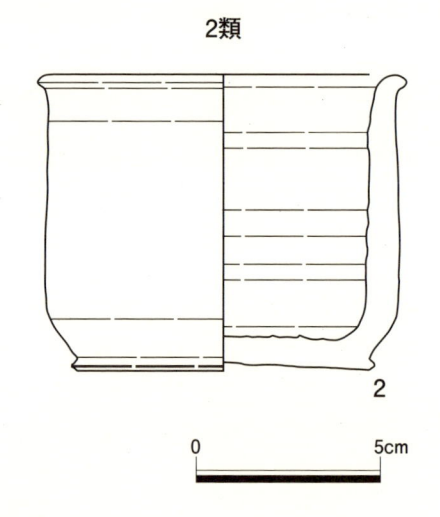

図26　筒形碗

図27 広口小壺

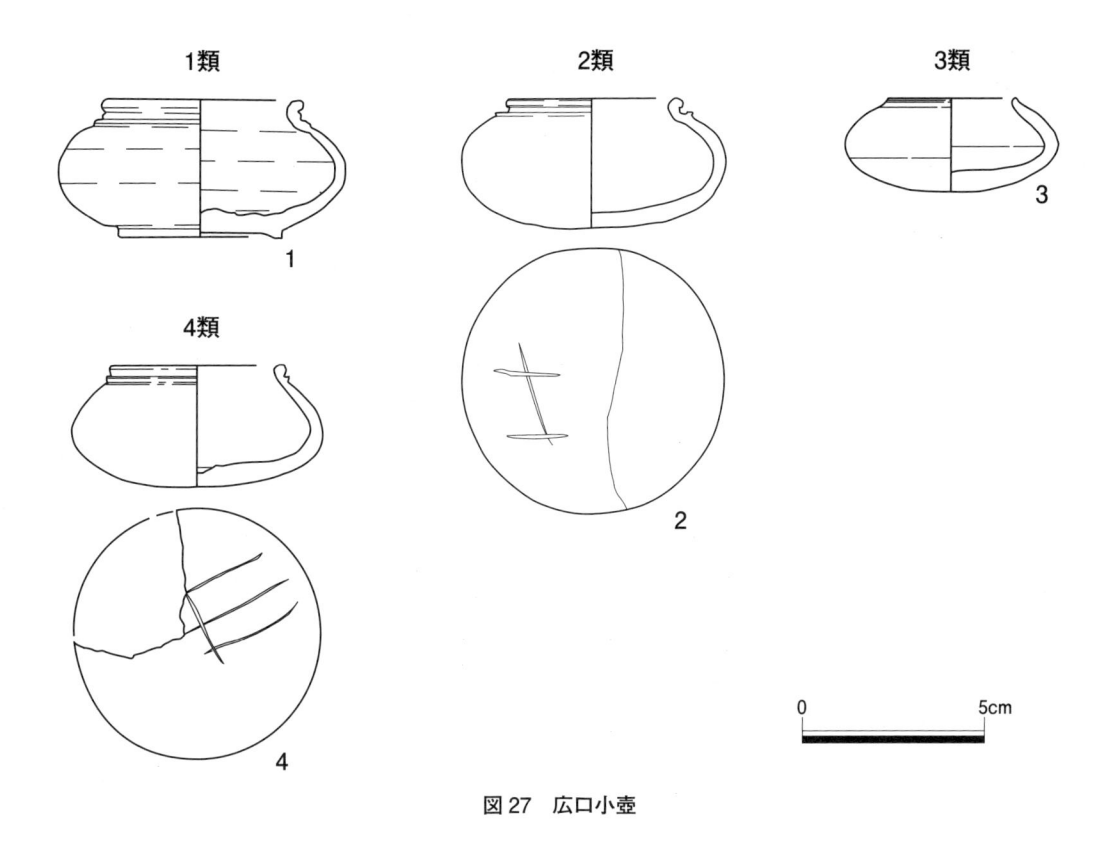

的な特徴としては脚部の段と外反する口縁部があげられる。

〈筒形碗〉（図26）

　全体的な形状が筒形合子と同じくシリンダー状であるが、蓋をもつとは考えられない資料を筒形碗とした。非常に特徴的な胎土をもち、すべて無釉で、外面は赤紫色で若干金属光沢がある。胎土は暗赤褐色から赤紫色で粒子は粗い。よく焼き締まっているのも特徴である。胴部から口縁部の形態で細分できるが、その詳細は次の通りである。

- 筒形碗1類‥‥胴部から口縁部が一直線に立ち上がるもの（図26-1）。
- 筒形碗2類‥‥口縁部を若干外側へ折りかえしているもの（図26-2）。

　これらが果たして本当の製品なのか、あるいは我々の知らない窯道具（あるいはその一部）なのかどうか判断しがたいが、出土点数もすくないことから製品として仮に分類した。

壺・甕類

　壺・甕類は全体的な形状から広口小壺、小型壺、大型壺、広口甕の4種に大別される。壺と甕の区別であるが、（とくに大型のものは）全形がうかがえる資料がすくないため、口径が胴部最大径にほぼ等しいものを甕、口径が胴部最大径の3分の2以下のものを壺とした。このうち、大型壺、広口甕の2種は完全に無釉の製品であり、広口小壺、小型壺の2種は基本的に灰釉の製品で

〈広口小壺〉（図27）

　丸底で、胴部最大径よりも口径が小さいものを広口小壺とした。ほぼすべてが灰釉の製品であり、全面に施釉されている。底面に記号をもつものがあるのも他の製品と同様である。さほど大きな資料はなく、最大径が10cm前後以下のものばかりであった。口縁の形状と高台の有無により細分化されるが、詳細は以下のとおりである。

- 広口小壺1類‥‥高台をもつもの（図27-1）。
- 広口小壺2類‥‥高台をもたず、口縁が外反するもの（図27-2）。
- 広口小壺3類‥‥高台をもたず、口縁が外反しないもの（図27-3）。
- 広口小壺4類‥‥高台をもたず、口縁が玉縁状のもの（図27-4）。

〈小型壺蓋〉（図28）

　次にのべる小型壺の蓋と考えられる資料である。断面の形状がほぼ三角形であり、段付きのつまみをもつ（図28-1）。形態的な属性からの細分化はおこなえなかった。こうした蓋が、はたして本当に小型壺の身と対応するのかどうかについては、合子類のように蓋と身の融着資料が存在するわけではないため、分類当初はいささか疑問があった。しかし、そもそも蓋として認識できる製品は本器種のほかには合子類の蓋しか存在せず、またこの蓋の径に合致する口径をもつ身の資料は小型壺身だけであったことから、本類の蓋と身の対応関係はほぼ間違いないだろうと判断した。

　小型壺蓋のおおくには、外面と内面中央部に粘土塊による目跡が残っている。とくに内面中央部の目跡は、つまみの突起に対応するように穴があいている。したがってこれらの蓋類は、身とは別に焼成されており、同じ種類の蓋どうしを重ね合わせて焼成されていたと考えられる。これについては焼成技術の項で詳細に検討したい。

〈小型壺身〉（図28）

　広口小壺をのぞき、壺類のサイズにはばらつきがあるため、口径が約10cm以下で器高が約20cm以下のものを小型壺、それ以上のものを大型壺と分類した。小型壺はほぼすべてが灰釉の製品であった。また蓋

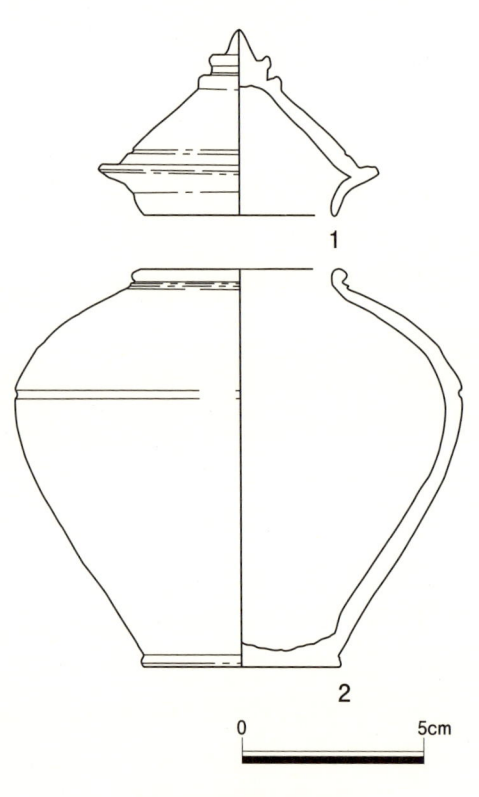

**図28　小型壺　蓋・身**

2 型式学的分類

図29 大型壺

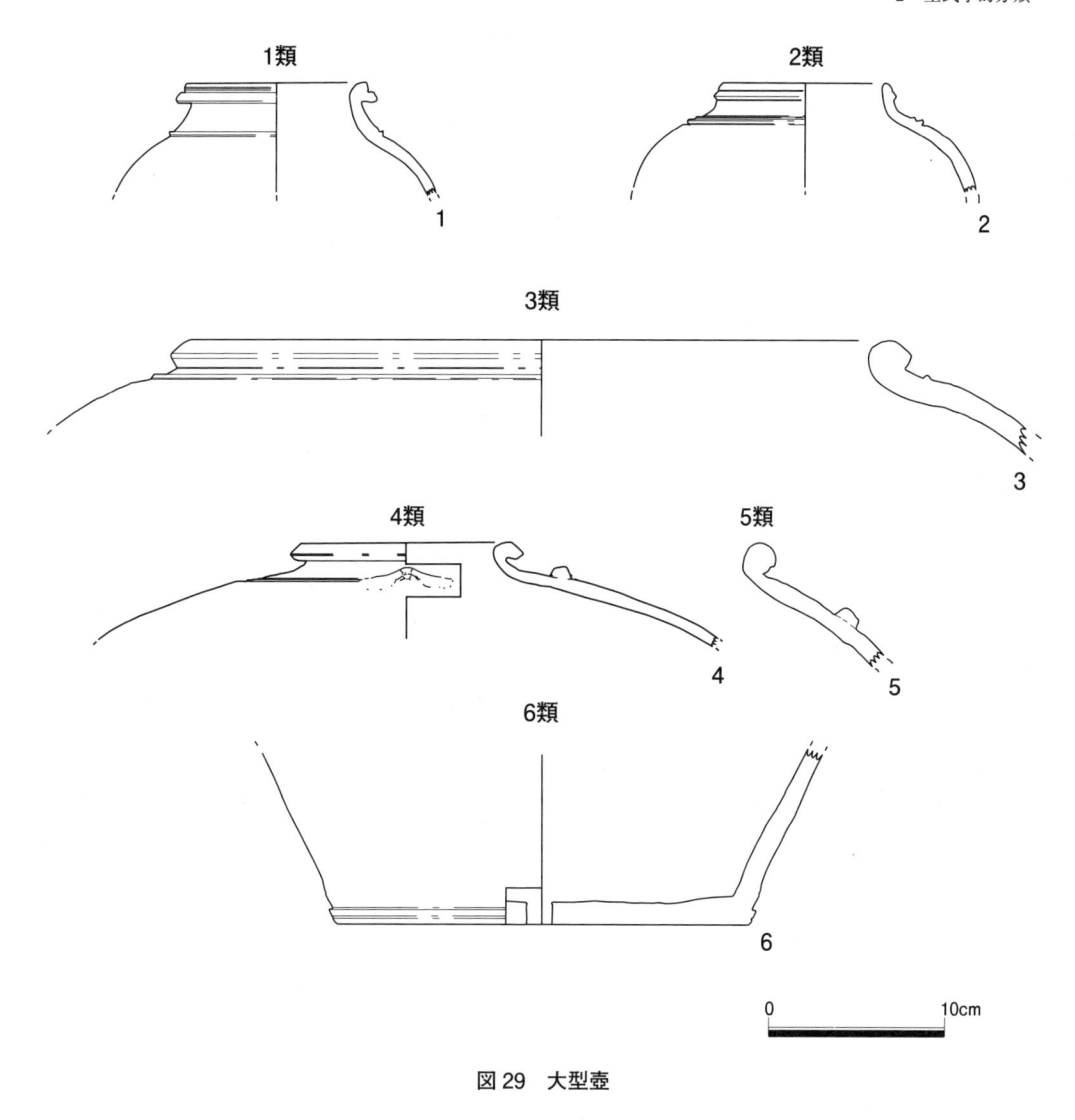

つきの壺と考えられるため、小型壺身とする。全形がうかがえる資料がすくなく、型式学的な細分はおこなえなかったが、基本的な特徴としては、胴部が丸くふくらみ、口縁は若干外反している。胴部の張り出した部分に沈線文が施されている（図28-2）。

〈**大型壺**〉（図29）

　大型の壺は破片がおおく、全形をうかがわせる資料はすくなかった。すべて無釉の製品であったが外面の一部に自然釉の付着したものもあり、それらは濃いオリーブグリーンから黒褐色を呈する。また、自然釉はすべて口縁から肩部にかけて付着しているため、これらの製品は窯詰めに際し、口縁部を上にして窯内に設置されたと考えられる。こうした大型の壺類は推定器高が70cm以上のものもある。

　そのほか、底面に穴のあいている資料も出土している。焼成後にあけたのではなく、成形時にあけたものであるが、用途は不明である。全体的な形状からの細分は難しかったが、頸部か

79

第4章 タニ窯跡出土遺物の分析

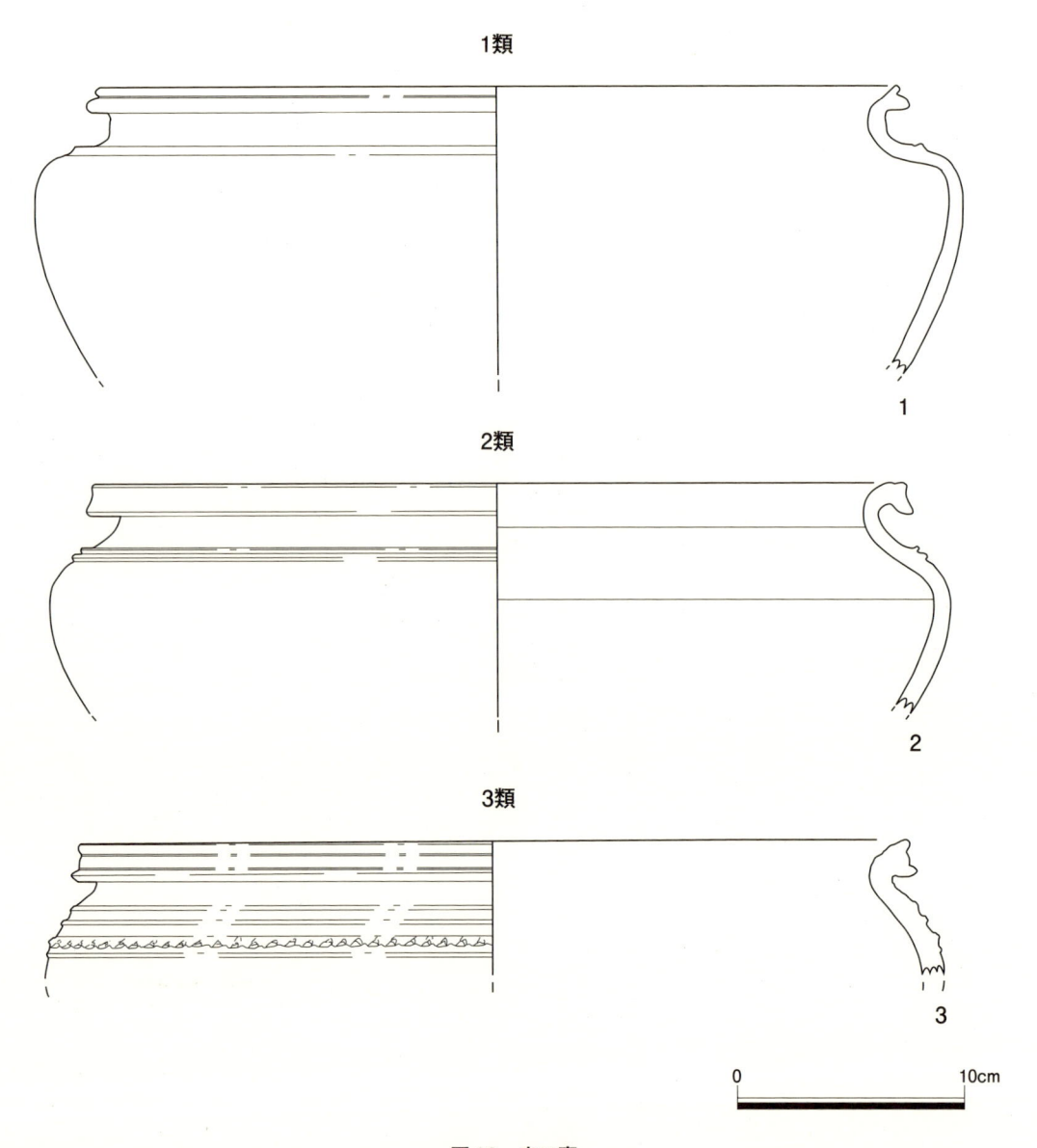

1類

2類

3類

0　　　　10cm

図30　広口甕

ら口縁部の形状と耳の有無をもとに以下のとおり分類した。

- 大型壺1類････無耳で頸部が存在し、口縁が外反するもの（図29-1）。
- 大型壺2類････無耳で頸部が存在し、口縁が外反しないもの（図29-2）。
- 大型壺3類････無耳で頸部があまり発達せず、口縁が玉縁状のもの（図29-3）。
- 大型壺4類････有耳（恐らく3耳か4耳）で、口縁が外反するもの（図29-4）。
- 大型壺5類････有耳（恐らく3耳か4耳）で、口縁が玉縁状のもの（図29-5）。
- 大型壺6類････上部の形態は不明であるが、底面中央に1ヶ所穴のあるもの（図29-5）。

4類、5類に関しては破片資料をもとにしているため、3耳なのか4耳であるのかの判断がつ

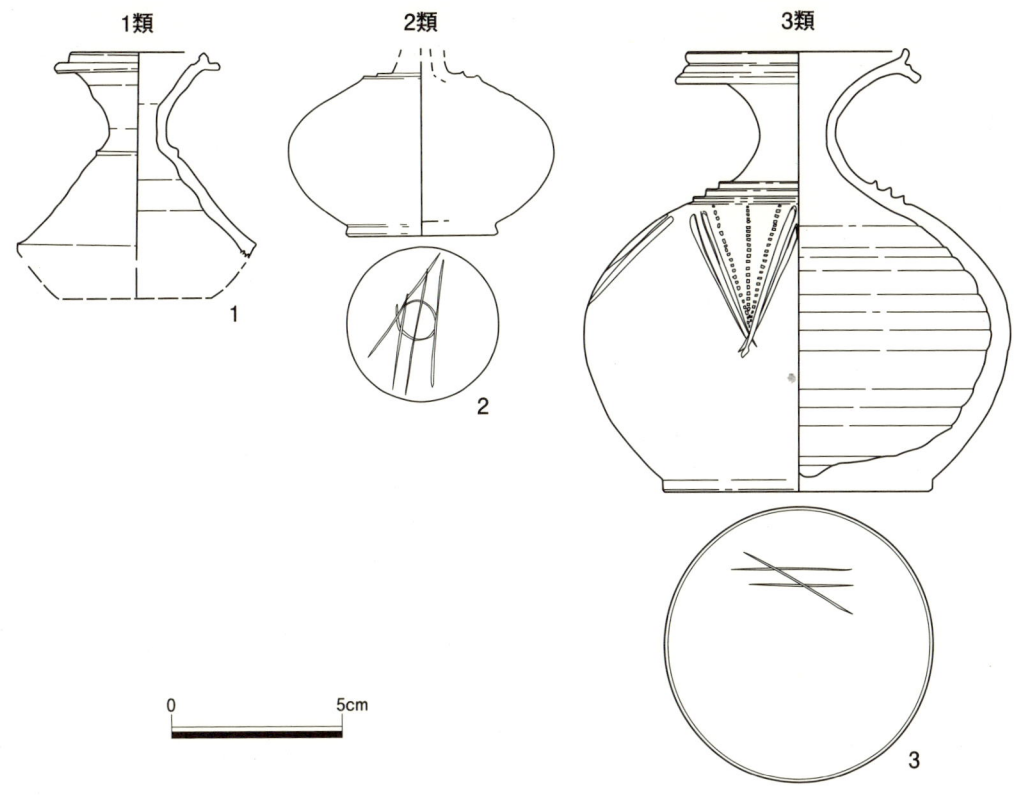

図31 小型瓶

かなかった。ただし、2耳以下、あるいは5耳以上であるとは考えにくい。耳は基本的に粘土紐の貼り付けであり、蓋をかけるときに紐を通す穴があいていない。その意味では装飾的な要素が強く、あまり実用的な耳であるとはいえないだろう[2]。

〈広口甕〉（図30）

口径が胴部最大径にほぼ等しいものを広口甕とした。口径が30cm前後、胴部最大経が40cm前後で推定器高が30cm前後の資料がおおいが、若干小型の製品も存在する。すべて無釉の製品であった。広口甕は口縁部が外反し、口縁部と肩部に数条の沈線と削り出しの段をもつ。さらに肩部の段と段の間に刺突文を施す例もある。これらの特徴から、以下のように細分した。

- 広口甕1類‥‥口縁に沈線で段を施すもの（図30-1）。
- 広口甕2類‥‥口縁に沈線で段を施さないもの（図30-2）。
- 広口甕3類‥‥肩部に刺突文を施すもの（図30-3）。

**瓶類**

瓶類は器高が10cm前後の小型瓶と、30cmを超える大型瓶に二分できる。また、これら二者とは胴部の形状が著しく異なる筒形の瓶も少数であるが出土しているため、これを筒形瓶とし

第4章　タニ窯跡出土遺物の分析

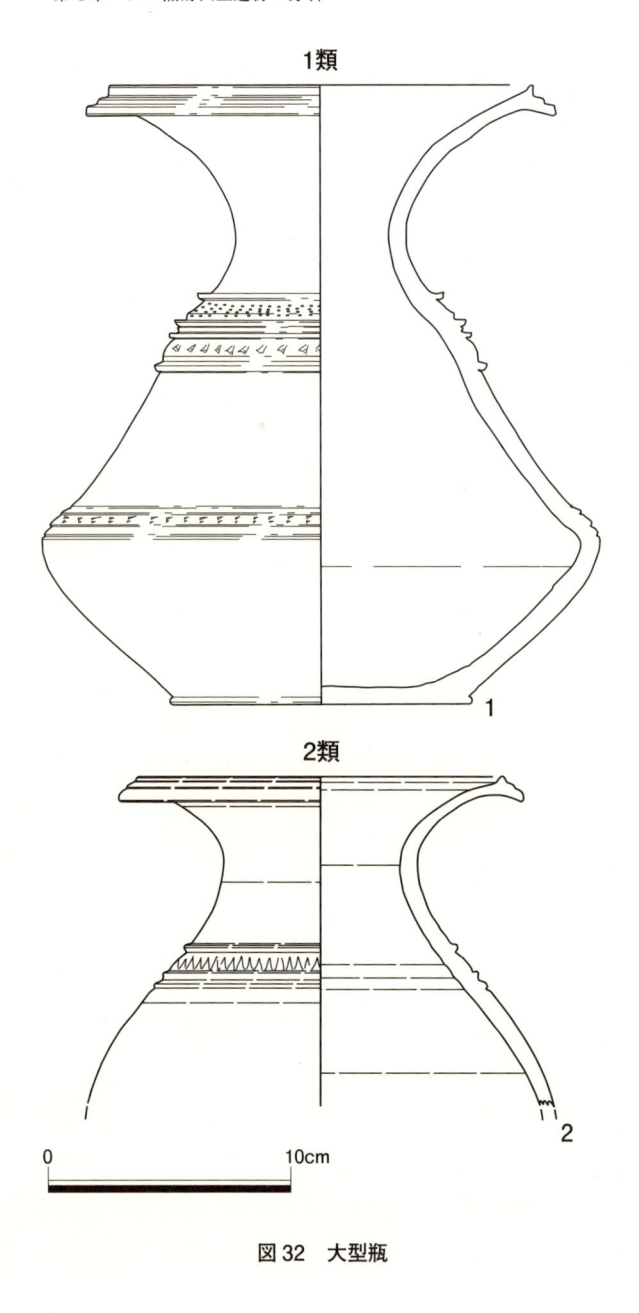

た。大型の製品はいずれも口縁が外反して段のつく、いわゆる盤口瓶である。

〈小型瓶〉（図31）

器高が10cm前後のものを小型瓶とした。基本的にロクロ成形と考えられる。小型の瓶類は胴部が丸みを帯び、底部を若干削り出して平底の高台をつけているものと、胴部の張り出しがとがっているものに分類できる。小型のものは頸部が細いためか口縁部がとれてしまっている資料がほとんどであるが、残存している資料から判断する限り、口縁が外反して段のつく、いわゆる盤口であった。またほとんどすべての小型瓶は肩部を工具で削り出して段をつけている。段の数は2から3段である。これらの特徴により、小型瓶は以下のように分類できる。

- 小型瓶1類‥‥胴部の張り出しがとがっているもの（図31-1）。
- 小型瓶2類‥‥胴部が丸みを帯び、無文のもの（図31-2）。
- 小型瓶3類‥‥胴部が丸みを帯び、沈線と刺突文で蓮弁状の文様を施すもの（図31-3）。

図32　大型瓶

〈大型瓶〉（図32）

器高が30cmを超え、口縁が外反して段のつく、いわゆる盤口瓶を大型瓶とした。胴部はおおきく張り出し、小型瓶のような丸みはない。大型瓶の内面には、粘土紐の痕が観察されることから、紐作り成形であると考えられる。

胴部の突き出した部分で上下に二分され、下部と上部を別々に成形したうえで上下を接着させ、文様を施している。この下部の作り、文様構成等は広口甕のそれに等しく、造形原理は同

一である(3)。さらに胴部の突き出した部分と肩部に削り出しの段が見られるが、とくに肩部では段数がおおく、5～6段ほど削り出している。さらに、肩部の段と段の間には、鋭い棒状の工具でつけられたと考えられる刺突文や細かい沈線を組み合わせた文様帯も観察される。また、小型瓶はほぼすべて灰釉が全面に施されているのに対し、大型のものでは無釉の資料も出土している。無釉・施釉と胎土の関係については素材の選択の項を参照していただきたいが、大型瓶に関しては無釉と施釉の区別が明確であるため、これをもって以下のように細分したい。

- 大型瓶1類‥‥灰釉のもの（図32-1）。
- 大型瓶2類‥‥無釉のもの（図32-2）。

〈筒形瓶〉（図33）

上記2種の瓶とはまったく異なり、筒形の胴部をもつ製品を筒形瓶として設定した（図33）。残念ながら口縁まで残っている資料がなく、底部から頸部までの資料が極少数出土しただけである。頸部から上に立ち上がる器形から瓶類に含めた。なお、肩部から下の形状は筒形合子身2類とほぼ同様である。

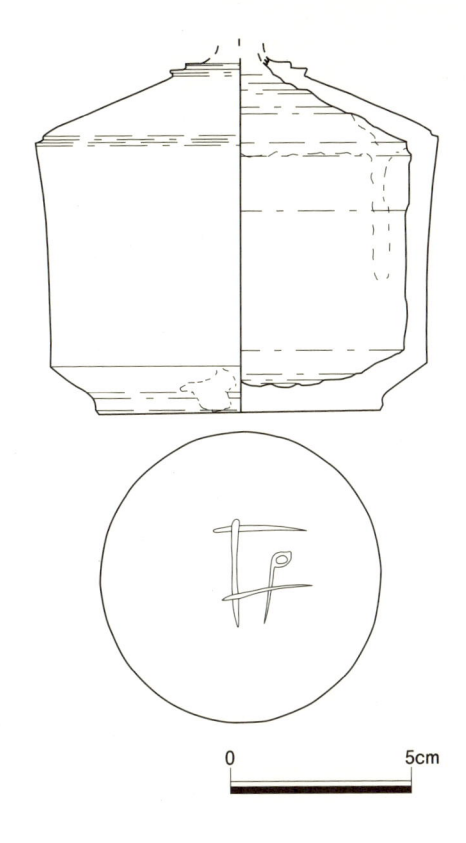

図33　筒形瓶

**瓦類**

瓦類は、丸瓦、平瓦、軒丸瓦、棟飾りが出土している。いずれの製品にも灰釉と無釉のものがあるが、ほとんどが破片での出土であり、また接合して全形がうかがえる資料がすくないため、どちらのほうがより多量に生産されていたかは不明である。軒丸瓦の瓦当部のみは型作りで成形されているが、その他の瓦は紐作りで成形されているようである。丸瓦は内面中央部に円錐形の突起をもち、平瓦は内面中央部に横棒状の突起をもつ。小片や変形した資料がおおいため、確定はできないが、各瓦類のサイズにはそれほどバリエーションは無いようである。また、瓦を焼成室内で支えていたと思われる窯道具も出土している。

瓦類はアンコール地域の寺院・王宮跡などで多量に出土する資料であり、これを生産地で型式学的に考察することは、将来消費地遺跡で出土した瓦資料がどこの産地のものであるのかを明確にするうえで非常に重要な作業であり、分類には慎重を期さなければならない。しかし、B1号窯とB4号窯では全形をうかがえる接合資料に乏しく、ナデなどの部分的な属性は認識できるものの、こうした部分的な特徴をもって細分化を進めた場合、将来の誤認を誘発する恐れがある。

第4章 タニ窯跡出土遺物の分析

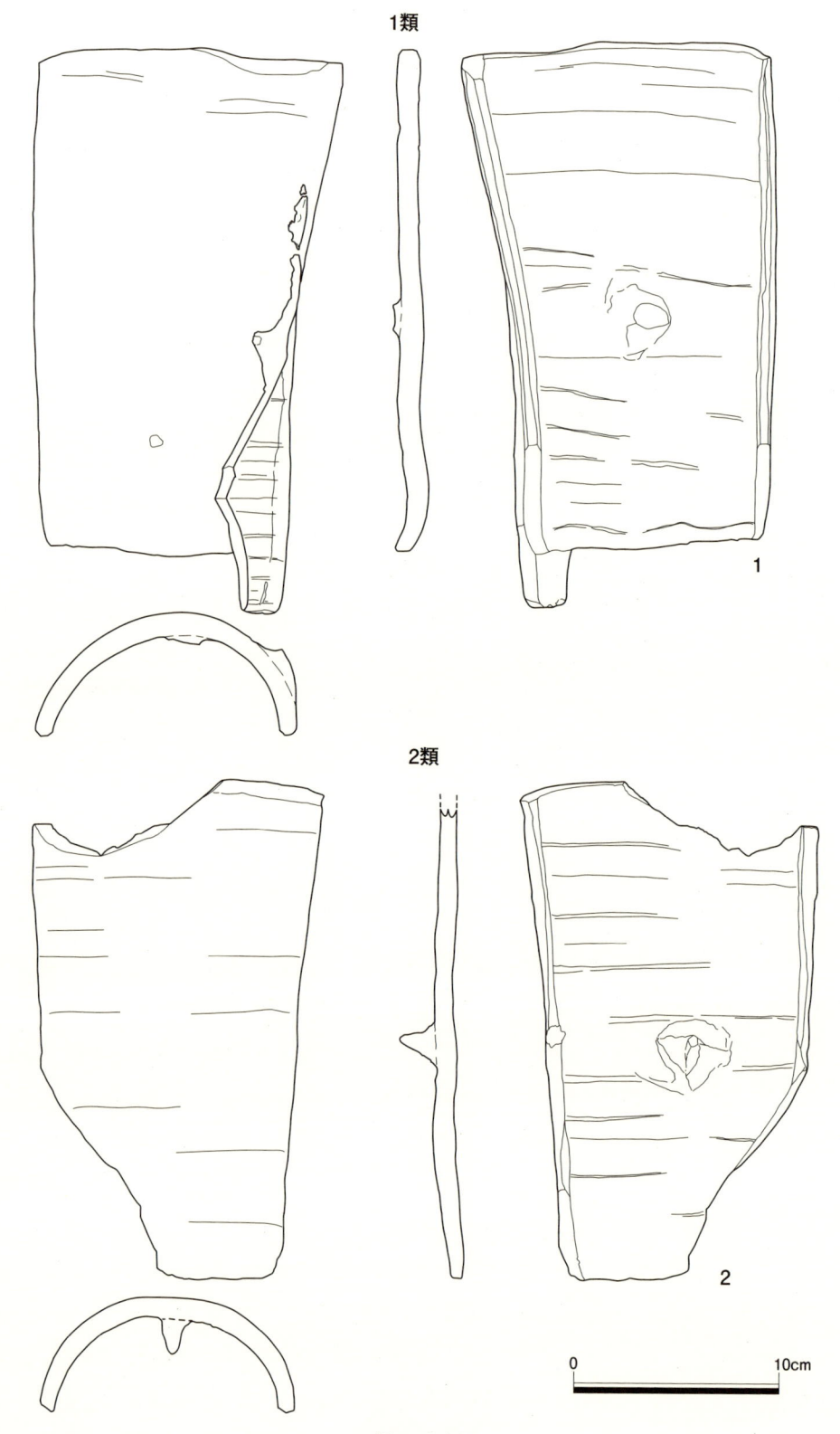

1類

2類

図34 丸瓦

2 型式学的分類

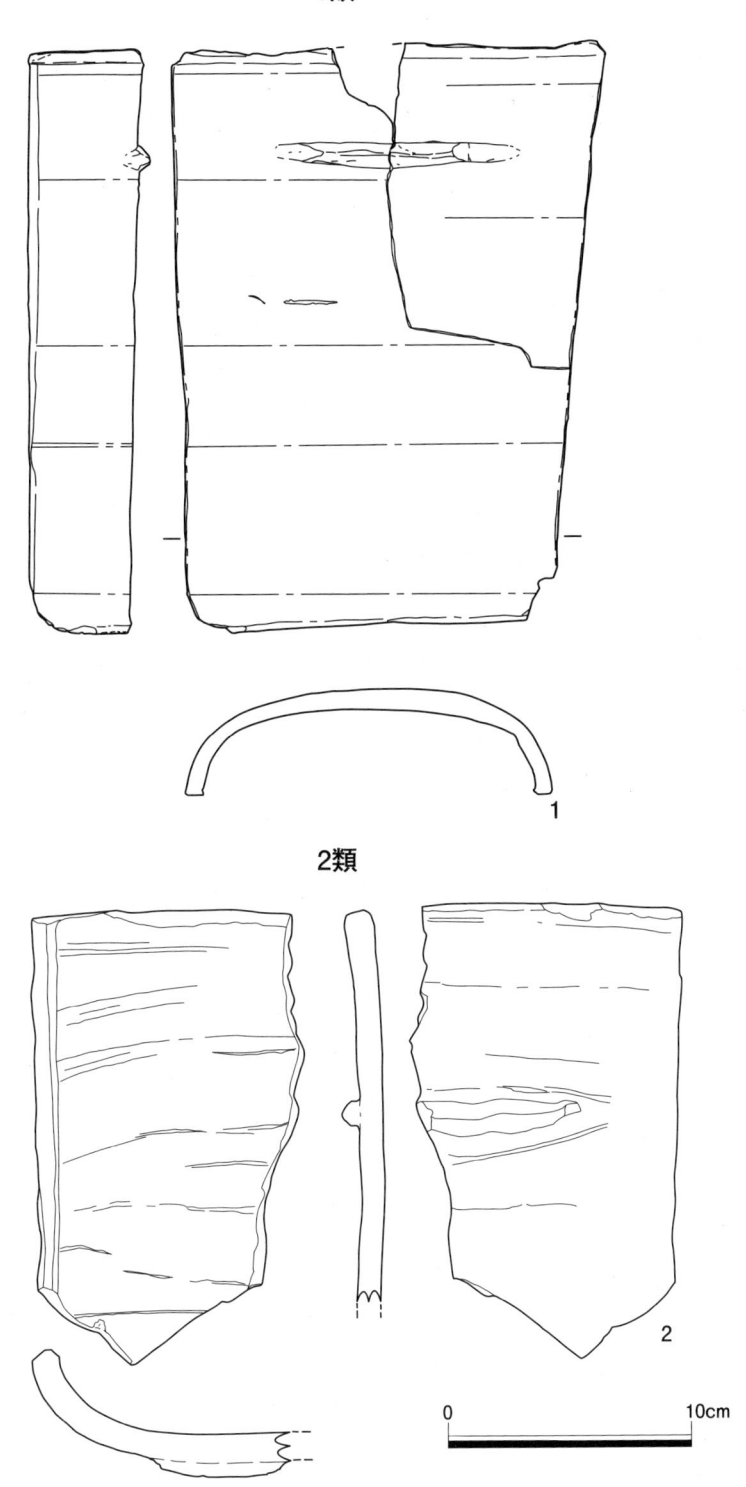

**1類**

**2類**

図35　平瓦

## 第4章 タニ窯跡出土遺物の分析

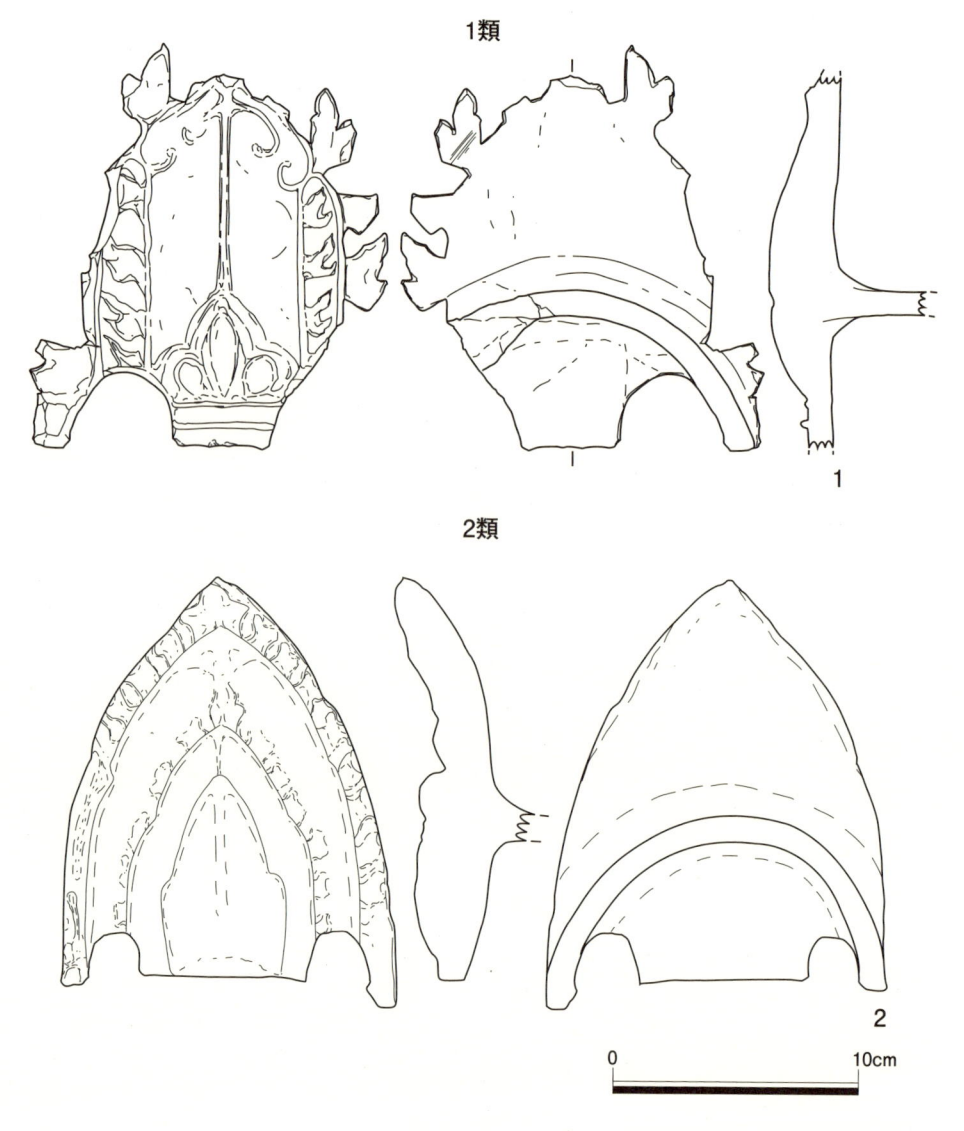

1類

2類

図36 軒丸瓦

したがって、本論では丸瓦・平瓦ともに明確な差異を抽出できるものでのみ分類をおこなうこととした(4)。

〈丸瓦〉（図34）

　無釉と灰釉の両者が出土している。おそらく紐作りで円筒を作り、それを2分割、あるいは3分割して製作しているのだろう。端部は面取りを施しているものがおおい。灰釉の資料は灰白色系の胎土であり、無釉の資料は橙から赤褐色系の胎土である。内面には粘土貼り付けによる円錐状の突起をもつ。最大長が30cm前後、最大幅が15cm前後のものがおおく、あまり大きさに変化は無いようである。また、灰釉の丸瓦に灰釉の筒形合子破片が融着した資料も出土している。したがって、タニは一度の焼成時に瓦と他の製品を同時に焼いた、いわゆる瓦陶兼業窯

であるといえよう。端部の形状から以下のように細分した。

- 丸瓦1類‥‥四隅を削って調整してあるもの（図34-1）。
- 丸瓦2類‥‥四隅の削り調整がほとんどおこなわれず、平面形がほぼ長方形のもの（図34-2）。

〈平瓦〉（図35）

　丸瓦と同じく、無釉と灰釉の両方の資料が出土している。紐作り成形で、断面はコの字形をしている。灰釉の資料は灰白色系の胎土を、無釉の資料は橙～赤褐色系の胎土をもつのは丸瓦と同じであるが、内面に横棒状の突起が貼り付けられている。最大長が30cm前後、最大幅が20cm前後のものがおおく、あまり大きさに変化がないのは丸瓦と同様である。

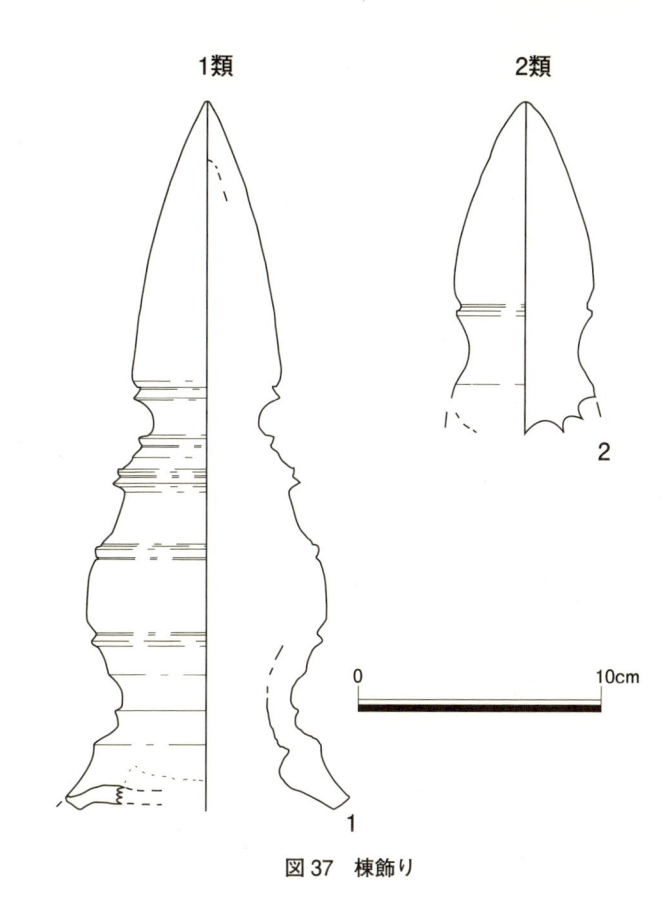

図37　棟飾り

- 平瓦1類‥‥四隅を丸く調整し、平面形が隅丸方形になるもの（図35-1）。
- 平瓦2類‥‥四隅の調整をせず、平面形がほぼ長方形のもの（図35-2）。

〈軒丸瓦〉（図36）

　丸瓦に瓦当が付いたものを軒丸瓦とした。タニ窯跡出土の軒丸瓦はほとんどすべてが灰釉の資料であったが、若干の無釉の資料も出土している。瓦当の裏面を丸瓦の端部と接合し、指あるいは工具で接合部分をなめらかに調整している。瓦当の文様は中心に蓮弁を配し、その周囲を火炎文が縁取るものがおおい。J. デュマルセによる分類のBタイプ（デュマルセ 1997：90-91）に近い。デュマルセによればBタイプの瓦はプレ・ループ、バコンおよびロレイでも採集されているとのことである（ibid.）。

　こうした瓦当の製作にもちいられたと考えられる型も出土している（図44）。板状の無釉陶器の片面に、蓮弁、火炎文が彫り込まれているが、瓦当の文様とは凹凸が逆になっている。この型に完全に対応する文様をもつ瓦当は今のところ出土していないが（この型が物原出土であることを考えると、この型そのものが失敗品であり、実際には使用されなかった可能性もある）、文様構成から考えても、瓦当の型と考えてよかろう。ただし、図36-1のように、火炎文の周囲を粘土紐の貼

り付けで縁取っている資料も存在する。おそらく、型作りと粘土紐貼り付けの2種類の方法を組み合わせているのであろう。上述のとおり、タニ窯跡出土軒丸瓦の瓦当はデュマルセによる分類Bタイプに近いのであるが、さらに次のように細分化できる。

- 軒丸瓦1類‥‥瓦当の周囲に火炎ないしは水煙状の装飾が発達するもの（図36-1）
- 軒丸瓦2類‥‥瓦当の周囲に装飾なく、全体的な形状が砲弾形にちかいもの（図36-2）。

〈棟飾り〉（図37）

棟飾りも無釉と灰釉の2種類が出土している。灰釉の資料は灰白色系の胎土を、無釉の資料は橙から赤褐色系の胎土をもつのも他の瓦と同様である。紐作りで先端部まで中空となっているものがおおい。小さな鞍形の瓦の上にのっており、デュマルセのいうAタイプに相当する（デュマルセ 1997：95）が、これも以下のとおり細分化できそうである。

- 棟飾り1類‥‥先端部まで中空となるもの（図37-1）。
- 棟飾り2類‥‥先端部が中空とならないもの（図37-2）。

**窯道具類**（図38）

製品ではなく、焼成時に製品を支えたと考えられるものを窯道具類として分類した。すべて無釉であり、橙色で粒子の粗い粘土で作られている。形状から次のように細分化できる。

- 窯道具1類‥‥棒状で小型（10cm前後）のもの（図38-1）。
- 窯道具2類‥‥棒状で大型（15cm以上）のもの（図38-2）。
- 窯道具3類‥‥薄い円盤状のもの（図38-3）。
- 窯道具4類‥‥円盤状のもの（図38-4）。
- 窯道具5類‥‥円柱状で片方の端が斜めになっているもの（図38-5）。
- 窯道具6類‥‥ブロック状で表面に細溝のはしるもの（図38-6）。
- 窯道具7類‥‥土玉状のもの（図38-7）。
- 窯道具8類‥‥円盤状であるが、片面に合子蓋のつまみ跡がつくもの（図38-8）。

5類は上端が平面であり、下端が傾斜している。これは未焼成の粘土塊を直接床面に設置したと考えられ、下端の傾斜は床面の傾斜に相当すると考えられる。5類と4類の上面には、製品の底面の痕が残っているものがおおいため、いわゆる焼台として使用され、製品は直接その上に置かれたと考えられる。6類は、溝の幅と角度が瓦の端部と一致するため、瓦を焼成するのに使用されたと考えられる。ただし、ほとんどすべてが破片での出土であり、全体の形状がうかがえない。瓦の上端と下端をこうした窯道具で挟み込み、窯内に縦置きあるいは横置きで瓦を設置することも考えられる。8類は円盤の中央部に合子蓋のつまみがあることから、合子蓋の重ね積みに使用したと考えられる。1類から3類、7類はどのように使用されたのか推察するのは難しい。製品と融着したり、製品の痕がついたりした資料が存在しないためである。こうした道具類の使用方法は焼成技術の項で詳細に検討したい。

2　型式学的分類

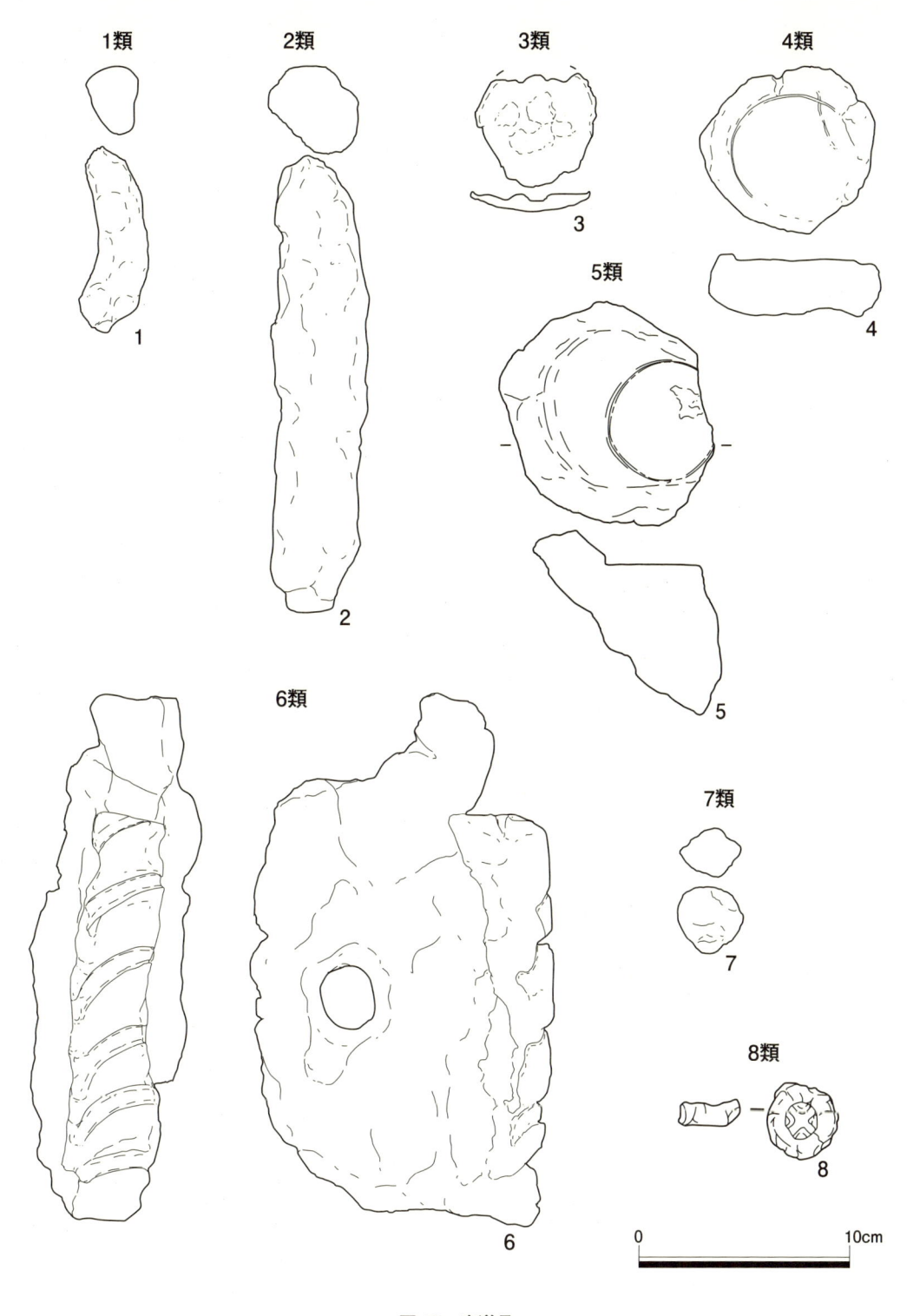

図38　窯道具

第4章 タニ窯跡出土遺物の分析

## 3 製陶技術の検討

　陶磁器の場合、製作技術の差異は形態的な差異（ナデ調整痕、当て具痕、ロクロ目等）に反映しやすいため、型式分類をおこなう際にはある程度の技術的な分類も含まれているが、これをより意識的に明確に進めることにより技術の類型化をおこない、各窯跡間での比較をおこなうのが本分析の目的である。したがって、融着資料や重ね積みの痕跡が残る資料なども検討の対象としながら、素材の選択、成形、加飾、施釉、窯詰め・焼成などの製品に直接関わる技術の痕跡を再構成していくこととなる。以下、各技術ごとに詳しく検討したい。

**素材の選択**
　素材の選択とはこの場合、原料となる粘土、釉薬など製品の原料に関する選択を指す。結論から言えば、この二者（粘土、釉薬）には密接な関係があり、施釉・無釉いずれかによって選択される胎土が異なる。これまでにもクメール陶器、とくにアンコール地域の窯跡で発見されたクメール陶器にはおおきく白色系と赤色系という2種類の異なる胎土があることが指摘されている（田畑 2003：5）。それぞれの胎土の特徴は、次のとおりである。

- 白色系胎土‥‥概ね灰白色の胎土で、赤色系胎土に比べて粒子が細かいのが特徴である。黒色微粒子が若干混入することもある（口絵3）。
- 赤色系胎土‥‥暗赤褐色〜暗灰色の胎土で、白色系胎土に比べてやや粒子が荒いのが特徴である。やや大型の（1mm前後）の白色粒子が混入することもある（口絵4）。

　これら2種類の胎土を、その細かな色調や粒子の混入度合いで細分することも可能ではあろうが、現段階ではさほど意味のある分類にはならないだろう。粘土採掘場所や、粘土調整法、混和剤（恐らく加えられたのであろうが）などの情報が欠けているのであり、こうした状況で胎土を細分化することは、不確かな土台の上に家屋を建てる結果になりかねない[5]。むしろ、我々は明確な差異（この場合で言えば白色系胎土と赤色系胎土という、やや大まかだが確実に認識できる差異）から出発し、その差異が何を意味するのかについて考えなければならない。
　まず、前節でおこなった型式分類をもとに、どのような器種にどのような胎土が使用されているのかについて検討したい。次のリストは、白色系・赤色系胎土がどの様な器種に使われているのかを示したものである。

1) 白色系胎土‥‥すべての合子類、朝顔形碗、脚台付碗、広口小壺、小型壺身、小型壺蓋、小型瓶、大型瓶1類、丸瓦、平瓦、軒丸瓦、棟飾り
2) 赤色系胎土‥‥筒形碗、大型壺、広口甕、大型瓶2類、丸瓦、平瓦、軒丸瓦、棟飾り、窯道具

　このようにしてみると、特定の器種には特定の胎土が選択されていることがわかるだろう。

たとえば、小型の合子類はすべて白色系胎土であるのに対し、大型壺や広口甕などの大型の製品では赤色系胎土しか使われていない。こうした製品のサイズが胎土の種類を決定するひとつの要因であることは容易に推察される。すなわち、粘土中に粒径のおおきな砂を混ぜることにより製品の焼成時の過度な収縮、ひび割れが防げるのであって、東南アジアのみならずたいていの地域では大型の壺・甕類に小型の製品に比べて粒子の粗い粘土が使用されるのが一般的である。

しかし、それでは瓦類や大型瓶のように同じサイズのものであっても異なる胎土が使用されるのはどのような理由からであろうか。これに関しては、胎土や製品の型式だけでなく、施釉も含めて考えなければならない。そこで素材の選択については次節でもう一度取り上げることにしたい。

### 成形・整形技術

成形・整形技術とは、紐作り、ロクロ(6)、手づくねなどの製品の形を作り、整える一連の技術をいう。こうした技術が安定しているからこそ、サイズ、形状の一定した製品が多量に生産されるのであって、陶磁器の型式学的分類とは実はこうした技術が製品に反映されることから可能になっているのである。

L. コートは個人コレクションを基礎資料としたクメール陶器研究のなかで、成形技術をおおきく三つに分類している。その要点は次のとおりである。

1) 小型の製品のためのロクロの使用‥‥小型の製品ではロクロを速く回転させ、この回転力を利用して粘土塊から器を作るのに必要なだけの分量を引き上げた。回転糸切もおこなっている。
2) 大型の製品のためのロクロの使用‥‥粘土紐による巻上げで、ロクロは回転板として使用された。陶工は粘土塊をロクロの中央に据え、これを押しつぶして底部にふさわしいおおきさの円盤を作る。別の粘土で長い粘土紐が作られ、陶工はそれを円盤の周辺にはりつけ、さらに必要なだけの粘土紐を追加して、分厚い粘土の壁を作る。その後、ロクロの回転を早くして、粘土の壁をロクロで引き上げて、器壁を薄く、高く引き延ばす。
3) クメール陶器では、ロクロによる成形技法が一番使われているが、完全に手で作られるという器種も存在する。これらは、動物をかたどった器のうちいくつかである（コート 2002：137-139）。

彼女によるクメール陶器の研究は、個人コレクションをもとにした総論的なものであり、彼女の製陶技術に対するアプローチは、生産地や生産年代といった問題をあえて脇におき、クメール陶器全体のなかでどのような技術が使用されたかといった問題に答えようとするものである。こうしたアプローチは確かに有効ではあるが、将来新たな資料が現れた場合、それが本当にクメール陶器かどうか判断出来ない。これについては本章冒頭の分析手法の項で指摘したとおり

第4章 タニ窯跡出土遺物の分析

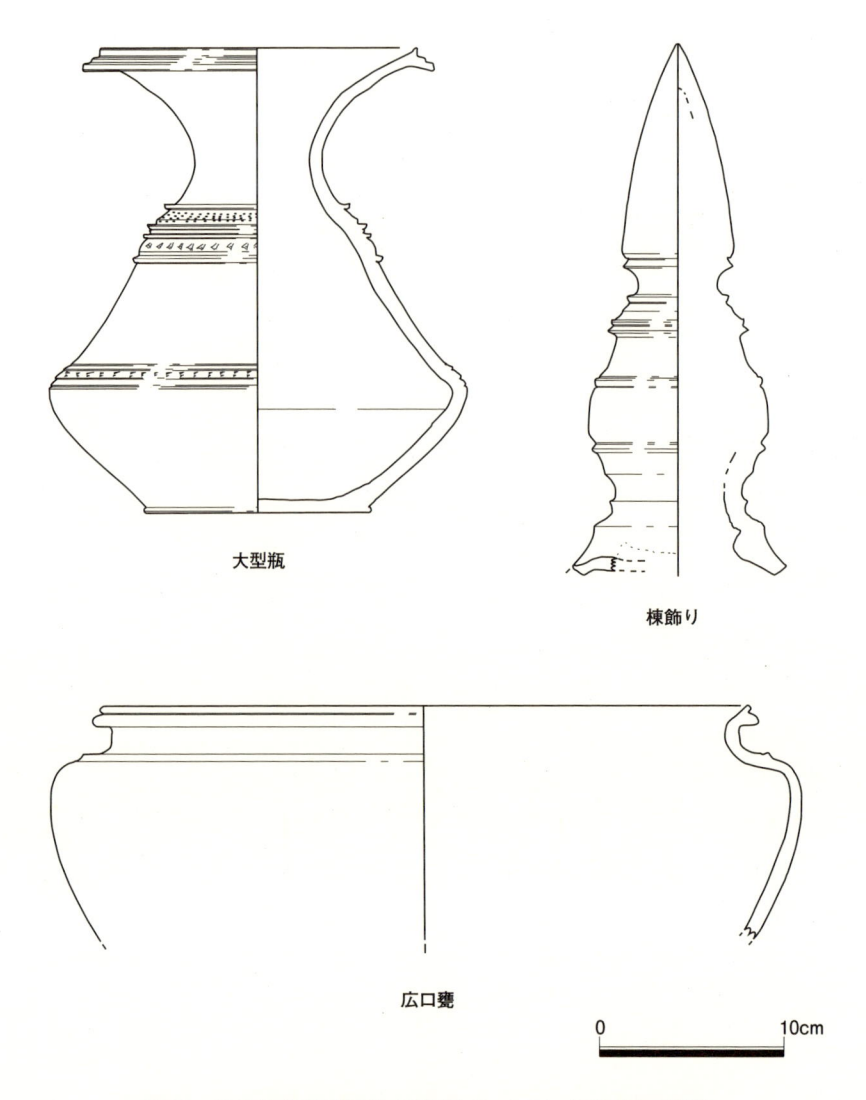

大型瓶

棟飾り

広口甕

0　　　　10cm

図39　紐作り成形で整形に回転板（ロクロ）を利用する製品

である[7]。

　筆者がおこなった分析では、コートの指摘する成形・整形技術のほかにもいくつかの技術が存在し、どの技術がもちいられるのかの選択は必ずしも製品のサイズのみに依存しているわけではないことが指摘できる。以下、成形・整形技術に関する類型化をおこなう。

〈紐作り〉

　粘土で長い粘土紐をつくり、それを重ね積みしながら成形していくやり方である。整形に関しては回転板（ロクロ）を利用するもの、しないもの、いずれとも判断のつかないもの、の3種に分類される。

① 紐作りで成形し、回転板（ロクロ）を利用して整形するもの‥‥この技術を利用するものは、大型瓶、広口甕、棟飾りである（図39）。

3 製陶技術の検討

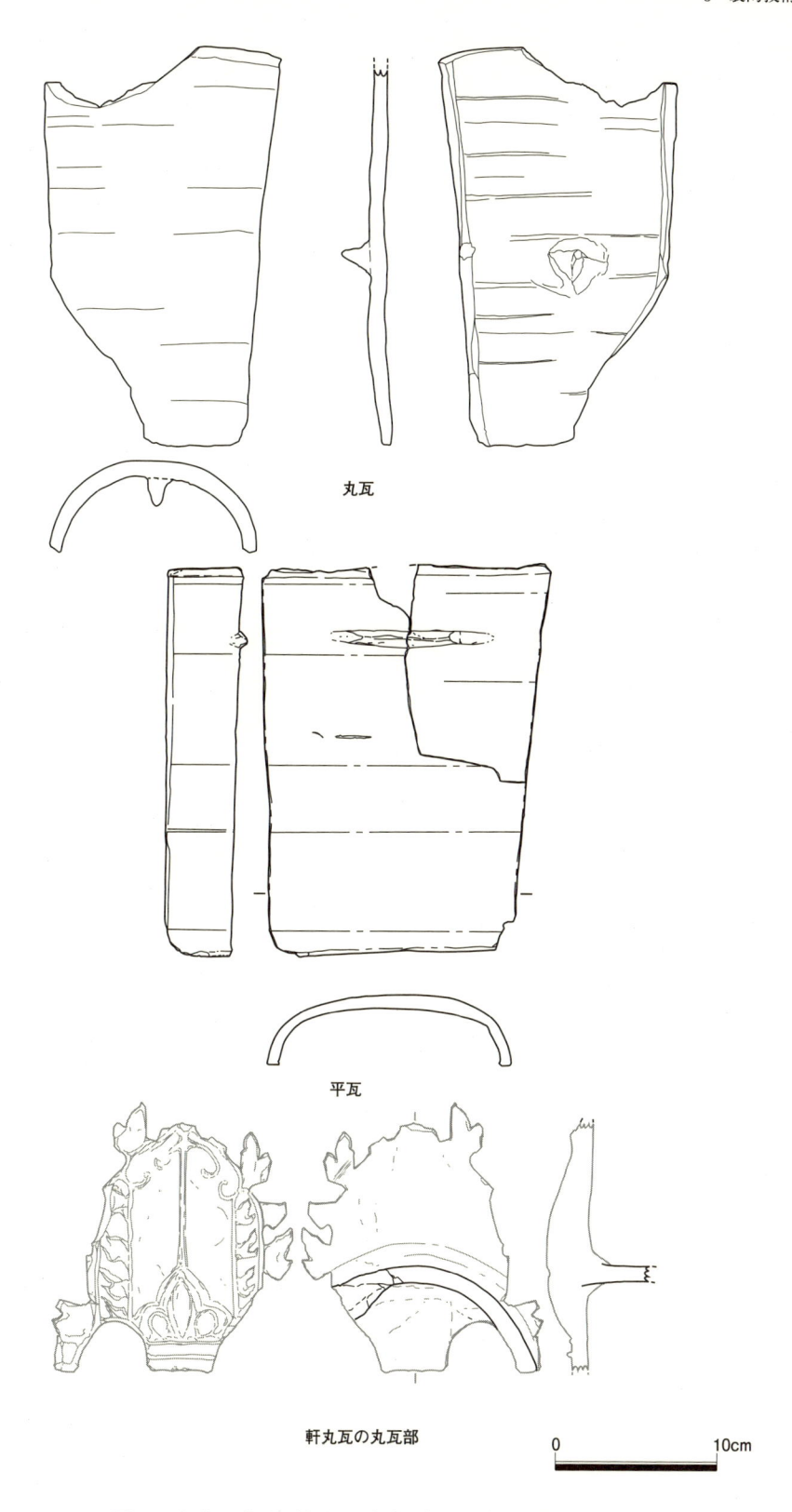

丸瓦

平瓦

軒丸瓦の丸瓦部　　　0　　　10cm

図 40　紐作り成形で整形に回転板（ロクロ）を利用しない製品

93

第4章　タニ窯跡出土遺物の分析

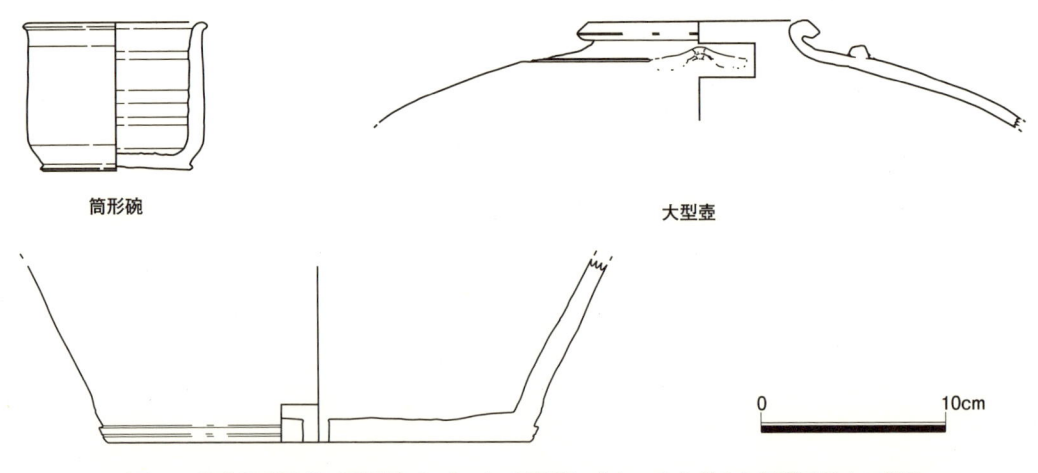

筒形碗　　　　　　　　　　　大型壺

図41　紐作り成形だが回転板（ロクロ）を整形にもちいたかどうか判断できない製品

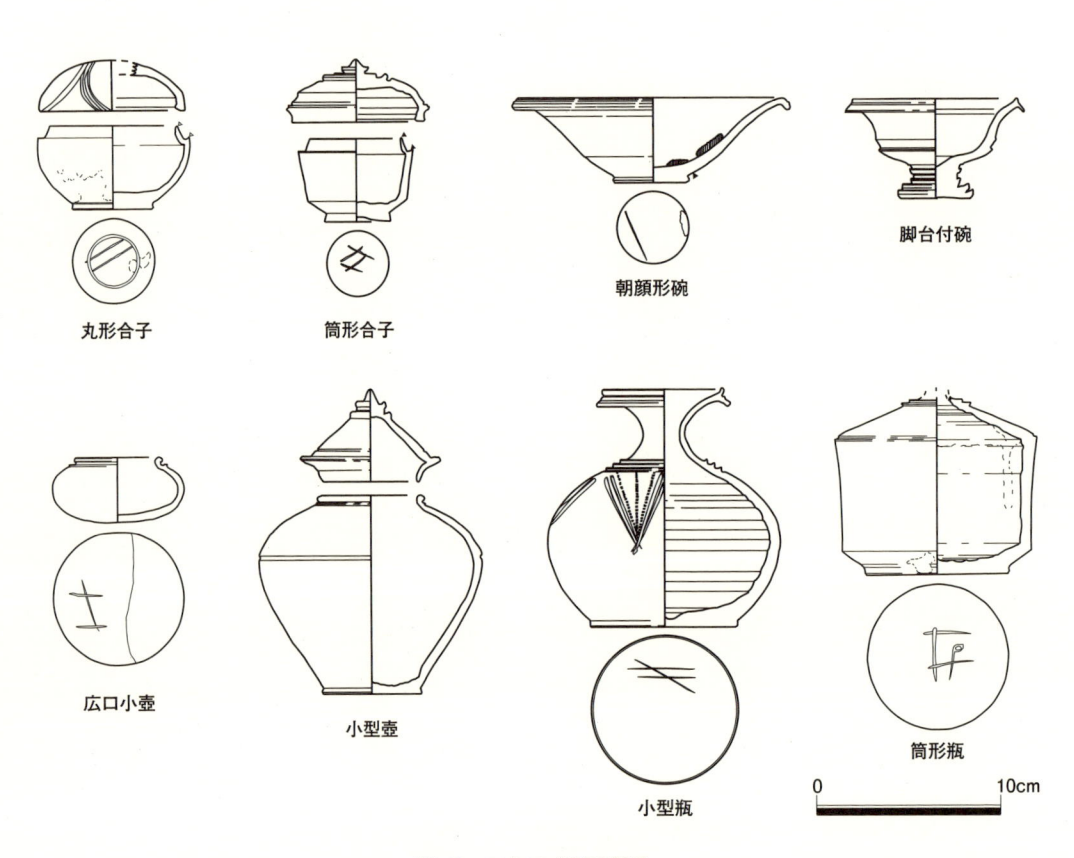

丸形合子　　筒形合子　　朝顔形碗　　脚台付碗

広口小壺　　小型壺　　小型瓶　　筒形瓶

図42　ロクロ成形の製品

3 製陶技術の検討

　これらの器種は、整形については回転板（ロクロ）を使用しなくてもおこなえそうであるが、沈線文や削り出しの段などの装飾が回転板（ロクロ）の回転を利用して施されることを考えると（これに関しては装飾に関する技術の項を参照されたい）、整形にあたっても回転板（ロクロ）を使用したと考えられる。製品内面にのこる痕跡から、底部は粘土塊を円盤状にし、そのうえに粘土紐による輪積みないしは巻き上げで成形していったことがわかる(8)。

　分類の項で述べたとおり、大型瓶は、胴部の突き出した部分で上下に二分され、下部と上部を別々に成形したうえで上下を接着させ、文様を施している。また、下部の作り、文様構成等は広口甕のそれに等しく、造形原理は同一である。そのため、成形時の当初には大型瓶の下部と広口甕があまり区別されずに製作され、上部の仕上げの段階で区別された可能性も指摘できるが、広口甕の胴部最大径は40cm前後のものがおおいのに対し、大型瓶は胴部最大径が30cmと10cmほど異なる。したがって、下部のみを共通して製作し、上部あるいは口縁部のみを作り分けるといった可能性はひくいだろう。

② 紐作りで成形し、整形に回転板（ロクロ）を利用しないもの（図40）……この技術を利用するものは、丸瓦、平瓦、軒丸瓦の丸瓦部である。紐作りで円筒を作り、それを二分割、あるいは三分割して製作してい

軒丸瓦の瓦当部

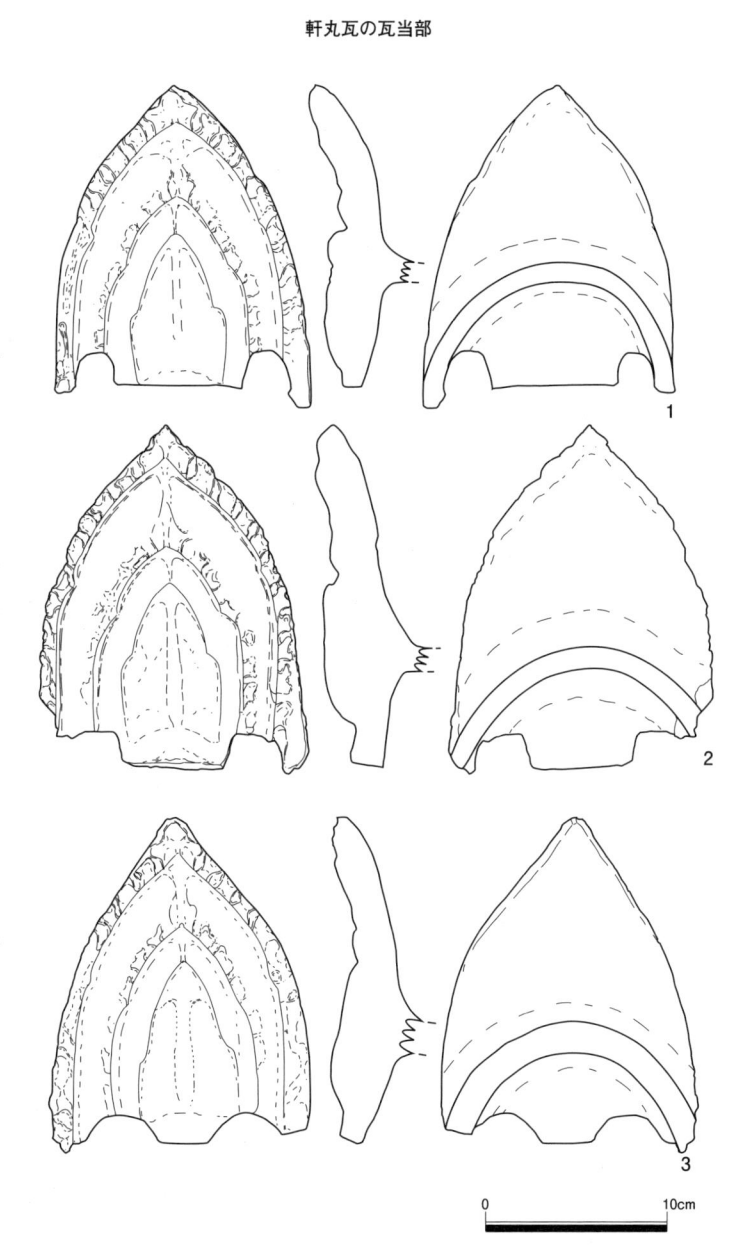

図43　型作りの製品

第4章　タニ窯跡出土遺物の分析

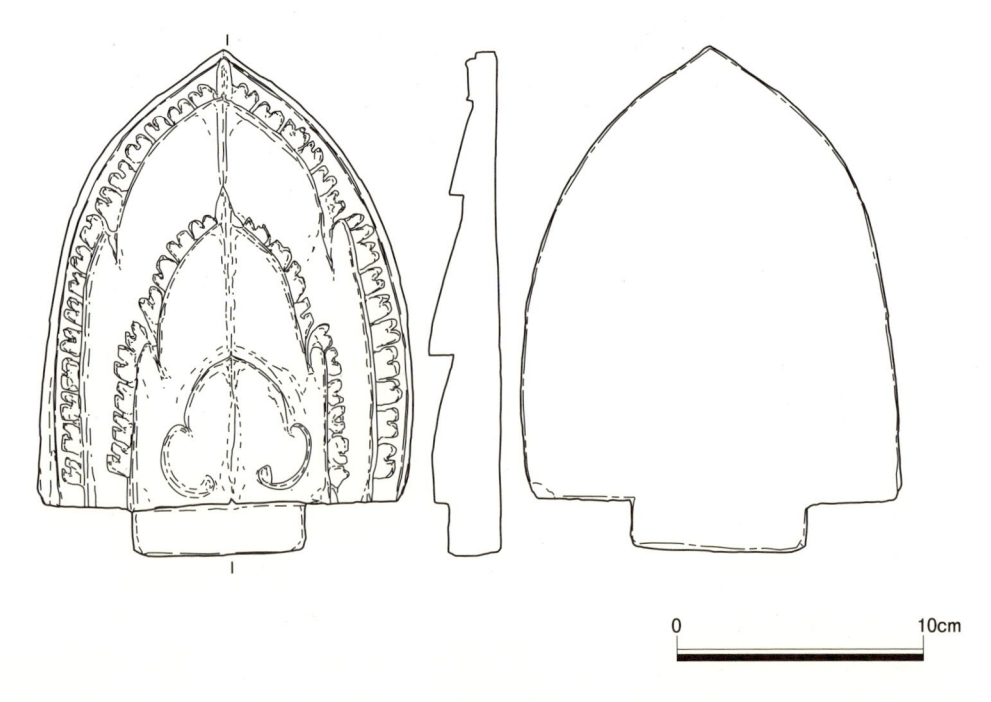

図44　笵

る。外面は長軸方向に対してナデ調整を施したものもあるが、内面に粘土紐の単位が残るものがおおい（図40-1）。基本的に輪積み成形と考えられる。

③　紐作りで成形するが、回転板（ロクロ）を整形にもちいたかどうか判断しがたいもの（図41）‥‥筒形碗と大型壺である。粘土塊を円盤状にして底面を形作り、そのうえに粘土紐をのせておこなった点は上述の技法と同様であるが、整形に回転板（ロクロ）をもちいたかどうか判断がつかなかった。

〈ロクロ成形〉（図42）

粘土塊をロクロの遠心力によって成形するものであり、これに含まれるのはすべての合子類、筒形碗以外の碗類、広口小壺、小型壺、小型瓶、筒形瓶である。瓶類の内面にはロクロで引き上げる際の工具（当て具）痕が明瞭に残っているものもおおい。回転糸切の痕跡は残っていなかった。高台については、削り出しの平高台のみが確認された。

〈型〉（図43）

型に押し当てて成形、基本的な施文をおこなうものであり、これは軒丸瓦の瓦当部のみに使用されている。こうした瓦当の型（笵）については筆者のクメール陶器研究試論で紹介したのであるが（田畑 2003：9）、板状の無釉陶器の片面に蓮弁、火炎文が彫り込まれており、瓦当の文様とは凹凸が逆になっている（図44）。この資料が瓦当の笵ではなく、製品の可能性があるのではないかとの指摘がある（杉山 2004a：130）。確かに笵と考えた場合、一般的には瓦当周囲を成形しやすいように笵の周囲に立ち上がりをもつのが普通である。しかし前述のとおり、クメールの

瓦当は型押し成形の他に、粘土紐の貼り付けなどを組み合わせる例があり、范のみで成形しているわけではないため、周辺に立ち上がりのない范が存在しても不思議はないだろう。この范に完全に対応する文様をもつ瓦当は今のところ出土していないが、図43-1, 2, 3のようにＢ４窯東西トレンチ第４層から一括出土した瓦当は、ほぼ同サイズ、同一の文様構成をもつ。これらは同范ではないが、同種の范を並べて成形したと考えられる[9]。

## 4 装飾に関する技術

　製品の装飾に関する技術はどのように考えればよいのであろうか。合子類や小型壺蓋のつまみのように実用と装飾を兼ねているものや、大型壺４類、５類の耳のように実用か装飾か判断のつかないものもある。クメール陶器の装飾に関する技術を考える際、こうした実用か装飾かといった問題を延々と考えつづけても恐らく答えは出ないだろう。それでは、文様を羅列すればよいのであろうか。立派なカタログが出来上がるであろうし、それは文様集成として意義のある仕事であるが、すでに存在する（Rooney 1984）[10]。

　装飾を技術的観点から捉えるのであれば、それが施される原理、加飾の原則を理解することが大切である。そのため、ここでは装飾文様を各構成要素に分解するとともに、それが文様帯としてどのような構成をもっているかを検討することによって、装飾に関する技術を検討したい。

### 文様の構成要素

　クメール陶器は独特の、非常に特徴的な形態と装飾をもつが、そうした装飾を構成する要素は実はそれほどおおくない。基本的に沈線文、削り出し（隆帯）、刺突文の組み合わせに、若干の粘土の貼り付けと型押し[11]が加わるのみである。したがって基本的な施文法は５種類だけといえよう[12]。一見複雑に見える装飾も、すべてこれらの施文法で理解できる。たとえば、図21-3のようなタニ窯出土資料のなかでは恐らくもっとも装飾性に富んだものも、つまみの花芯は削り出し、蓮弁は沈線によるものであるから２種類の施文法しかもちいておらず、図21-5でもこれに刺突による細かい点描で蓮弁の内部を埋めるのみである。

　今のところアンコール地域でもっとも複雑な装飾をもつアンロン・トム窯やソサイ窯の資料であってもこうした原理は同様である。たとえば、図58-6は蓮の装飾をもつ筒形合子蓋であるが、つまみの花芯は粘土塊の貼り付けであるし、花芯の中央からのびる実は粘土紐の貼り付けに刺突文で実を表現している。蓮弁部分は削り出しであり、その下部には沈線文がめぐらされている。このようにして見ると、どのように複雑な装飾も、実は基本的な施文法の組み合わせでしかないことが理解できる。

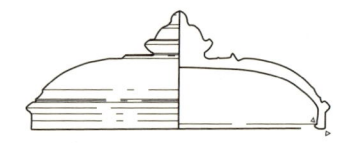

## 第4章 タニ窯跡出土遺物の分析

a. 単数ないしは並行する複数の沈線や削り出しの段（隆帯）によって文様帯が構成され、これが器壁に水平に施されるもの。

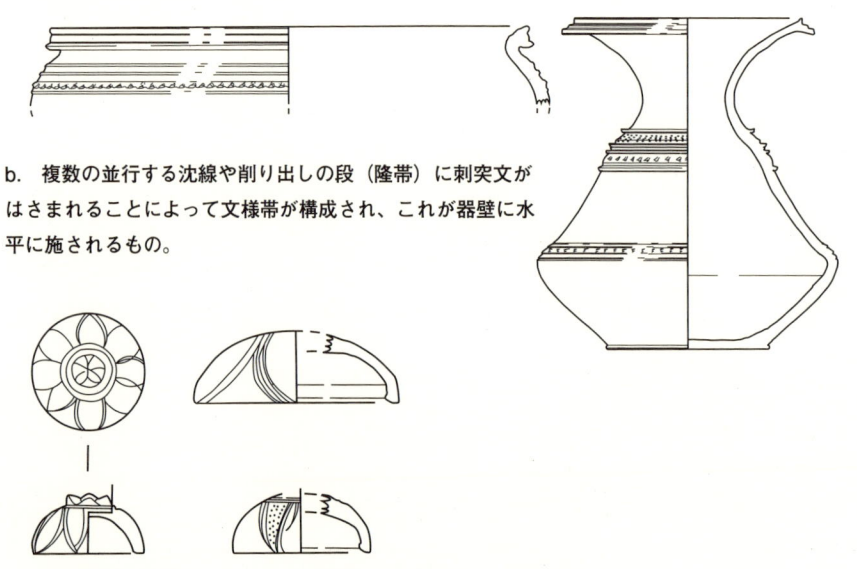

b. 複数の並行する沈線や削り出しの段（隆帯）に刺突文がはさまれることによって文様帯が構成され、これが器壁に水平に施されるもの。

c. 沈線ないしは削り出しによって蓮弁文が（蓮弁ひとつを文様の一単位とする文様帯として）施され、これが器面を取り囲むように環状に配置されるもの。

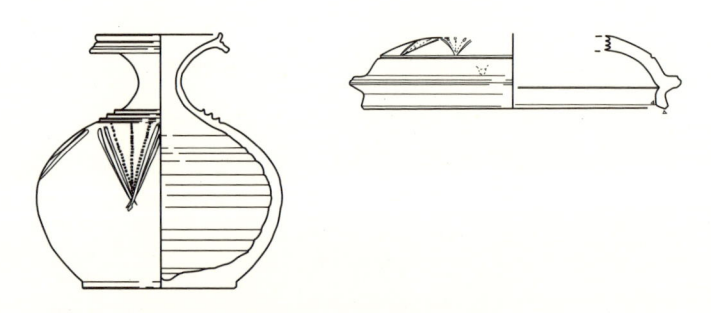

d. 沈線や刺突文によって幾何学文様が構成され（幾何学文ひとつを文様の一単位とする文様帯として）、これが器面を取り囲むように環状に配置されるもの。

図45　文様帯の構成

### 文様の構成原理

　それではこれらの装飾がどの型式に、どのように施されるのかについて検討してみたいが、そのまえに、L. コートの文様に関する重要な指摘について注意をはらいたい。これは、クメール陶器には筆等で描かれた文様、絵画性の高い文様が存在しないという事実と、ロクロの使い

方に左右される装飾という二つの指摘である（コート 2002：139-141）。確かに、これまでに筆で描かれた文様は（釉下彩であれ釉上彩であれ）一例も報告されていない[13]。ロクロの使い方に左右される装飾については、貼り付けや型押しのようにロクロとはまったく無関係におこないうる施文法もあるため、すべての装飾がロクロに左右されるとは言い切れないが、器壁に平行に施される沈線や隆帯といった大多数の装飾は、確かに製品がまだロクロ上にあるときに施されるのだろう。

　こうした指摘をふまえ、文様の構成原理を探ってみると、ひとつの原理が浮かびあがってくる。すなわち環状の文様帯構成である。極少数の例外である動物の姿を模した製品をのぞき、ほぼすべての資料はこの原理に支配されている。環状の文様帯構成とは、具体的には次のとおりである（図45）。

- a. 単数ないしは並行する複数の沈線や削り出しの段（隆帯）によって文様帯が構成され、これが器壁に水平に施されるもの。
- b. 複数の並行する沈線や削り出しの段（隆帯）に刺突文が挟まれることによって文様帯が構成され、これが器壁に水平に施されるもの。
- c. 沈線ないしは削り出しによって蓮弁文が（蓮弁ひとつを文様の一単位とする文様帯として）施され、これが器面を取り囲むように環状に配置されるもの。
- d. 沈線や刺突文によって幾何学文様が構成され（幾何学文ひとつを文様の一単位とする文様帯として）、これが器面を取り囲むように環状に配置されるもの。

　このようにして文様の構成原理をあきらかにしてみると、本項冒頭でのべた合子類や小型壺蓋のつまみのように実用と装飾を兼ねているものや、大型壺4類、5類の耳のように実用か装飾か判断のつかないものも環状の配置原理に支配されていることが理解できる。

## 5　施釉技術

　素材の選択で述べたとおり、素材（粘土）と釉薬には密接な関係があり、灰釉、無釉いずれかによって選択される胎土が異なってくる。そこで、あらためてこの問題を検討したいが、そのまえにタニ窯を中心とするアンコール地域諸窯の釉薬について述べておきたい。

　アンコール地域で現在確認されている窯跡のうち確実に施釉陶器を生産していたと考えられるのはタニ、アンロン・トム、ソサイである。そして、これら3窯の施釉陶器はすべて灰釉、恐らくは木灰と粘土でつくられる灰釉である。東北タイのクメール陶器窯やアンコール遺跡群で発見されているような黒褐釉の製品は、アンコール地域の窯では発見されていない[14]。灰釉の色調は薄青色から麦わら色、そしてオリーブグリーンまでさまざまな発色をみせ、焼きむらもおおい（口絵5）。このことは釉薬の調合に際し、灰と粘土の調合比率がそれほど厳密に定められていなかったことや、木灰の原料となる樹木の種類を厳密に選定していなかったことをうか

がわせる。もちろん、焼成時の焔のコントロールが厳密でなかったこともおおきな要因のひとつであろう。

　研究史で詳しく取り上げたが、B. P. グロリエの編年は、製品の器形とともに色調の変化が編年上のおおきな目安となっている。しかしさほど長期間稼動していたとは考えられないタニ窯跡で、これほどの色調のバリエーションがおおきいことは、グロリエのもとにした色調の変化による編年が、釉調に限っていえば成り立ち得ないことを示している[15]。

　それではこうした灰釉がどの器種に施されていったのかを考えてみたい。灰釉が施された器種と無釉の器種を分類すると次のようになる。

　1）灰釉‥‥すべての合子類、朝顔形碗、脚台付碗、広口小壺、小型壺身、小型壺蓋、小型瓶、大型瓶1類、丸瓦、平瓦、軒丸瓦、棟飾り
　2）無釉‥‥筒形碗、大型壺、広口甕、大型瓶2類、丸瓦、平瓦、軒丸瓦、棟飾り、窯道具

　ここで思い出していただきたいのは、素材の選択で検討した胎土と器種の関係である。あらためて列挙すると次のようになる。

　1）白色系胎土‥‥すべての合子類、朝顔形碗、脚台付碗、広口小壺、小型壺身、小型壺蓋、小型瓶、大型瓶1類、丸瓦、平瓦、軒丸瓦、棟飾り
　2）赤色系胎土‥‥筒形碗、大型壺、広口甕、大型瓶2類、丸瓦、平瓦、軒丸瓦、棟飾り、窯道具

　このようにしてみると、灰釉／無釉の器種と白色系粘土／赤色系粘土の器種とがきれいに一致することがわかる[16]。つまり、白色系胎土は灰釉の製品のために、そして赤色系胎土は無釉の製品のために選択された素材であり、灰釉、無釉いずれかによって選択される胎土が異なってくることが指摘できる。

## 6　窯詰め・焼成技術

　次に、タニ窯跡出土資料を用いて焼成技術、とくに窯詰め技法の復元をおこないたい。すべての器種の窯詰め法がうかがえるような資料が出土しているわけではないため、復元可能な幾つかの器種に絞って検討する。

　図46は碗の窯詰め推定復元図である。上段は出土碗類のうち、重ね積みにもちいたと考えられる粘土塊が貼り付いた資料である。碗内面の下半分と底面に付着しているのがわかる。釉剥ぎの技法は使われておらず、釉の上に直接粘土塊を載せている。粘土塊は5から6個が貼り付けられている。さらに、同種の碗の口縁部どうしが融着した資料も出土していることから、同種の碗を重ね積みしたものであると判断した。

　また、焼成台と考えられる窯道具を観察したところ、焼成台上面のくぼみの直径が碗類の底径とほぼ一致し、くぼみの角度も碗類の胴部の角度とほぼ一致する。したがって、碗類に関し

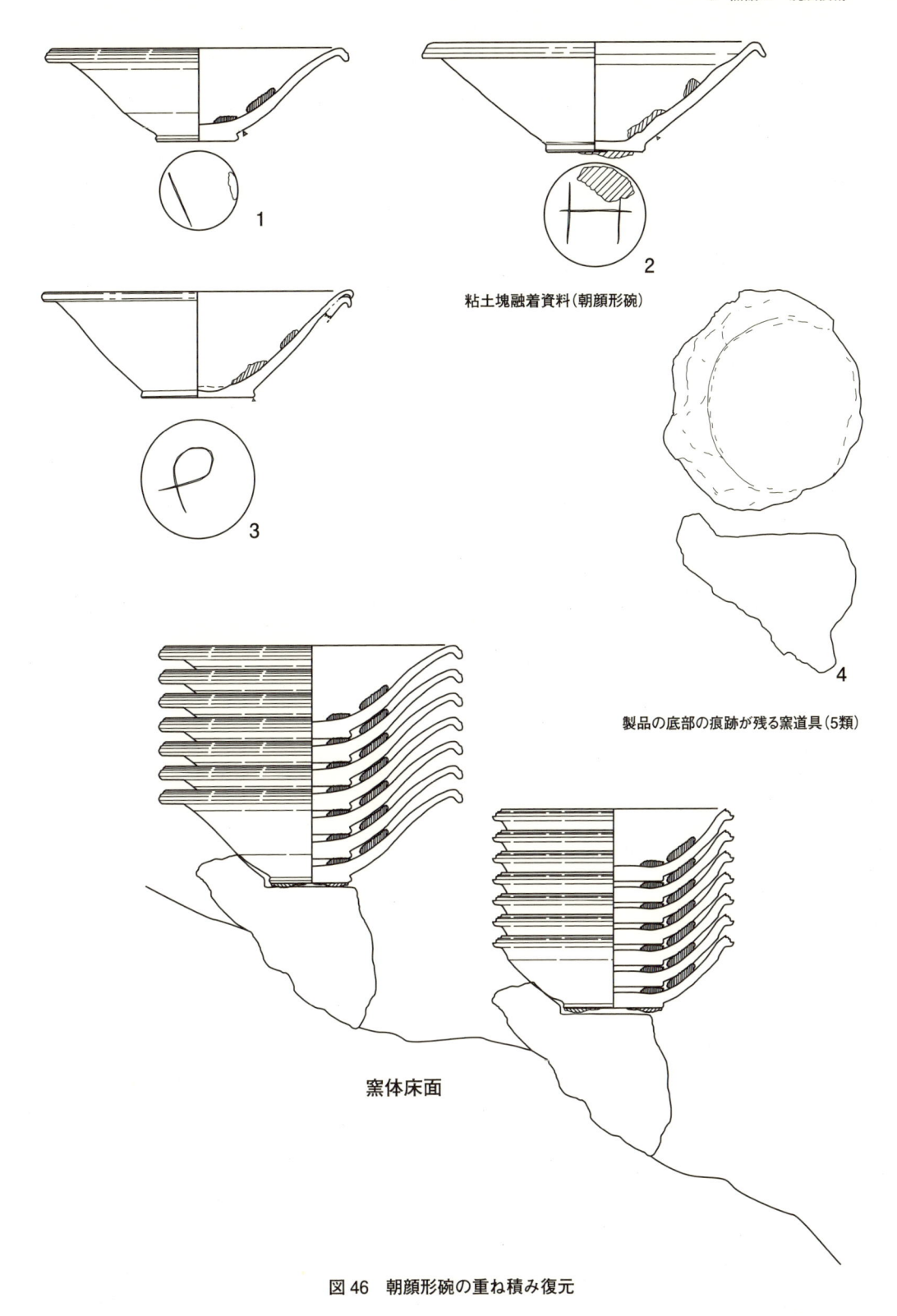

6 窯詰め・焼成技術

粘土塊融着資料（朝顔形碗）

製品の底部の痕跡が残る窯道具（5類）

窯体床面

図46　朝顔形碗の重ね積み復元

101

## 第4章 タニ窯跡出土遺物の分析

粘土塊融着資料（小型壺蓋）

小型壺蓋の重ね積み復元図

粘土塊融着資料（小型壺身）

実際の製品としてはこの様に
なるはずであるが、焼成時には
蓋と身をセットで焼成しない。

小型壺身重ね積み復元図

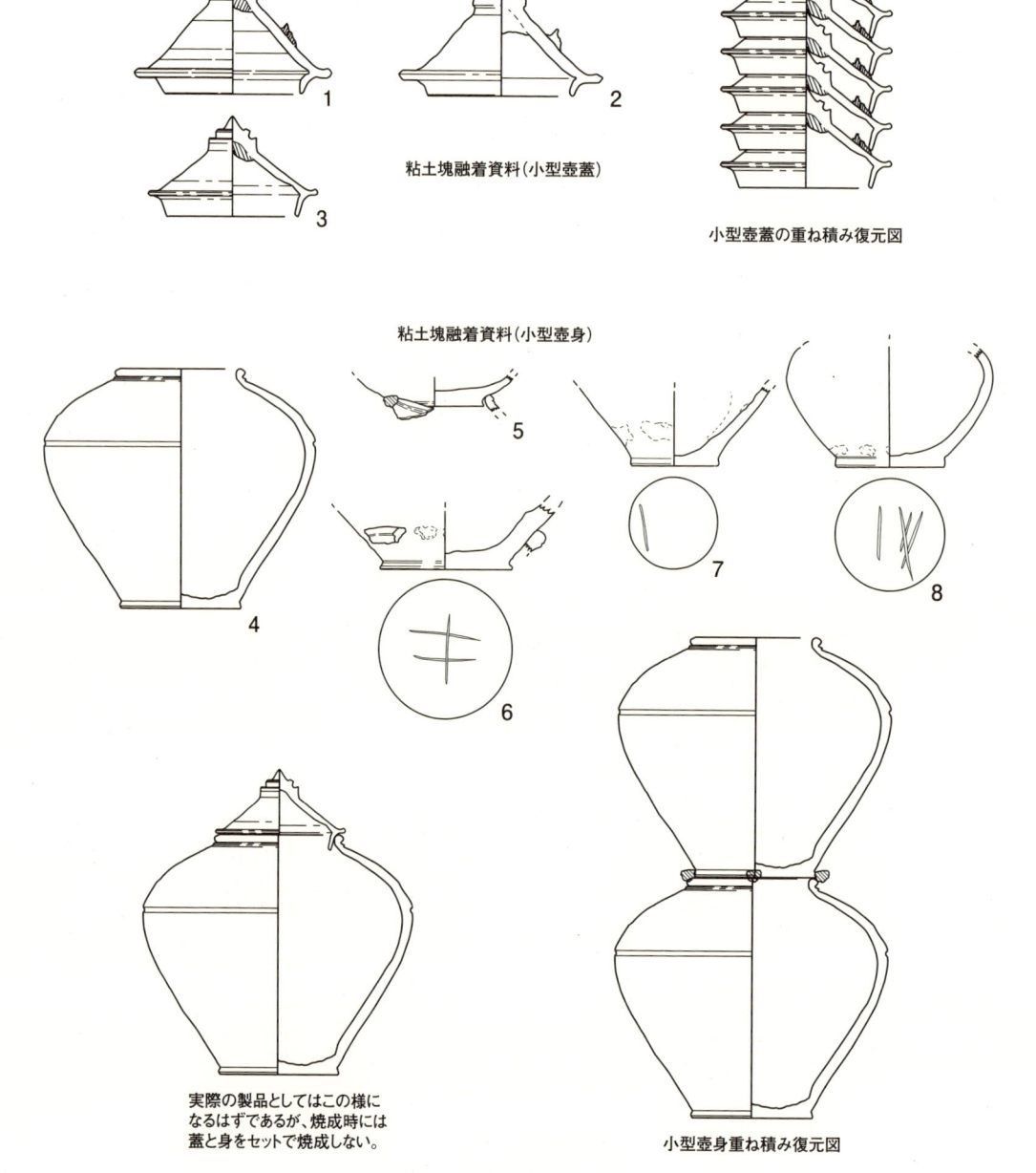

図47 小型壺の重ね積み復元

てはサヤ鉢などを用いず、焼成室内に直接置かれた焼成台の上に重ね積みをして焼成したと考えられる。そもそもサヤ鉢と考えられる資料は1点も出土していない。焼成台から製品をはがしやすくするために、薄い円盤状の窯道具を1枚挟んでもちいた可能性もあるが、こうした考え方を支持するような資料が検出できなかったため、ここでは直接製品を焼成台に設置したと判断して図化した。

次に壺類を検討したい。壺類の蓋は、前述のとおり小型壺の蓋として生産されたと見て間違いはないだろう。図47がその重ね積み復元図である。おおくの資料の外面中程と内面上部に、重ね積みのために用いられたと思われる粘土塊が貼り付いている。内面の粘土塊には小さなくぼみがついているものがおおいが、このくぼみの直径と、蓋外面の突起の直径がほぼ対応している。さらに、いくつかの資料では同種の蓋の一部と思われる陶片が融着しているのが観察された。したがって壺類の蓋に関しては、蓋と身を組み合わせて焼成せず、蓋は蓋でまとめて焼成したと考えられる。残念ながらこうした重ね積みをどのように焼成室内に設置したのかを考え得るような資料が出土していないため、焼成台への設置方法は不明である。

一方、小型壺の身はどのようにして焼成されたのであろうか。これについては図47上段の資料をもとに復元できそうである。とくに図47-5、6は小型壺底部付近に同種の小型壺の口縁部が付着しており、身どうしを重ね積みしていたことがわかる。また、図47-7、8のように底部付近に製品の破片と粘土目痕が残る資料が存在することから、重ね積みに際しては、粘土塊を間に挟んで焼成していたこともあきらかである。図47下段はこれらの事実から導きだされた重ね積み復元図である。したがって小型壺は、蓋は蓋どうし、身は身どうし、別々に重ね積みしていたことになる。

さらに、広口甕の重ね積み法も復元したい。広口甕については、重ね積み法を推察しうる資料がほとんど存在しなかったのであるが、幸運にも図48-1という融着資料が出土している。これは、広口甕どうしが3個体重なりあって融着しており、その上に灰釉の製品、恐らくは朝顔形碗の胴部～口縁部が融着した資料である。

この灰釉の製品に関しては、広口甕内面に（広口甕より小型の製品を）重ね積みした痕跡がないことから、焼成中に破損した（あるいは倒壊した）製品が融着したものと判断される。しかし、これによって、1回の窯詰めで無釉と灰釉の両者を焼成したことがあきらかとなった。広口甕は同種の製品を重ね積みしていたのであろう。図48下段がその復元図である。

こうした壺類と対照的なのが合子類である。前述のとおり、タニ窯跡出土合子は器形から丸形合子と筒形合子に大別できる。この両者いずれの器種でも、蓋と身が融着した資料が確認された。図49-1は丸形合子身1類と丸形合子蓋1類の融着資料である。このことから、丸形合子身1類と蓋1類がセット関係にあることもあきらかである。また、図49-6は筒形合子蓋1類と身（型式不明）の、図49-7は筒形合子身1類と蓋1類あるいは2類との融着資料である。

通常、合子の蓋と身がかみ合う部分は無釉となっているが、これらの資料は釉のはぎ方が不十分であったのか、あるいは釉薬がたれすぎたかのいずれかの理由により、焼成時に融着してしまったと考えられる。したがって合子は壺と異なり、蓋と身をセットで焼成し、粘土塊などを間に挟まなかったことがあきらかである。合子類もまた、どのように焼成室内に設置したのかを考え得るような資料が出土していないため、焼成台への設置方法は不明である。しかし、図49-7のように筒形合子蓋の上に筒形合子身が融着している資料も存在する。このことから、

第4章 タニ窯跡出土遺物の分析

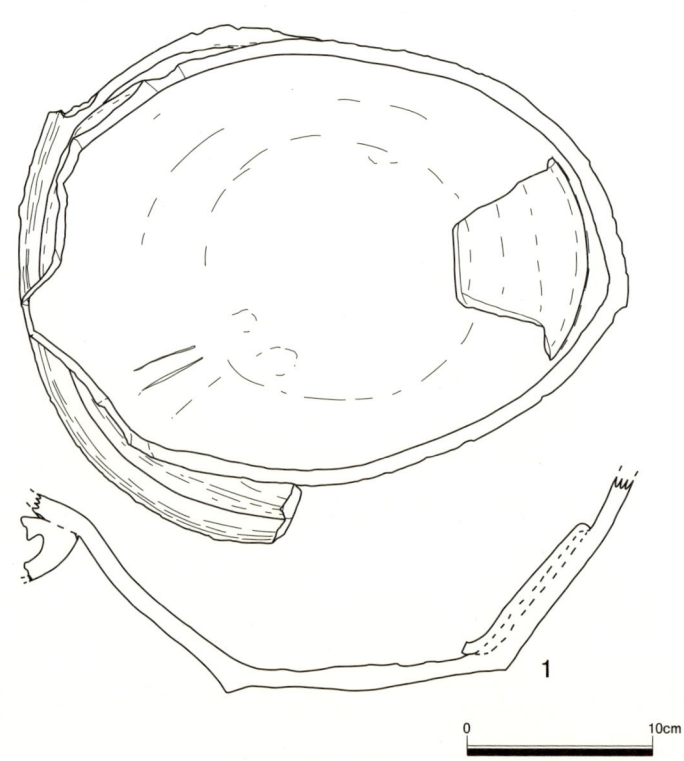

融着資料（広口甕）

0　　10cm

広口甕重ね積み復元図

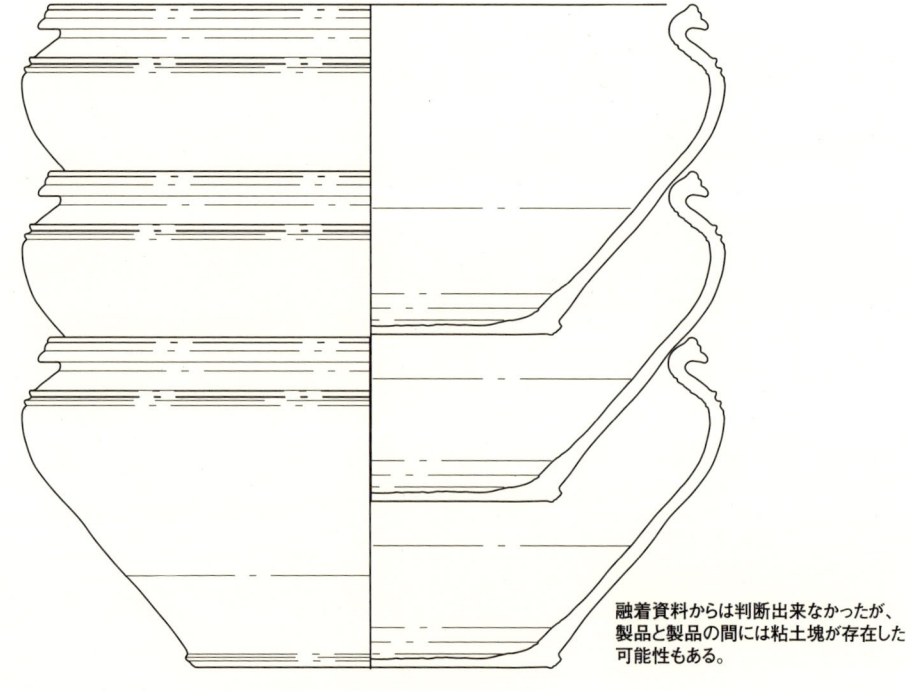

融着資料からは判断出来なかったが、
製品と製品の間には粘土塊が存在した
可能性もある。

図48　広口壺の重ね積み復元

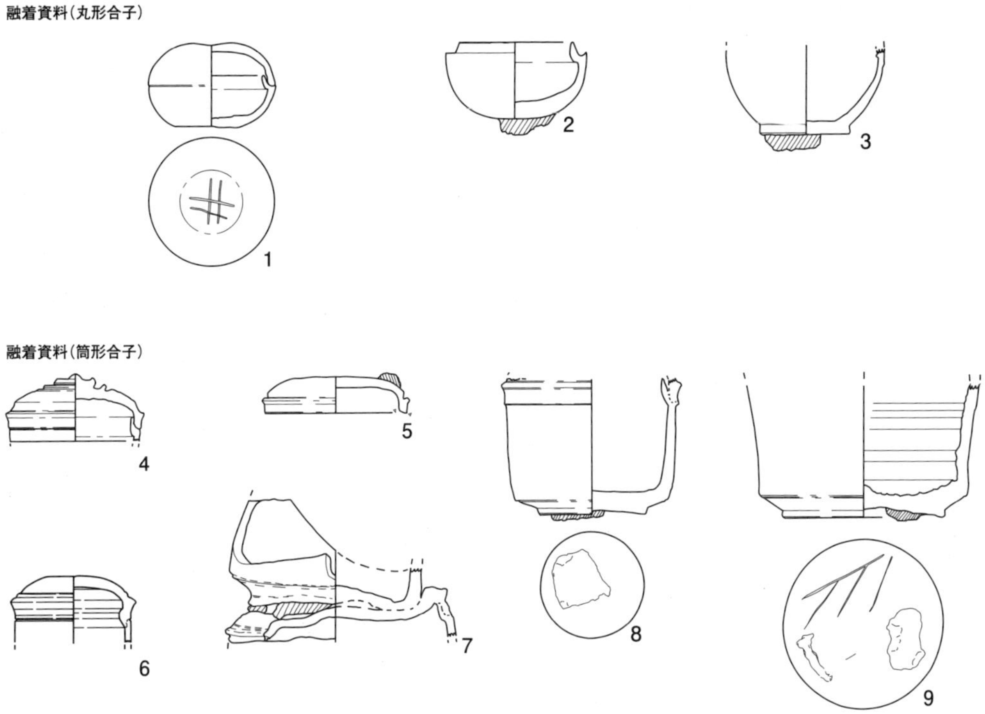

6 窯詰め・焼成技術

融着資料（丸形合子）

融着資料（筒形合子）

図49　合子類の釉着資料

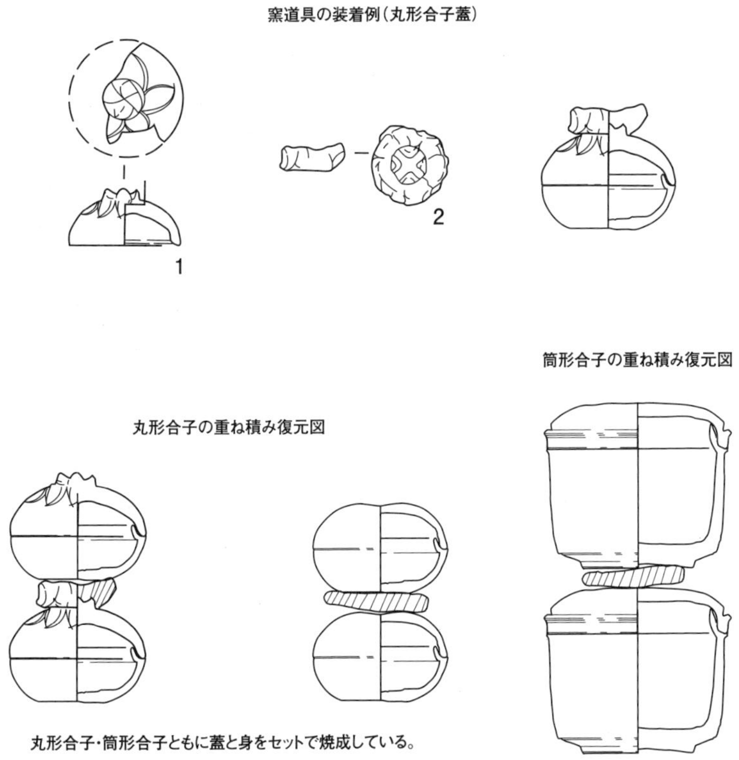

窯道具の装着例（丸形合子蓋）

筒形合子の重ね積み復元図

丸形合子の重ね積み復元図

丸形合子・筒形合子ともに蓋と身をセットで焼成している。

図50　合子類の重ね積み復元

## 第4章 タニ窯跡出土遺物の分析

合子類は蓋と身をセットにし、さらに同種の製品を重ねたのであり、製品の重ねに際しては、小型の粘土塊と、薄い円盤状の窯道具を使用していることもわかる。したがって、窯道具3類は製品どうしの重ね合わせに使用されたことになる。図50はこうした合子類の窯詰め復元図である。

また、蓮花形のつまみをもつ丸形合子の蓋に関していえば、つまみの形状と対応する窯道具も出土しており（図50-2）、このことから蓋の上に窯道具を装着したと考えられる（図50）。そのため、このような窯道具の上にさらに別の製品をかさねた可能性もある[17]。

一方、重ね積みの痕跡をまったく発見することが出来なかった型式もいくつか存在する。筒形碗、脚台付碗、広口小壺、小型瓶、大型瓶、筒形瓶、大型壺、軒丸瓦、棟飾りがこれである。このうち筒形碗に関しては、これが果たして製品なのか、それとも窯道具なのかという問題もあり、ここでは考察の対象外とする。脚台付碗については、資料の絶対数が不足している。広口小壺に関しては、重ね積みの痕跡こそ発見できなかったが、口が広く、底もおおきいため、同種の製品どうしを重ねるのに適した器形であり、あるいは重ね積みしていたのかもしれない。すべての瓶類に関しては、頸部が非常に細いため、そもそも重ね積みに不適格な器形である。こうした瓶類の重ね積み法については津田武徳による復元があるが（津田1999）これについては次章で検討する。

以上、粘土塊や他の製品との融着資料を基にいくつかの器種の窯詰め技法を復元したが、一回の焼成で、どのような種類の製品をいくつ窯詰めしたのかに関する手がかりを得ることはできなかった。無論、焼成の効率化を図るために、焼成室内の温度を考慮して複数の器種を焼成室に設置したのだろう。このことは、口絵6のように、灰釉の丸瓦と灰釉の合子蓋が融着して出土していることからもあきらかである。さらに、灰釉の丸瓦と灰釉の合子蓋が融着していることから、タニ窯は一度の焼成時に瓦と他の製品を同時に焼いた、いわゆる瓦陶兼業窯であることもあきらかとなった。また瓦に関して言えば、窯道具6類（ブロック状で表面に細溝のはしるもの）はその溝の幅と角度が瓦の端部と一致するため、瓦を焼成するのに使用されたと考えられる。おそらく、瓦の上端と下端をこうした窯道具で挟み込み、窯内に縦置き／横置きで瓦を設置したのであろう（図51）。

窯詰め技法に関しては、碗、合子、壺蓋などの器種ごとに、それぞれ異なった種類の技術が使われていることがあきらかになったが、これをパターン化すると次のようになる。

1) 同種の製品を粘土塊で挟むようにして重ね積みをおこなう‥‥朝顔形碗・広口甕。
2) 蓋と身というセット関係にあるものを、同種の蓋なら蓋、身なら身を粘土塊で挟むようにして重ね積みをおこなう‥‥小型壺蓋・身。
3) 蓋と身というセット関係にあるものを、（出来上がりの製品と同じく）それぞれセットにし、さらに同種のものを重ねる‥‥丸形合子、筒形合子。
4) 瓦の上端と下端を窯道具で挟み込む‥‥丸瓦、平瓦。

6 窯詰め・焼成技術

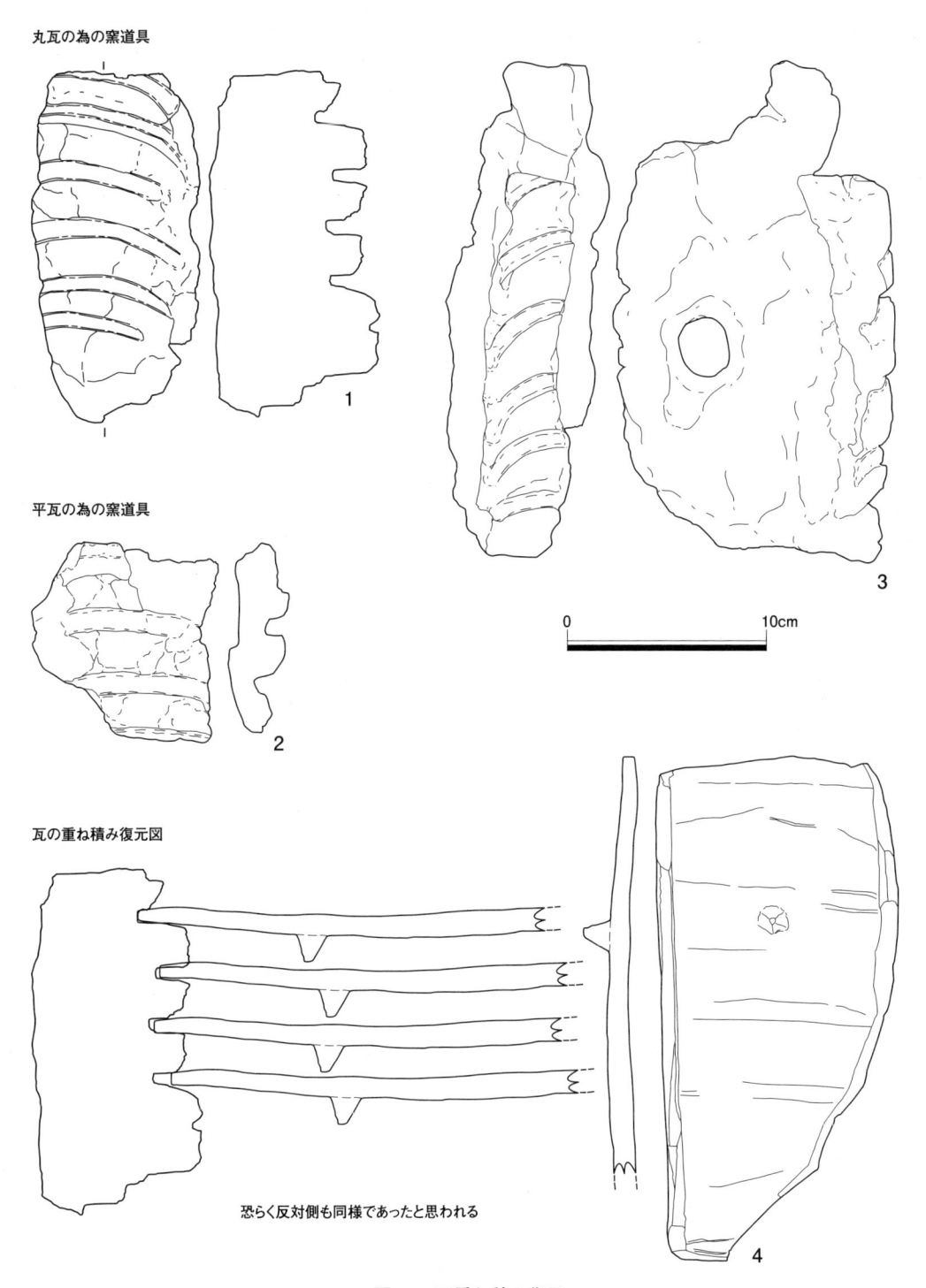

丸瓦の為の窯道具

平瓦の為の窯道具

瓦の重ね積み復元図

恐らく反対側も同様であったと思われる

図51　瓦重ね積み復元

焼成室内への設置方法など、いまだ不明の点もおおいが、粘土塊や他の製品との融着資料から、タニ窯跡での焼成技術に関して以上のような知見を得ることができた。

## 小　結

本章では、タニ窯跡出土遺物の基本組成をあきらかにしたのち、素材の選択、成形、加飾、施釉、窯詰め・焼成などの製品に直接関わる各技術を検討した。ここでまとめてみると、タニ窯跡出土資料は、形状から合子類、碗類、壺・甕類、瓶類、瓦類、窯道具類の6類に大別でき、さらにそれぞれ合子類19型式、碗類7型式、壺・甕類15型式、瓶類6型式、瓦類8型式、窯道具類8型式の合計63型式に分類できる。また、素材については、白色系胎土と赤色系胎土に大別され、それぞれ特定の器種にこうした胎土が使用されるが、これは無釉・灰釉の製品区分と対応しており、白色系胎土は灰釉の製品のために、赤色系胎土は無釉の製品のために選択されたものであることがあきらかになった。成形・整形技術に関しては、5種類の技術が使われているが、必ずしも製品のサイズにのみ依存しているわけではないことが判明した。装飾に関しては、文様個々に拘泥せず、文様帯の構成原理を検討することにより4種類の環状文様帯構成原理を導き出すことが出来た。焼成技術については、融着、変形資料の検討により4種類の窯詰め法をパターン化することができた。

次章では、本章の分析であきらかになったこれらの成果をもとに近隣諸窯製品の検討をおこない、それぞれの窯の性格をより明確にしたい。

　　註
（1）L. コートの指摘するように、クメール陶器の器種を表す古クメール語が不明瞭な現在、「実際に使用した人間がどのような概念により器種を分類したのかを理解することは出来ない」（コート 2002：133）ため、あくまでも形態的諸属性による分類を先行させることとし、その名称法は先学を踏襲することとした。
（2）もっとも、耳に穴をあけずとも、突起に紐をかけるだけでも簡便な蓋をすることは出来る。ただしこうした大型壺の口径に合致する蓋類は出土していない。もしこうした壺に蓋をしたとするならば、植物質の材料か、土器の蓋などをもちいたと考えられる。
（3）したがって、大型瓶の底部と広口甕は成形時の当初にはあまり区別されずに製作され、上部の仕上げの段階で区別された可能性も指摘できるが、これに関しては成形技法の項を参照されたい。
（4）瓦に関しては、A6号窯ではかなり豊富な瓦資料が出土しており、詳細に検討されている（独立行政法人文化財研究所奈良文化財研究所 2005）。
（5）無論、胎土に関する詳細な考察を退けるわけではない。ここでは不正確な分類を前提に論を進める危険性を指摘しているに過ぎない。胎土ついては、今後自然科学分析などもおこない、あらためて検討したい。
（6）クメール陶器研究、とくに欧米の研究者によるクメール陶器研究では、成形時に遠心力を利用する高回転のロクロ（potter's wheel）と、遠心力をあまり利用しない回転板（turntable）の区別をあ

まり厳密におこなっていない。本書では、成形・整形時に遠心力を利用している場合は「ロクロ」、どちらかは製品から判別しがたい場合は「回転板（ロクロ）」、遠心力を利用しない場合は「回転板」というように使い分けることとする。

（7）ただし、彼女の提示した三つの手法が存在したことについては、論文中で彼女が使用した資料に立脚する限り異論はない。

（8）内外面ともに部分的にしか紐痕が残らず、輪積みなのか巻き上げなのか区別が出来なかった。

（9）基本的に瓦などの陶磁器類は大量生産品であり、複数の笵を同時にもちいたと考えられる。

（10）ルーニーはこれまでに紹介されたクメール陶器の代表多岐な文様を14のパターンに分類し、集成している（Rooney 1984：39-44）。

（11）型押しが瓦当にのみ施されるものであるのは前節で検討した通りであるので、ここでは施文法の一種として例示するにとどめる。

（12）これはタニ窯を中心としたアンコール地域の諸窯だけでなく、現東北タイの諸窯にも共通して言えることである。ただし、東北タイの資料には黒褐釉と灰釉を掛け分けた製品もあり、これも含めるのならば6種類となる。

（13）ただし、将来新たな窯跡でこうした資料が発見される可能性は（その可能性がどれだけ低くても）完全に否定は出来ないだろう。

（14）黒褐釉は灰釉よりも鉄分が多いのが特徴である（鉄釉ともよばれる）。アンコール地域は基本的に鉄分の多い土壌のため、釉の原材料が不足していたために黒褐釉の製品を生産しなかったとは考えられない。

（15）焼成不良により破棄されたと考えられる窯跡出土品のため、色調の変化やむらが多いのは当然といえば当然である。しかし、融着や欠損といった、釉薬の不良により破棄されたとは考えられない資料でも、色調のばらつきが非常におおいため、色調の細かい変化が編年の目安になるとは考えられない。

（16）灰釉の胎土をもちながら一見無釉の資料も存在するが、よく観察すると釉薬が剥げているだけの場合がおおいため、おそらく二度焼きはおこなわれなかったのだろう。

（17）別の可能性として、こうした合子類を焼成室内に逆さまに置いたという可能性もある。

# 第5章 クメール窯業の技術体系

　前章ではタニ窯跡出土資料の基本組成とその技術的特徴を検討した。ここでは、タニ窯跡以外の窯跡出土資料と表面採集資料をタニ窯跡出土資料と比較することによってそれぞれの窯跡の性格とクメール窯業の技術体系をあきらかにしたい。

## 1 窯跡間の比較

### アンロン・トム窯跡

　アンロン・トム窯跡では、合子類、碗類、壺・甕類、瓶類、瓦類、窯道具が出土した。製品はすべて灰釉と無釉の製品であった。以下、出土資料と表面採集された資料を概観したうえでタニ窯跡出土資料と比較したい。アンロン・トム窯跡出土資料は2008年現在遺物整理作業中のため、ここでは出土資料と表面採集資料の両方をもちいることとし、型式設定はあえておこなわず、資料の特徴のみを検討する。

〈合子類〉

　合子類は筒形合子と丸形合子が採集されている。アンロン・トム窯跡の特徴として、これら合子類、とくに合子蓋の文様のバリエーションが豊富なことがあげられる。またタニ窯跡群出土資料よりも大型の資料が目立つ。採集された合子類の蓋はすべてつまみをもち、ほぼ無文の資料（図53-1, 2, 3, 4）も数点存在するが、ほとんどが何らかの複雑な文様を有している。文様の種類を列挙すると次のとおりとなる。

- つまみを中心に、沈線文を放射状に配したもの（図52-1, 2）。
- 沈線で蓮弁文を描いたもの（図52-3）。
- 幅の広い蓮弁を削り出したもの（図52-4, 5）。
- つまみが蓮の花芯状で、花芯の中央からのびる実は粘土紐の貼り付け、削り出しの蓮弁をもつもの（図52-6, 9）。
- 細い削り出しの蓮弁のみをもつもの（図52-7, 8）。

　こうしてみるとアンロン・トム窯跡採集の合子蓋はタニ窯跡出土資料にくらべて非常に装飾性の高い資料がおおい。また蓋の上面に粘土塊による目跡が残る資料がある。そのほか、こうした合子とはまったく異なる、鳥をかたどった合子（図53-5）も出土している。

　合子の身を検討すると、筒形合子身はタニのものとははっきりと異なり、胴部下部に沈線文と削り出しによる段をもつ資料がほとんどである（図53-13, 19）。これは後述するソサイ窯跡の資

第5章 クメール窯業の技術体系

図52 アンロン・トム窯跡出土・採集資料1

1 窯跡間の比較

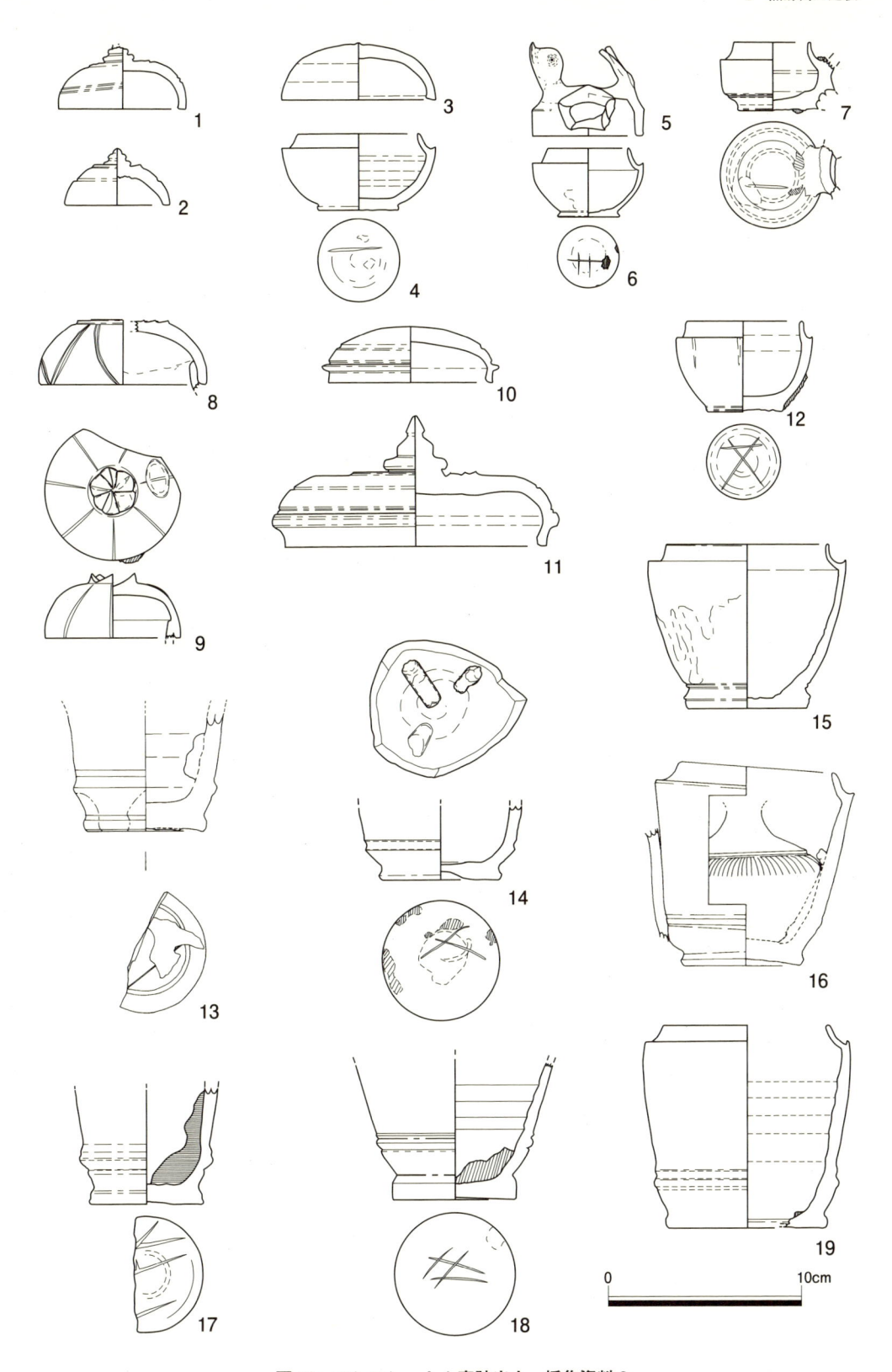

図53 アンロン・トム窯跡出土・採集資料2

第5章 クメール窯業の技術体系

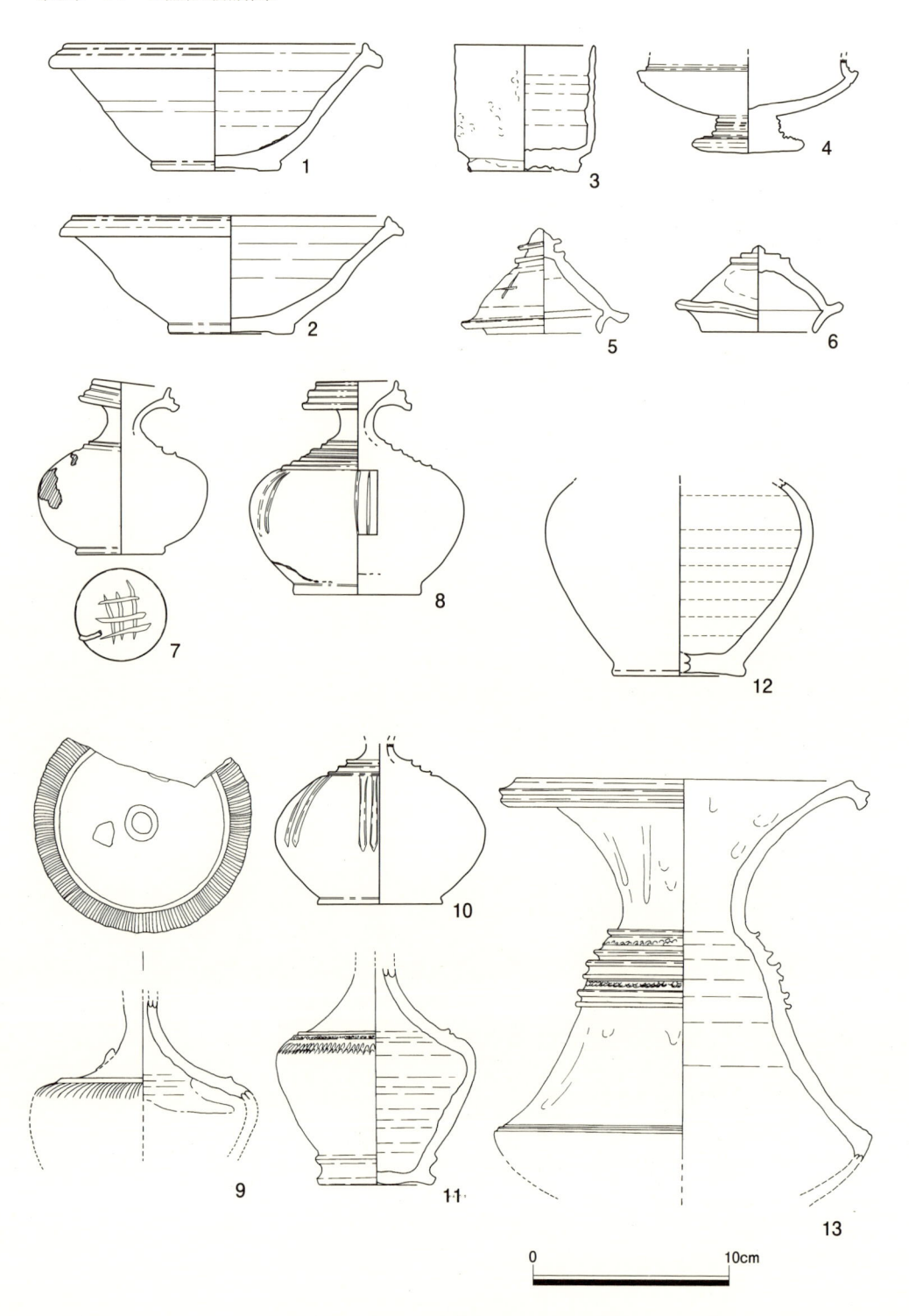

図54 アンロン・トム窯跡出土・採集資料3

料にも共通する特徴である。さらに筒形合子身には内部に粘土塊の目跡が残る資料（図53-14, 17, 18）や、小型瓶を内側に入れている資料（図52-16）など特徴的な資料が認められる。また、丸形合子を縦に長くひきのばしたような形状の資料も出土している（図53-15）。

〈碗類〉

　碗類は朝顔形碗が出土している（図54-1, 2）。灰釉の資料である。タニの資料よりもやや浅く、胴部の立ち上がりの角度が緩やかであるが、口縁部の形態は朝顔形碗1類（口縁が外反し沈線をもつもの）に類似している。底面には沈線で窯印とおぼしき記号がつけられている。内側に重ね積みの粘土塊が残っている。また、筒形碗（図54-3）も出土しているが、これが製品なのか窯道具なのか判別しがたい点はタニと同様である。

〈壺・甕類〉

　壺・甕類は小型壺蓋と身（図54-5, 6, 12）が出土している。身の上部が欠損しているため口縁部の形状は不明である。小型壺蓋は全体的な形状はタニの資料と等しいが、窯印とおぼしき記号が外面につけられている資料（図54-5）が採集されている。

〈瓶類〉

　瓶類は幾つかの種類

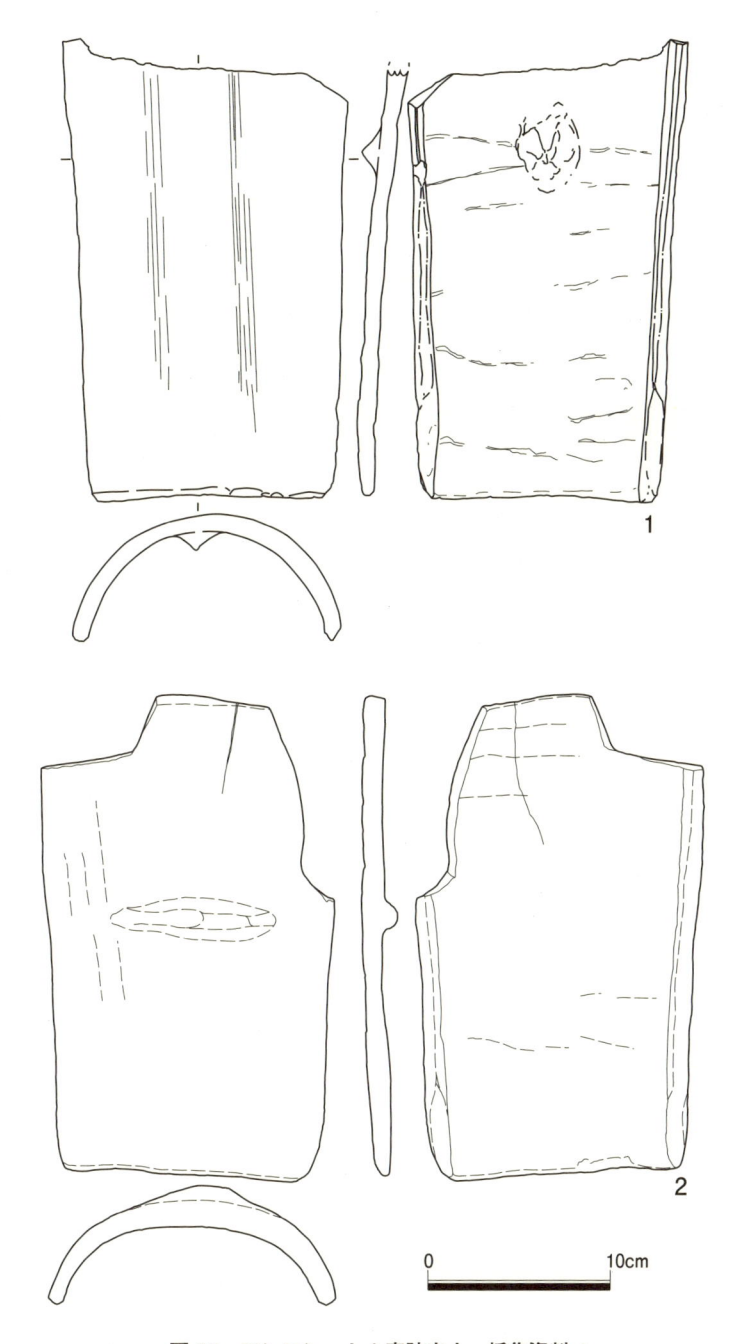

図55　アンロン・トム窯跡出土・採集資料4

第5章 クメール窯業の技術体系

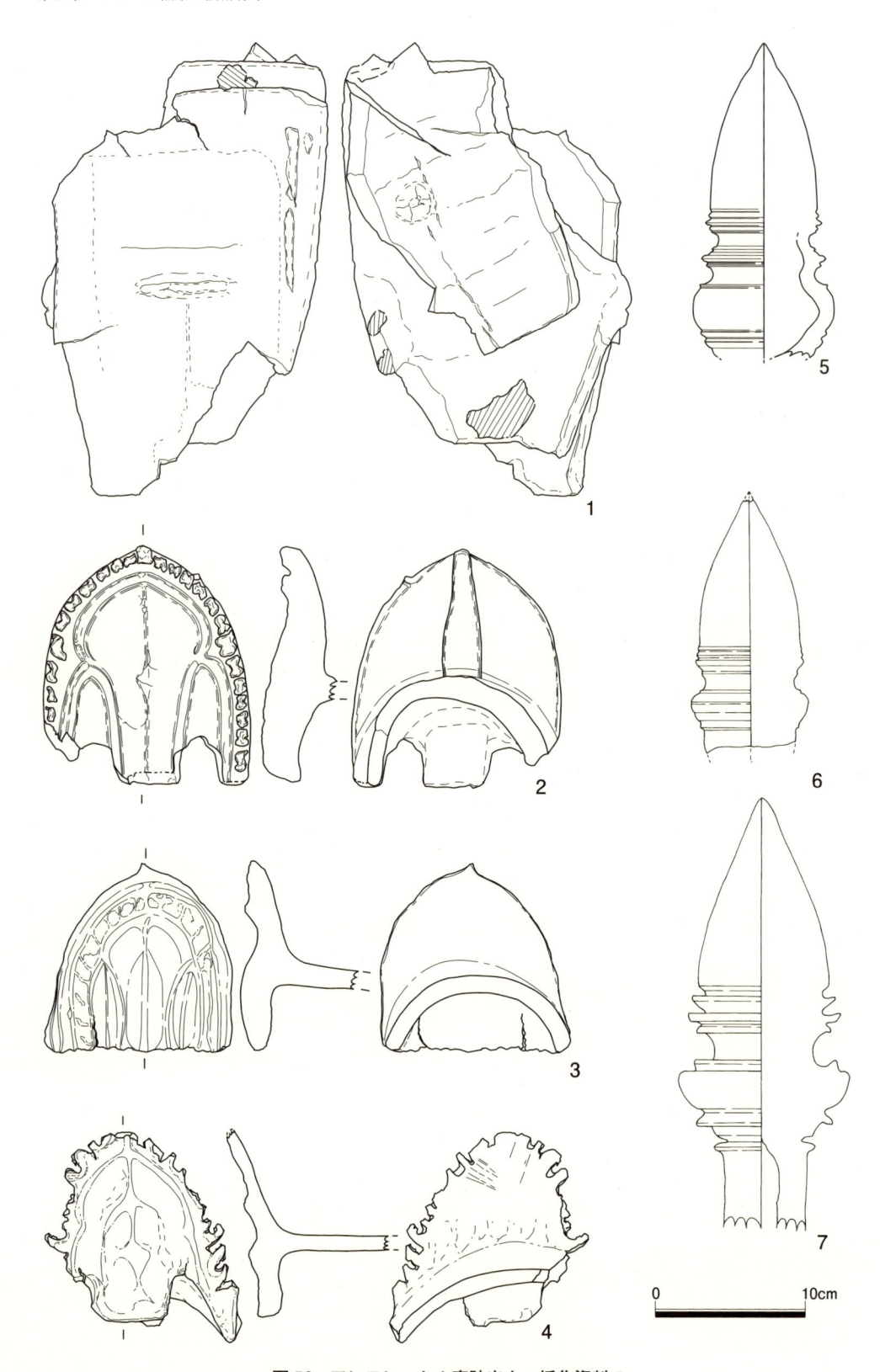

図56 アンロン・トム窯跡出土・採集資料 5

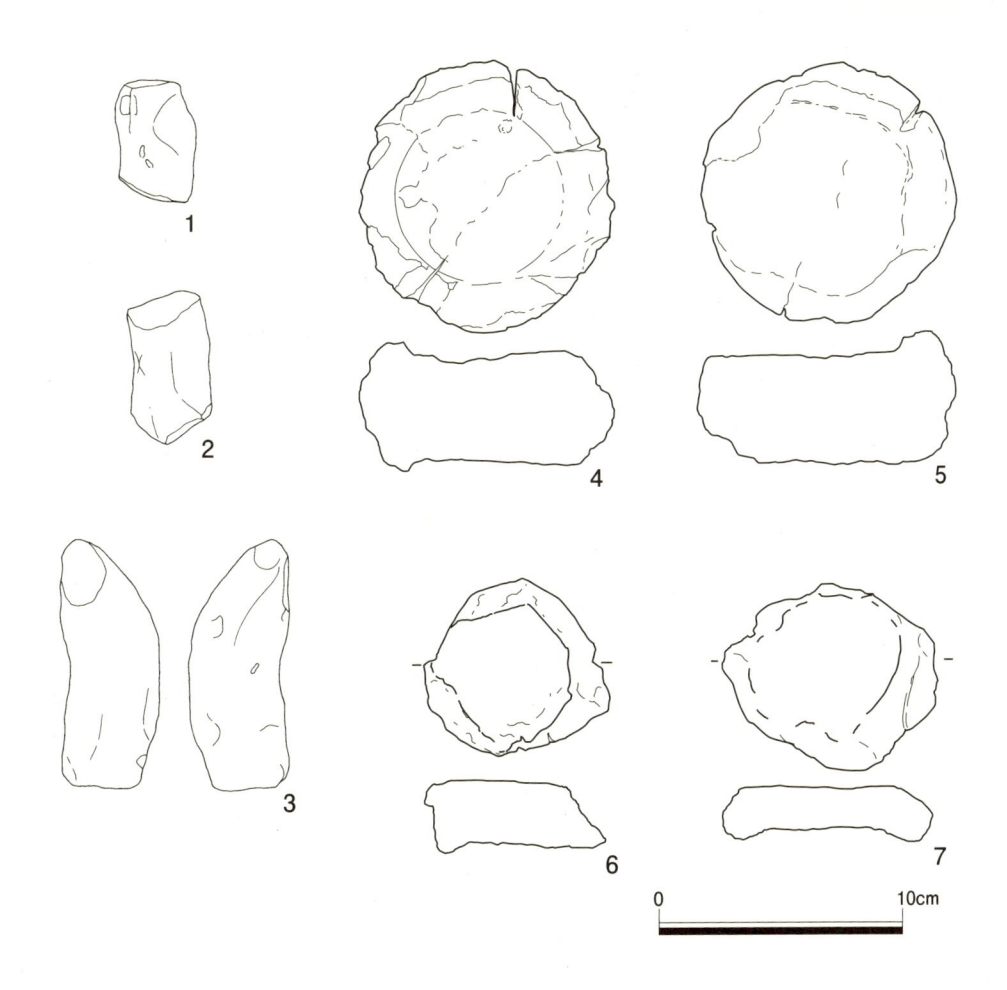

図57　アンロン・トム窯跡出土・採集資料6

が認められる。形態から分類すると次のとおりとなる。
・胴部が丸みをおび、胴部上半分に沈線文が施されるもの（図54-7, 8, 10）。
・肩部が張り出し、そこに刺突文や沈線文が施されるもの（図54-9, 11）。
・いわゆる盤口瓶で、タニの大型瓶と同種のもの（図54-13）。

　こうした瓶類には、胴部に他個体との融着痕や目跡が残るものがあるが、これに関しては後述する。

〈瓦類〉
　瓦類は丸瓦、平瓦、軒丸瓦、棟飾りが出土している。丸瓦（図55-1）は片方の端部がもう片方よりも大幅に広く、平面形が撥状になっている。図55-2は平瓦、図56-1は丸瓦と平瓦の融着資料である。灰釉の平瓦2枚と丸瓦1枚が融着している。これをみると丸瓦の突起は円錐状であり、平瓦の突起は棒状である。したがって瓦類の全体的な形状はタニとほぼ等しいといえる。また融着資料から、アンロン・トム窯跡の瓦は窯詰めに際し、粘土塊を挟んで焼成していたことが

理解できる。棟飾りは内部が中空のもの（図56-5）と中空でないもの（図56-6）があるが、そのほかにも基部がソケット状になっている資料（図56-7）も確認されている。

瓦当は、中心に蓮弁を配し、その周囲を縁取っている資料が出土している。瓦当の縁に火炎ないしは水煙状の装飾が発達するもの（図56-4）と、周囲に装飾なく全体的な形状が砲弾形にちかいもの（図56-2, 3）が確認されている。

〈窯道具〉

窯道具は棒状のもの（図57-1, 2, 3）と円盤状のもの（図57-4, 5, 6, 7）が確認されている。

**アンロン・トム窯跡採集資料とタニ窯跡出土資料との比較**

次に、アンロン・トム窯跡の資料とタニ窯跡の資料を比較してみたい。アンロン・トム窯跡で採集された資料は大別すると合子類、碗類、壺・甕類、瓶類、瓦類、窯道具の6種類になり、製品の基本的なカテゴリーはタニと同様である。

一方、個々の資料はタニと異なる様相をみせ、とくに合子類と瓶類はタニ窯跡出土資料とおおきく異なる。また、合子類にタニと比べて大型の資料がおおいのも特徴である。タニの合子類の大多数は基本的に直径が10cm以下と小型の資料がおおい。しかし、アンロン・トム窯跡の装飾性の高い合子類はほとんどが直径10cmを超えており、タニと比べて一回り以上も大きいのである（例外は図52-9）。もっとも、小型の資料にはタニと類似した装飾のない資料も出土している（図53-1, 2, 3, 4）。

成形技術で比較してみると、タニとアンロン・トムでは基本的に差異は認められない。アンロン・トム窯跡採集資料のうち、紐作りで成形し、回転板（ロクロ）を利用して整形するものは大型瓶、棟飾りである。紐作りで成形し、回転板（ロクロ）を利用して整形しない資料は、丸瓦、平瓦、軒丸瓦の丸瓦部であり、ロクロ成形の資料は合子類、碗類、瓶類となる。これはタニの成形技術とまったくおなじといえよう。

素材の選択と施釉技術でみると、これもタニと基本的な差異は認められない。灰釉の製品は白色系の胎土をもち、無釉の製品には赤色系の胎土が使用されている。ただし、口絵7のように一見すると黒褐釉の製品と見間違えるほど黒色を呈する資料も存在する。これは赤色系の胎土に灰釉がかけられたものだと思われるが、こうした製品が意図的に生産されたのかどうか判断はできない[1]。今のところ、肉眼観察ではこれらの製品は灰釉の製品と考えられる。

次に装飾でタニとアンロン・トムの製品を比較するとどのようなことが言えるのであろうか。タニ窯跡群出土資料とは異なり、アンロン・トム窯跡採集資料、とくに合子蓋は非常に装飾性が高い。したがって、装飾文様そのものでみるとタニとアンロン・トムは明確に異なっている。具体的に合子蓋で比較してみると、タニで装飾をもつ合子蓋は次のとおりとなる。

• 丸形合子蓋2類‥‥つまみをもたず、線刻蓮弁文が施されたもの（図21-2）。
• 丸形合子蓋3類‥‥つまみの形状が蓮の花芯状であり、線刻蓮弁文が施されたもの（図21-3）。

- 丸形合子蓋5類‥‥宝珠状のつまみをもち、線刻、刺突文で蓮弁が施されたもの（図21-5）。
- 筒形合子蓋6類‥‥つまみの有無は不明であるが、線刻、刺突文で蓮弁が施されたもの（図23-6）。

一方、アンロン・トムで装飾をもつ合子蓋は次のとおりとなる。
- つまみを中心に、沈線文を放射状に配したもの（図52-1, 2）。
- 沈線で蓮弁文を描いたもの（図52-3）。
- 幅の広い蓮弁を削り出したもの（図52-4, 5）。
- つまみが蓮の花芯状で、花芯の中央からのびる実は粘土紐の貼り付け、削り出しの蓮弁をもつもの（図52-6, 9）。
- 細い削り出しの蓮弁のみをもつもの（図52-7, 8）。

こうしてみると、モチーフとして蓮弁が共通するのみであって、具体的な文様の詳細は異なっていることが見て取れる。唯一、丸形合子蓋3類が蓮の花状のつまみをもち、これはアンロン・トムでも認められるが、アンロン・トムの資料の場合はこれに粘土紐の貼り付けで花芯の中央からのびる蓮の実を加えてあり、まったく同じ文様とはいえない[2]。

それでは、文様の構成原理で比較するとどのような差が出てくるのであろうか。前章ではタニ窯跡出土資料の文様が、環状の文様帯を構成していることがあきらかになった。具体的には次のとおりである。

 a. 単数ないしは並行する複数の沈線や削り出しの段（隆帯）によって文様帯が構成され、これが器壁に水平に施されるもの。
 b. 複数の並行する沈線や削り出しの段（隆帯）に刺突文が挟まれることによって文様帯が構成され、これが器壁に水平に施されるもの。
 c. 沈線ないしは削り出しによって蓮弁文が（蓮弁ひとつを文様の一単位とする文様帯として）施され、これが器面を取り囲むように環状に配置されるもの。
 d. 沈線や刺突文によって幾何学文様が構成され（幾何学文ひとつを文様の一単位とする文様帯として）、これが器面を取り囲むように環状に配置されるもの。

こうした文様帯の構成でみると、アンロン・トム窯跡での装飾をもつ合子蓋はすべてc、dの文様帯構成になっている。またアンロン・トム窯跡の装飾をもつ瓶類も、すべてa、bの文様帯構成となっている。したがってタニとアンロン・トムの加飾技術は、個々の装飾は著しく異なるとしても、基本的に同種の技術であることが理解できよう。

それでは最後に焼成技術、とくに窯詰め法でタニとアンロン・トムを比較してみたい。結論からいえば、両者のもっとも明確な差異は窯詰め法にあらわれている。まず、タニであきらかになった窯詰め法は次のとおりである。

 1）同種の製品を粘土塊ではさむようにして重ね積みをおこなう‥‥朝顔形碗・広口甕。
 2）蓋と身というセット関係にあるものを、同種の蓋なら蓋、身なら身を粘土塊ではさむよう

第5章　クメール窯業の技術体系

**写真7　アンロン・トム窯床面窯道具**

にして重ね積みをおこなう‥‥小型壺蓋・身。
3) 蓋と身というセット関係にあるものを、(出来上がりの製品と同じく) それぞれセットにし、さらに同種のものを重ねる‥‥丸形合子、筒形合子。
4) 瓦の上端と下端を窯道具で挟み込む‥‥丸瓦、平瓦。

　まず同種の製品を粘土塊ではさむ窯詰めであるが、アンロン・トム出土の朝顔形碗に粘土塊などの目跡が残っているため、タニと同種の窯詰め法がアンロン・トムでおこなわれていたといえる[3]。一方、タニでは瓦の上端と下端を窯道具で挟み込んでいるのに対し、アンロン・トムでは平瓦と丸瓦の融着資料 (図56-1) から、アンロン・トムの瓦は窯詰めに際し、粘土塊を挟んで焼成していたと考えられる。したがってタニでは朝顔形碗や広口甕に対しておこなわれた窯詰め法が、アンロン・トムでは瓦に対しておこなわれており、タニで確認された瓦の窯詰め法とは別の窯詰めが、アンロン・トムではおこなわれていたことが指摘できる。もっとも発掘調査では焼成室床面に瓦用と考えられる窯道具が検出されている (写真7)、タニと同じ窯詰めがおこなわれていたことも間違いない。

　瓦用の窯道具と粘土塊を組み合わせた可能性もあるが、釉着資料は丸瓦と平瓦の組み合わせなのに対し、窯道具にのこる跡は丸瓦だけのため、粘土塊をはさむ窯詰めと窯道具を使う窯詰めとは別の方法と考えられる。したがってアンロン・トムの瓦では、タニと同じ窯詰めとまったく異なる窯詰めの両方がおこなわれていたということになる。

　それでは、タニの小型壺で確認された蓋なら蓋、身なら身を粘土塊で挟み込む方法はどうで

あろうか。アンロン・トムでも小型壺蓋が確認されており、外面に粘土塊がついていたような目跡が残っているが、資料の内面にはタニのように粘土塊が貼り付いていないため、タニと同様の方法で窯詰めがなされたのかどうか判断できない。

また、タニの合子類で確認されている、蓋と身というセット関係にあるものを、出来上がりの製品と同じくそれぞれセットにし、さらに同種のものを重ねるという窯詰めは、アンロン・トムの合子に蓋と身の融着資料がないため、これもタニと同種であるのかどうか判断出来ない。しかし、アンロン・トム採集の筒形合子身には、身のなかに小型瓶が融着している資料が確認されている（図53-16）。

製品が融着している資料はこれ1点であるため、焼成時の事故で偶然筒形合子の身に別の製品が入ってしまった可能性も考えられたが、詳細に観察すると、小型瓶の肩部には粘土塊が張り付けられている。そのほかにも、別の筒形合子身では、小型瓶が融着してはいないが粘土塊が内部に残っている資料（図53-14, 17, 18）が確認されていることから、図53-16の内部にある小型瓶は偶然に入り込んだものではなく、あきらかに意図して入れているものだと判断できる。さらに、図53-13, 14では身の底面にも粘土塊の目跡がのこり、図52-1, 7など合子蓋の上面には粘土塊の痕跡が残ることから、蓋と身の融着資料こそ存在しないものの、蓋と身がセットになって重ね積みされていた可能性が高い。蓋と身の関係については、現段階では可能性を提示することしかできないが、身の内部に別の製品を入れている点はタニと著しく異なる点である。また図54-7のように、小型瓶の胴部中程に他の製品が融着したり、粘土塊の目跡が残っていたりする資料も確認されているが、これらは合子の身に入れられていた可能性が高い。大型の製品のなかに小型の製品を入れる方法は、サヤ鉢としての使用法を想起させるが、この問題についてはソサイ窯跡の資料と合わせて検討する。

**ソサイ窯跡**

ソサイ窯跡で表面採集された資料は、合子類、碗類、瓶類、壺・甕類、瓦類、窯道具である。灰釉・無釉の製品が採集されている。また、杉山による発掘調査報告でも同様の資料が出土しているようである（杉山ほか2008：47-54）。以下、採集された資料を概観した後にでタニ窯跡群出土資料と比較したいが、アンロン・トム窯跡と同じく表面採集資料のため、あえて型式設定はおこなわずに特徴のみを検討したい。

〈合子類〉

合子類は筒形合子、丸形合子が採集されている。ソサイ窯跡もアンロン・トム窯跡と同じく合子類、とくに合子蓋の装飾が特徴的である。また、タニ窯跡群出土資料よりも大型の資料が目立つ。鳥をかたどった合子も確認されている一方で、タニと同種の丸形合子や筒形合子も確認されている。ソサイ窯跡で採集された合子類蓋は以下のとおりである。

・鳥をかたどったもの（図58-1）。

- タニの筒形合子蓋1類と同種でつまみをもたず、上面がほぼフラットになるもの（図58-2）。
- 削り出しの蓮弁のみをもつもの（図58-4, 5）。
- つまみが蓮の花芯状で、花芯の中央からのびる実は粘土紐の貼り付け、削り出しの蓮弁をもつもの（図58-6）。
- 多段のつまみをもち、沈線文以外の装飾をもたないもの（図58-7, 8, 9）。

こうしてみると、ソサイ窯跡採集の合子類蓋は、1）蓮の花芯状のつまみをもつものや削り出しの蓮弁をもつというアンロン・トムと同種のもの、2）同じくアンロン・トムと同種の鳥をかたどったもの、3）タニと同類のものという三つのグループに分けられる。

一方、筒形合子身はアンロン・トムと同じく胴部下部に沈線文と削り出しによる段をもつ資料がほとんどであるが、タニの丸形合子身1類とまったく同種の、高台をもたず平底の製品も確認されている（図58-3）。

〈碗類〉

碗類は朝顔形碗と筒形碗が確認されている。朝顔形碗は灰釉、筒形碗は無釉の資料である。朝顔形碗はサイズ、形状ともにタニ窯跡群出土資料とほぼ等しく、口縁部が残存する資料（図60-1, 2）から判断すると、タニの朝顔形碗1類（口縁が外反し沈線をもつもの）と同種である。底面には沈線で窯印とおぼしき記号があるのも同様である。また、朝顔形碗どうしの融着資料も採集されている（図60-4, 7）。

筒形碗はタニの資料よりも若干器高が低いものがおおいが、すべて無釉で、外面は赤紫色で若干金属光沢がある点、胎土は暗赤褐色から赤紫色で粒子は粗く、よく焼き締まっている点などはタニと共通している。ソサイ窯跡では筒形碗と小型瓶の融着資料（図61-6：口絵8）も確認されている。

〈壺・甕類〉

壺・甕類は小型壺蓋（図61-1）が採集されている。灰釉の資料である。小型壺蓋は、全体的な形状はタニの資料と等しい。ただしタニのような重ね積みの痕跡は見いだせなかった。大型壺の底部と思われる資料（図61-11）も採集されているが、これは無釉の資料であった。

〈瓶類〉

瓶類のバリエーションはアンロン・トムほどおおくはない。胴部片、口縁部片のみの資料がおおいため全体形は定かではないが、胴部が丸みを帯びており、幾つかの資料は沈線文をもっている（図61-4）。また、口縁部は5から6の段をもつ（図61-6, 7, 8, 9）。さらに、肩部に削り出しの蓮弁文をもつ資料も確認されている（図61-10）。

〈瓦類〉

瓦類は丸瓦、平瓦、棟飾りが採集されている。平瓦（図62-1）、丸瓦（図62-2）ともに、形状、サイズはタニの資料とほぼ等しく、また丸瓦の突起は円錐状であり、平瓦の突起は棒状である点も同様である。平瓦については、粘土塊が貼り付いたままの資料（図62-5）も確認されている。

1 窯跡間の比較

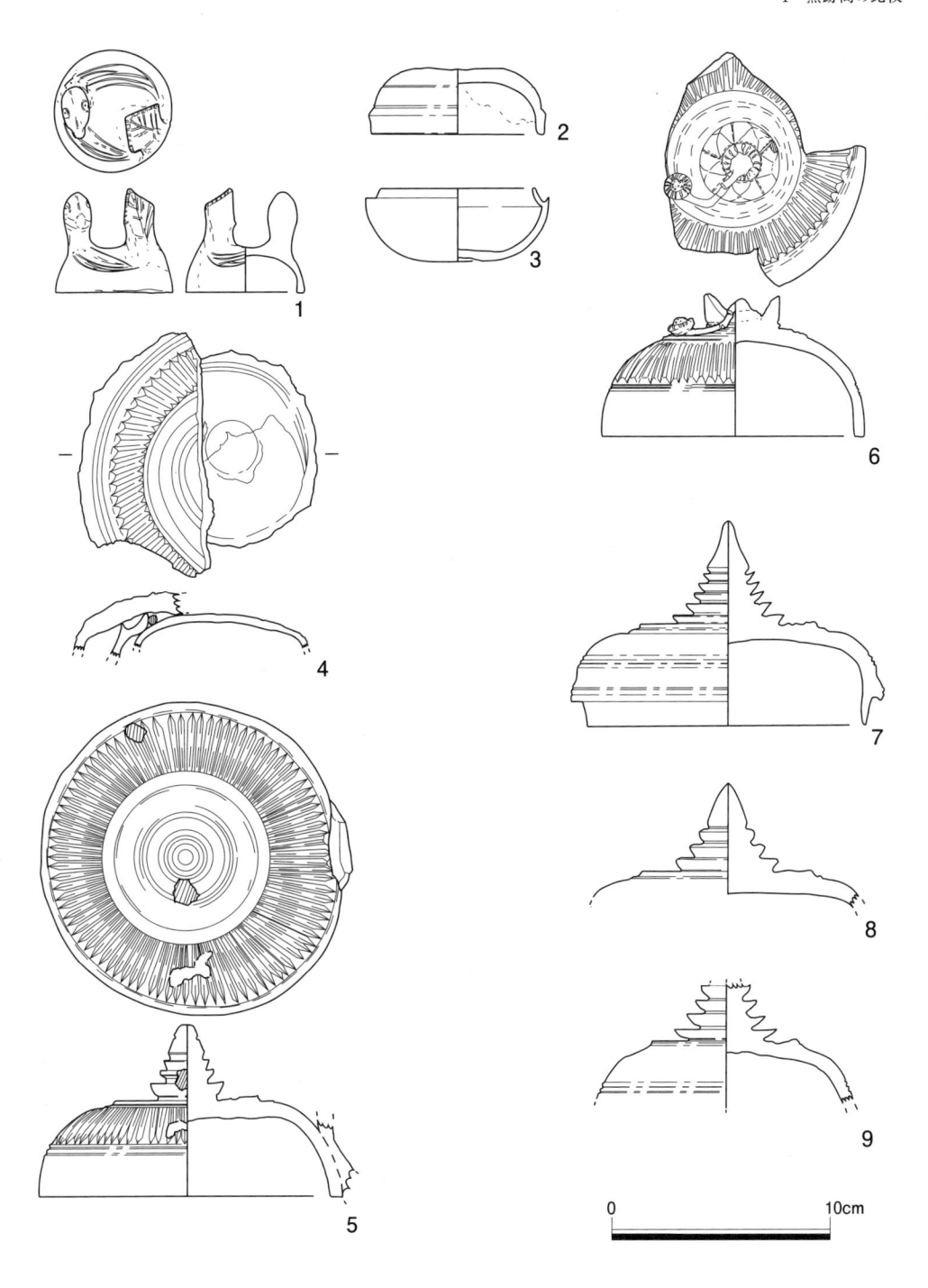

図58 ソサイ窯跡表採資料1

第 5 章　クメール窯業の技術体系

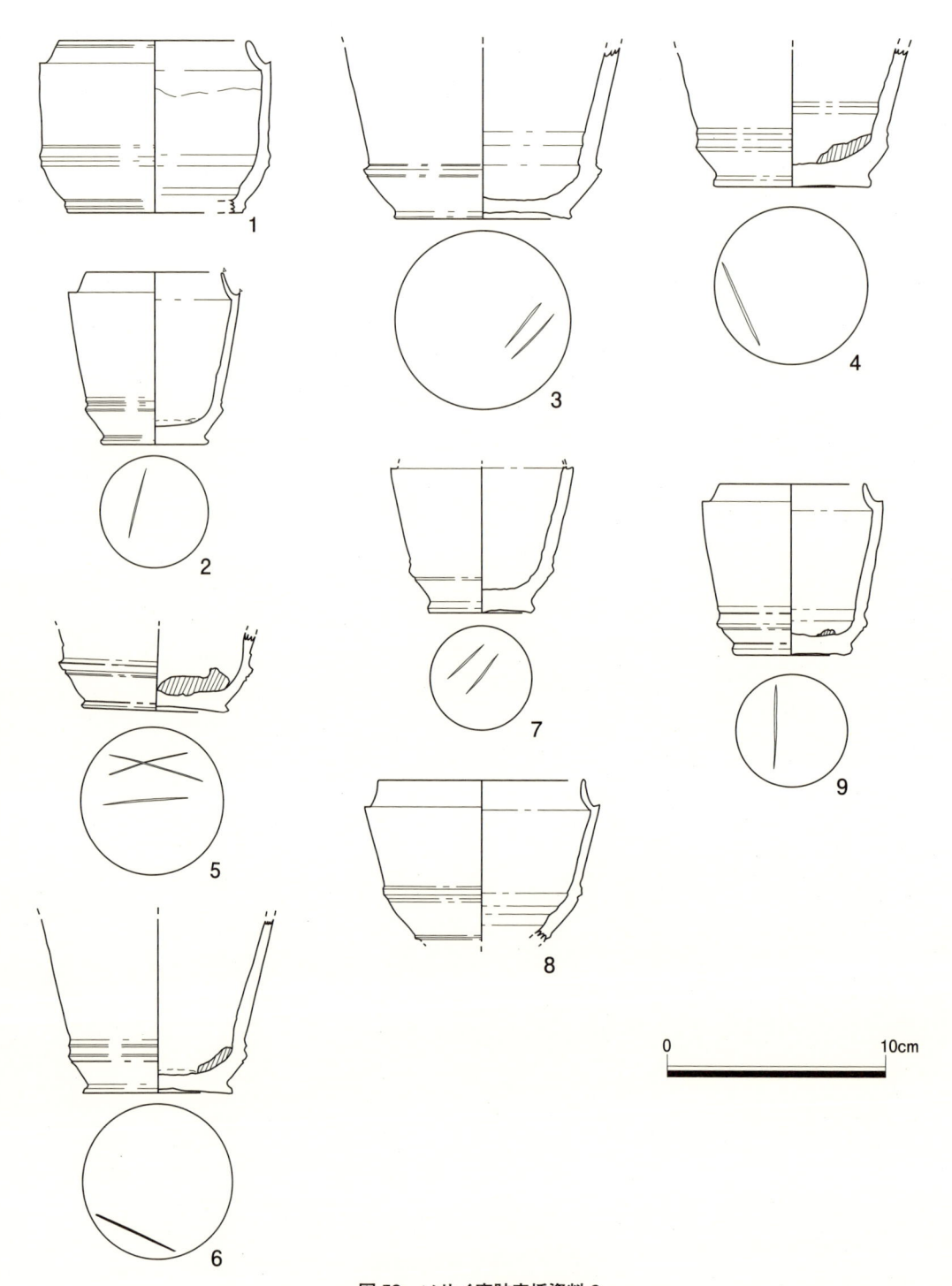

図59　ソサイ窯跡表採資料 2

1 窯跡間の比較

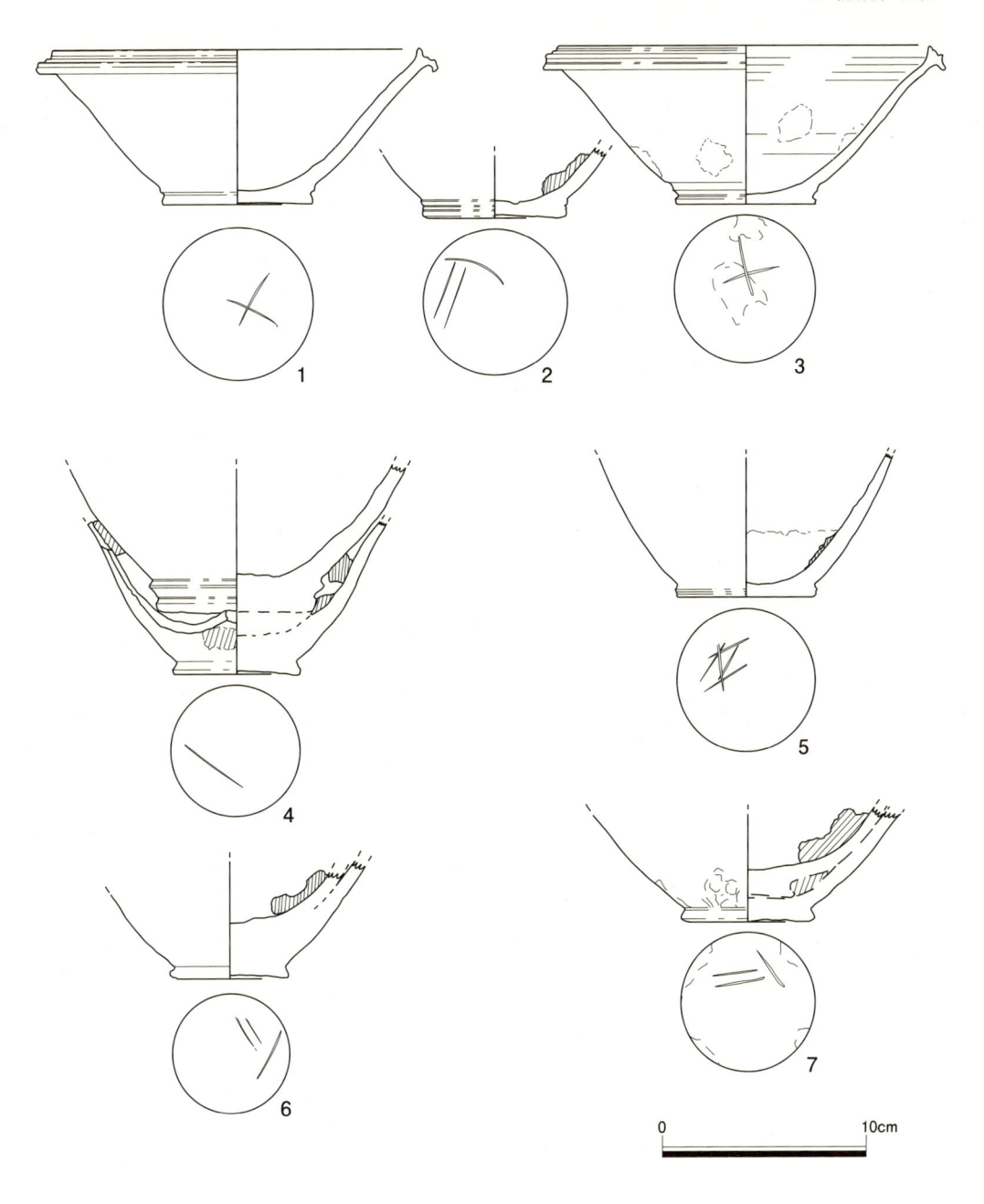

図60 ソサイ窯跡表採資料3

第5章　クメール窯業の技術体系

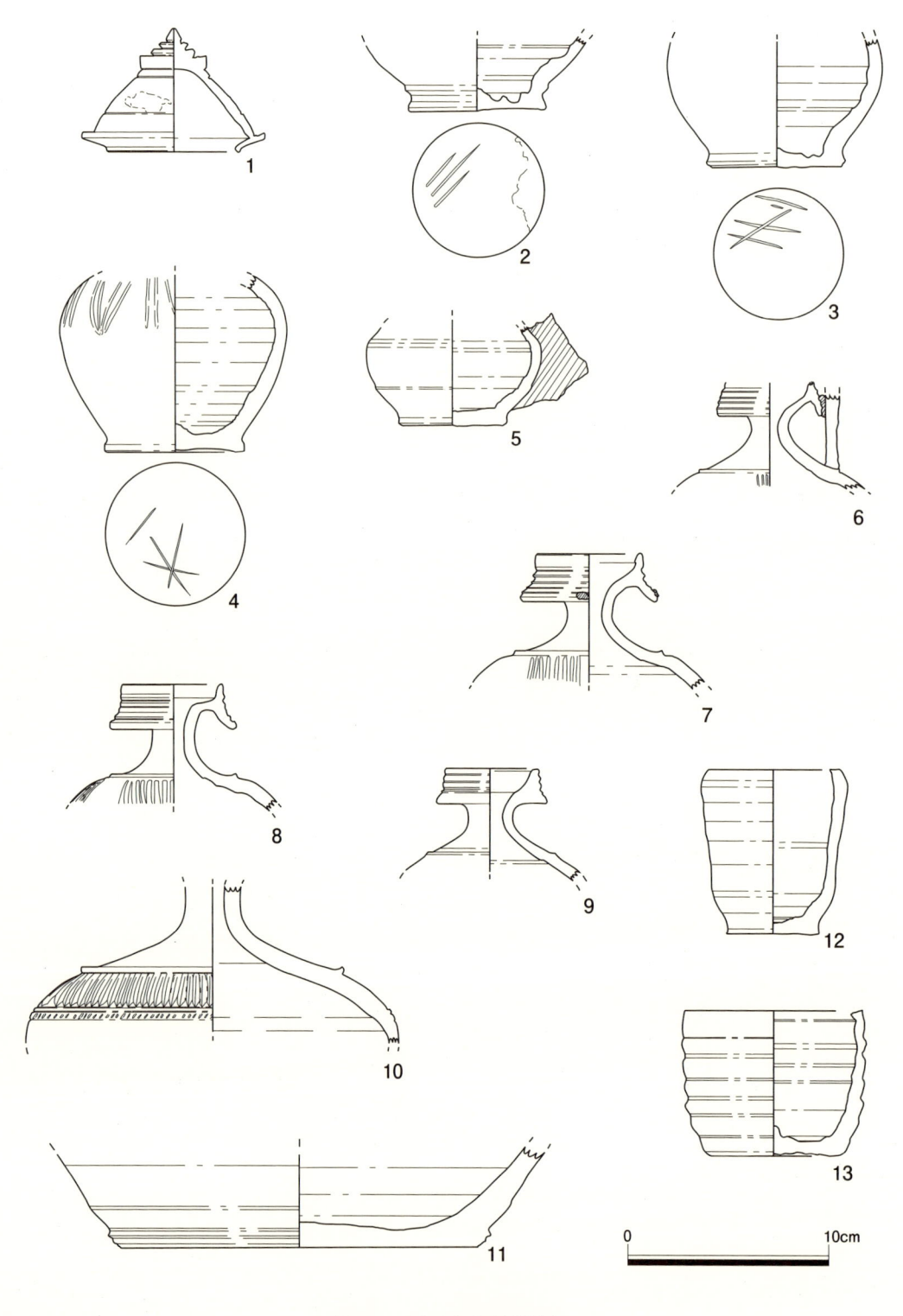

図61　ソサイ窯跡表採資料4

1　窯跡間の比較

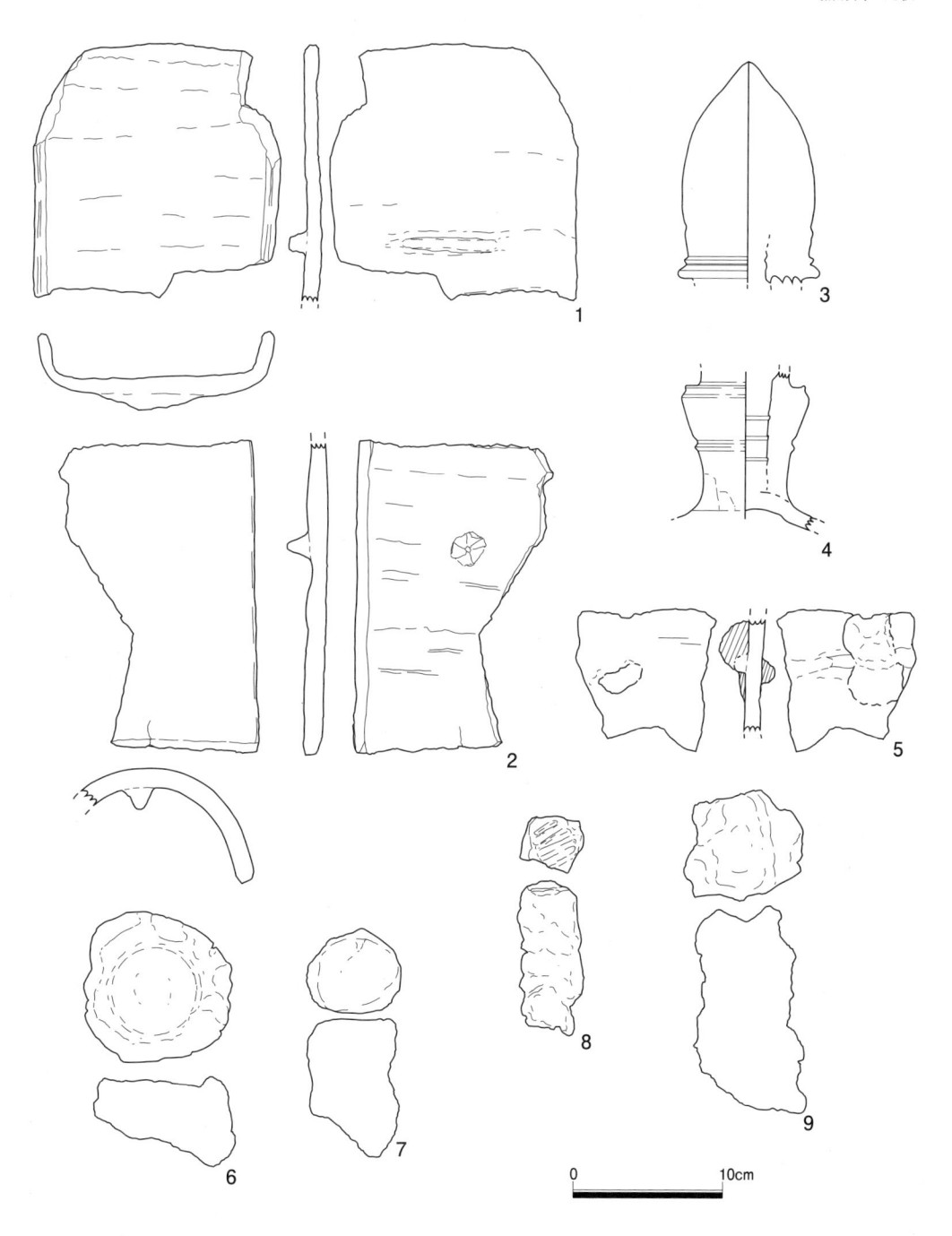

図62　ソサイ窯跡表採資料5

棟飾りは先端部（図62-3）と基部付近（図62-4）が確認されているが、先端部の資料はかなりずんぐりとした砲弾形であるのが特徴的である。

〈窯道具〉

窯道具は少量しか採集できなかったが、円柱状で片方の端が斜めになっているもの（図62-6）と棒状のもの（図62-7, 8, 9）が採集されている。

**タニ窯跡出土資料、アンロン・トム窯跡採集資料とソサイ窯跡採集資料との比較**

次に、ソサイ窯跡採集資料とタニ窯跡出土資料、アンロン・トム窯跡採集資料と比較してみたい。ソサイ窯跡で採集された資料は、大別すると合子類、碗類、瓶類、壺・甕類、瓦類、窯道具の6種類となり、製品の大別はタニやアンロン・トムと同様である。アンロン・トムと同じく、合子類にタニに比べて大型の資料がおおいのも特徴的である。一方で、合子や朝顔形碗など、サイズも形状もタニと同種の資料が確認出来ている。ソサイ窯跡の資料は、タニと共通する面と、アンロン・トムに共通する面がある。

成形技術で比較してみると、ソサイとタニ、アンロン・トムでは基本的に差異は認められない。ソサイ窯跡採集資料のうち、紐作りで成形し、回転板（ロクロ）を利用して整形するものは大型瓶、棟飾りである。紐作りで成形し、回転板（ロクロ）で整形しない資料は、丸瓦、平瓦、軒丸瓦の丸瓦部であり、ロクロ成形の資料は合子類、碗類、瓶類となる。これはタニ、アンロン・トムの成形技術とまったくおなじといえよう。

素材の選択と施釉技術でみると、これも三者ともに基本的な差異は認められない。灰釉の製品は白色系の胎土をもち、無釉の製品には赤色系の胎土が使用されている。

ソサイ窯跡の筒形碗はタニ窯跡のものと同じくすべて無釉で赤色系の粗い胎土をもち、表面の仕上げも（内外面にロクロ目跡が強く残り、底面の調整も雑など）通常の製品よりも雑に仕上げられている。このことから筒形碗が本当に製品なのか、あるいは窯道具なのかの区別がつきにくく、前章では便宜上製品として分類した。ソサイ窯跡ではこの筒形碗と小型瓶が融着した資料（図61-6：口絵8）が出土しているが、詳細に検討すると、筒形碗が小型瓶の口縁部に覆い被せられており、さらに小型瓶の口縁部と筒形碗内面の接点には小さな粘土塊が挟み込まれている。また、筒形碗と融着こそしていないものの、図61-7では小型瓶の口縁部にちいさな粘土塊が付着している。このことから、図61-6の筒形碗は意識的にかぶせられたと考えられる。瓶類の頸部は一般に細いため、焼成時に破損、変形しやすい。したがって、筒形碗はこうした弱い部分の保護の為に使用された可能性もあり、窯道具であった可能性もある。あるいは、製品を保護するために別の製品を利用しているのかもしれない。

次に装飾で三者を比較してみたい。前述のとおり、タニとアンロン・トムの装飾は、個々の文様は著しく異なるとしても基本的に同種の技術である。そして、ソサイの場合は、合子蓋ではアンロン・トムとまったく同じ文様（蓮の花芯状のつまみをもつものや削り出しの蓮弁）の資料が

存在する。

　ソサイの合子類蓋はタニであきらかになった文様帯構成 c、すなわち沈線ないしは削り出しによって蓮弁文が（蓮弁ひとつを文様の一単位とする文様帯として）施され、これが器面を取り囲むように環状に配置されている。また、ソサイで装飾をもつ瓶類についても、この文様帯構成 c と、沈線や刺突文によって幾何学文様が構成され（幾何学文ひとつを文様の一単位とする文様帯として）、これが器面を取り囲むように環状に配置される文様帯構成 d で装飾が成り立っており、タニ、アンロン・トム、ソサイの装飾技術は基本的に同一のものと見なせよう。

　しかし、ソサイやアンロン・トムでは数こそすくないもののタニとはまったく異なる装飾をもった合子蓋が確認されている。鳥をかたどった合子（図53-5、図58-1）である。これはロクロ成形の合子蓋の上に粘土を張り付け、鳥の頭部と尾部を表現し、さらに沈線文で目や翼を表現したものである。残念ながら数量的な裏づけに乏しく、技術的な位置づけがむずかしいが、動物の形態を模し、写実性を高めた製品であり、これまでアンコール地域の正式な窯跡調査では発見されなかった資料である[4]。動物の形態を模した器形は東北タイやバンテアイ・メアンチェイ州の諸窯で発見されているが、これらは基本的に黒褐釉の製品であり、石灰壺と考えられている壺類であって、合子の蓋に塑像的な考えで造形したソサイの資料と共通する要素はすくないと思われる。今のところは例外的な資料として報告するにとどめ、類例の増加をまってあらためて検討するほうが良いだろう。

　タニとアンロン・トムでは焼成技術、とくに窯詰め法に大きな違いが現れたが、ソサイの場合はどのようになるのであろうか。まず碗類であるが、ソサイ窯跡採集の朝顔形碗は、図60-3, 5 のように粘土塊の目跡の残る資料や、図60-4, 6, 7 のように2個体の朝顔形碗が融着した資料からあきらかなように、タニと同じ技術が使われている。

　また、タニでは瓦の上端と下端を窯道具で挟み込んでいるのに対し、アンロン・トムの瓦は窯詰めに際し、粘土塊をはさんで焼成していたと考えられる。ソサイでも図62-5のように平瓦の内外面に粘土塊が貼り付いたままの資料が確認されている。したがって、瓦の窯詰め法はアンロン・トムとソサイは同様であり、タニが異なった方法を採用している。

　合子類であるが、図58-4 のように筒形合子の蓋と身が融着している資料や、図58-5 のように筒形合子蓋の上面に粘土塊が残るもの、図59-4, 5 のように筒形合子身の内面に粘土塊や融着痕が残る資料などから、合子の内部にそれよりも小型の製品（恐らくは瓶）を入れ、蓋をして重ね積みしたのであろう。したがって、ソサイの合子類の窯詰めはアンロン・トムのそれと等しいということになる[5]。

　こうした大型の製品のなかに小型の製品を入れる方法は、サヤ鉢としての使用法を想起させるが、この問題についてはもうすこし深く検討する必要がある。クメール陶器の窯詰め法については、津田武徳による研究がある（津田1999）。津田は日本の個人コレクション（山本コレクション）のタニ窯跡出土と推定される資料を例示しながら、小型瓶の窯詰めを復元した。

第5章　クメール窯業の技術体系

**写真8　伝タニ窯跡資料** (山本勇氏蔵／津田 1999：123)

　津田による窯詰め方法復元の根拠は、1) 詳細な観察によると胴部側面に粗く円形に釉を剥いだ痕跡が対角線上に2ヶ所必ず設けられていること、2) そのうちの一方の方向へ（製品横方向へ）釉が流下して溜まっているのが口縁部および底面にしばしば観察されることの2点である。このことから彼は、こうした小型瓶（原文では盤口瓶）が側面の釉剥ぎ部分を支点として横置きに窯詰めされ、反対側（横置きにすると窯の天井を向く方）にも粘土の融着が見られるものがあることから複数個体が横置きで重ね焼きされたのではないかとしている（津田 1999：123）。

　津田の窯詰め法の復元は、彼が写真で例示している資料を基にすると、まったく妥当なものである。しかし、津田の例示した小型瓶は、口縁部に5から6の段があり、肩部には削り出しの蓮弁文が施されている(写真8)。こうした資料は実はタニ窯跡の発掘調査では出土しておらず、むしろアンロン・トムやソサイで出土しており（図54-7, 8、図61-6, 7, 8, 9）、タニではなくアンロン・トムやソサイの窯詰め法であった可能性がたかい[6]。

　ソサイ窯跡で採集された小型瓶には粘土塊が胴部中央に付着し（図61-5）、またアンロン・トムでは胴部に粘土ないしは他の製品との融着跡の残る資料(図54-7) が出土しているが、両者とも、津田がもうひとつの根拠とした釉薬の片方への溜まりは確認出来なかった。

　こうした資料をふまえると、アンロン・トムやソサイでは、合子に入れることの出来るような小型の瓶類は合子に入れて窯詰めし、合子に入らない大型のものは横積みで窯詰めをおこなったことが推察される。もし、この考え方が成り立つのであれば、前述の筒形碗が小型瓶の頸部の保護のために被せられたという可能性も（筒形碗が製品か窯道具であるかという議論はさておき）、横積みの瓶の保護として（横積みをおこなえば首が焼成中に下方へ曲がる危険があるため）使用された

1 窯跡間の比較

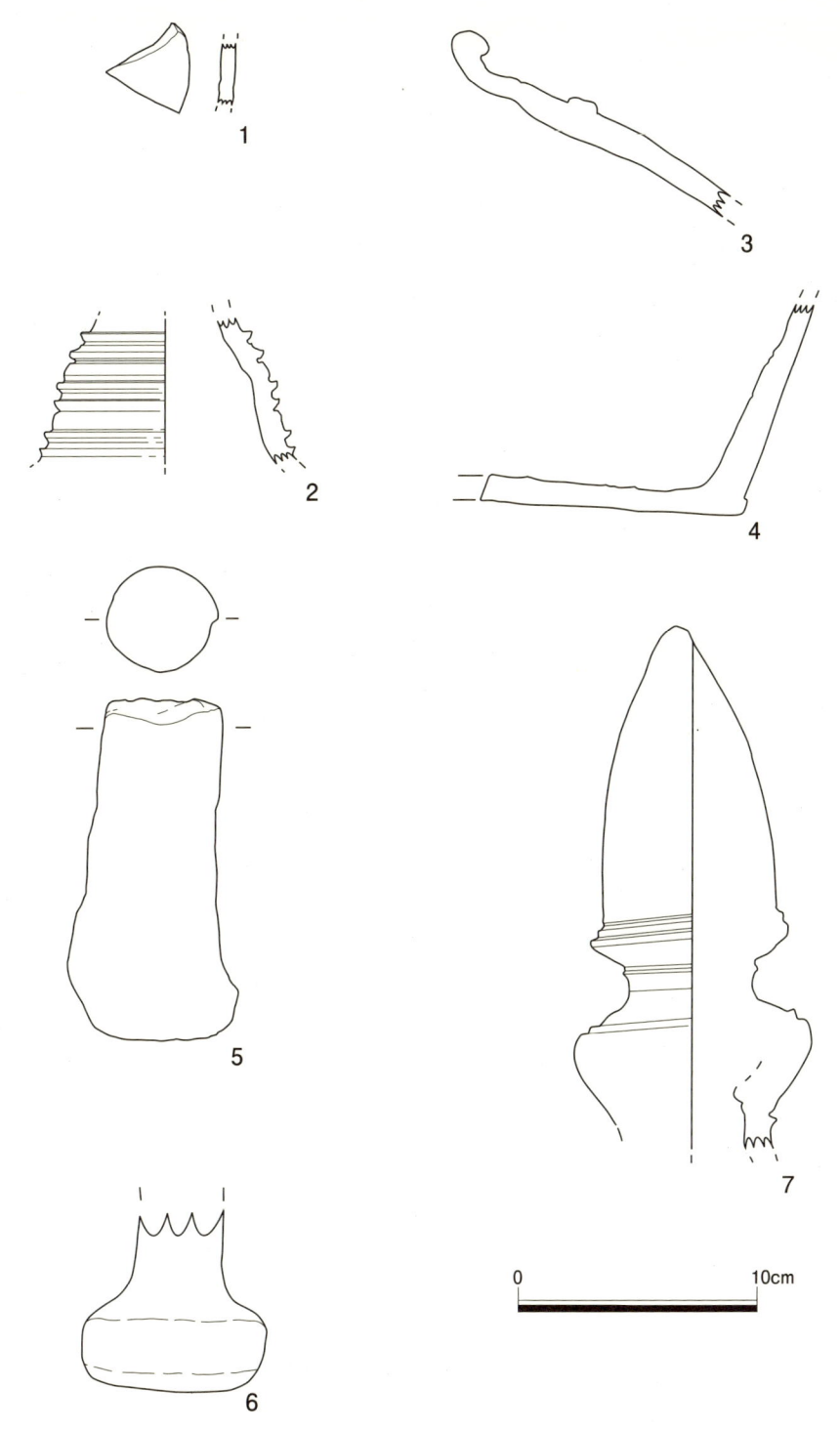

図63 クナ・ポー窯跡表採資料

第5章 クメール窯業の技術体系

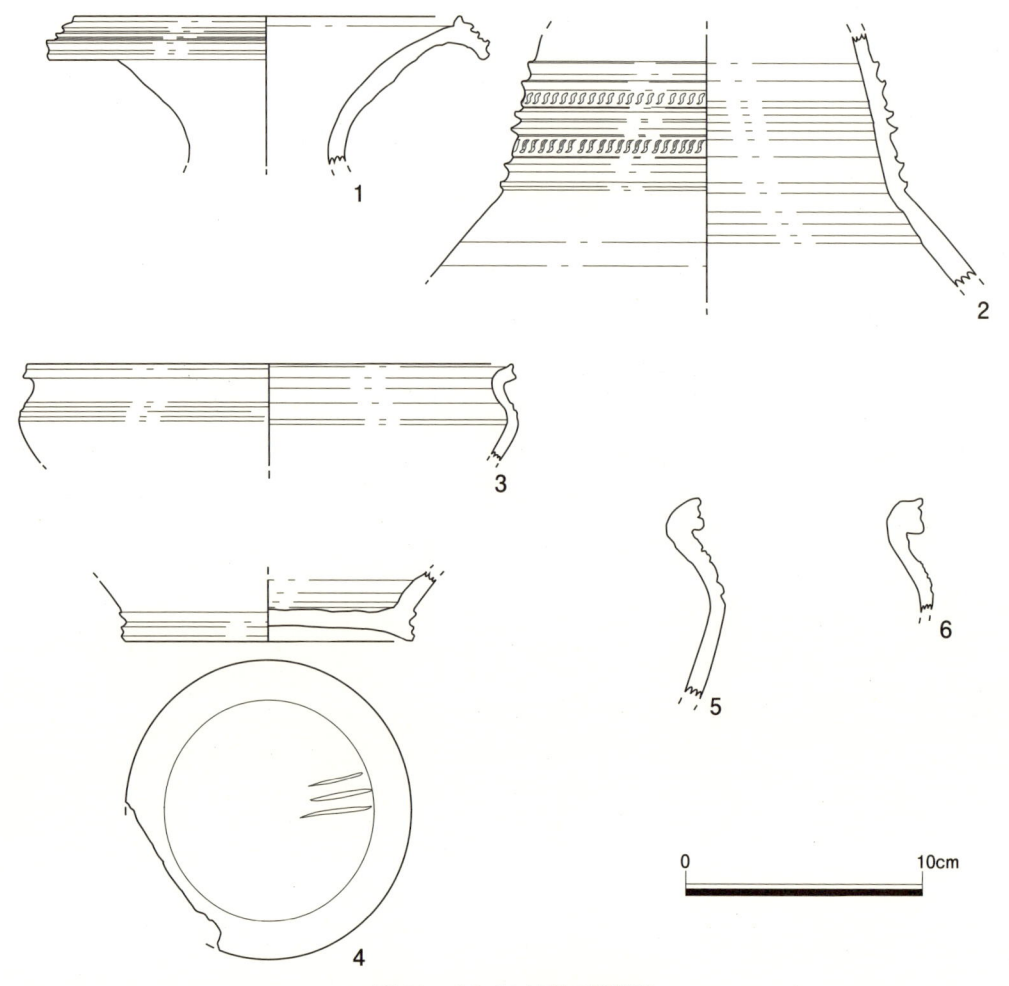

**図64 バカオン窯跡表採資料**

と考えることもできる⁽⁷⁾。また、合子に小型の製品を入れるという方法が、製品の保護というサヤ鉢としての意味をもつのかどうかという点に関しては、保護の対象になるのが小型の製品のみであり、精巧な装飾を施された合子蓋の上面に粘土塊を（釉を剥がずに）載せて重ね積みしていることから、保護の意味合いはわずかであり、むしろ限られた窯体内にどれだけの製品を入れるかという窯詰めの効率化を優先させた結果と考えられる。製品の保護という点では前述の筒形碗がそれに当てはまるだろうが、これは製品を完全に覆うというサヤ鉢の考えとは異なっている。

**クナ・ポー窯跡、バカオン窯跡**

クナ・ポー窯跡、バカオン窯跡で表面採集された資料は極少数である。バカオン窯跡は前章で述べたようにほとんど破壊されており、良好な資料を採集することが出来なかった。クナ・ポー窯跡については、窯跡の規模としてはかなり大きいと思われ、その遺存状態も決して悪くはな

かったものの、限られた時間と人員でおこなった踏査のため、採集された資料が少量となってしまった。そこで、この二つの窯跡に関してはそれぞれ特徴的な資料を記載するにとどめたい。

クナ・ポー、バカオン両窯跡で採集された資料はすべて無釉の資料であった[8]。クナ・ポー窯跡では大型瓶（図63-2）、大型壺（図63-3, 4）、棟飾り（図63-7）などが採集されている。部分的な資料のため、全体形はうかがえず、詳細な検討はおこなえないが、大型瓶、棟飾りなどは紐作りで成形し、ロクロ（回転板）で整形しているようであり、大型壺は紐作りで成形されている。また、クナ・ポー窯跡では叩き成形のための当て具と思われる資料（図63-5, 6）も採集されている。一般的に、こうしたおおきな当て具は大型壺などの成形にもちいられたと考えられるが、残念ながら同窯跡では叩きの痕跡が残る資料を得ることは出来なかった[9]。

バカオン窯跡では大型瓶（図64-1, 2）、広口甕（図64-3, 4, 5, 6）が採集されている。これらもやはり紐作りで成形し、ロクロ（回転板）で整形しているようである。両窯とも、採集された資料に数量的な限界があり、このため採集された資料以外にどのような製品を生産していたのか、あるいはしていなかったのかを判断することが難しい。今のところ採集された資料はすべて無釉の製品であり、このことは二つの窯跡の性格が（灰釉の製品を生産していた）タニ、アンロン・トム、ソサイの各窯跡とは異なる可能性があることを示唆している[10]。

**東北タイ、およびバンテアイ・メアンチェイ州の諸窯**

東北タイ、およびバンテアイ・メアンチェイ州の諸窯、すなわちコーラート高原を中心とする一帯で生産された製品の特徴は、なんと言っても黒褐釉がほどこされた資料の存在である。東北タイの諸窯はコーラート高原上に位置し、バンテアイ・メアンチェイ州の諸窯はダンレック山脈を下った平野部に位置しているという立地上の違いはあるが、現在のところ、両者で出土、採集した製品は基本的に同種のものであると考えられるため（図65, 66, 67, 写真9）同列に取り扱うこととする。

報告書に豊富に出土資料が掲載されているナイ・ジアン窯跡を中心に検討するが、ナイ・ジアン窯跡では灰釉・黒褐釉、無釉の3種が生産されていたようであり、出土した遺物は筒形合子、丸形合子、壺、碗、水注、窯道具などである。以下、報告書の記載（Fine Arts Department, Thailand 1989：60-83）を参考にしながら、その詳細を検討したい。

〈丸形合子〉（図65）

丸形合子は灰釉の資料が出土しているが、近隣のバン・クルアットでは黒褐釉が施されたものも採集されている。アンコールのものとはやや異なり球形というよりも球体が上下につぶされたような形をしている。外面には沈線が縦に施されている。合子の身に蓋の一部と思われる破片が融着している資料があることから、蓋と身をセットで焼成していた可能性がある。

〈筒形合子〉（図65）

筒形合子は、灰釉が施され、全体形はアンコールのものよりもやや丸い。高台をもつものは

第5章　クメール窯業の技術体系

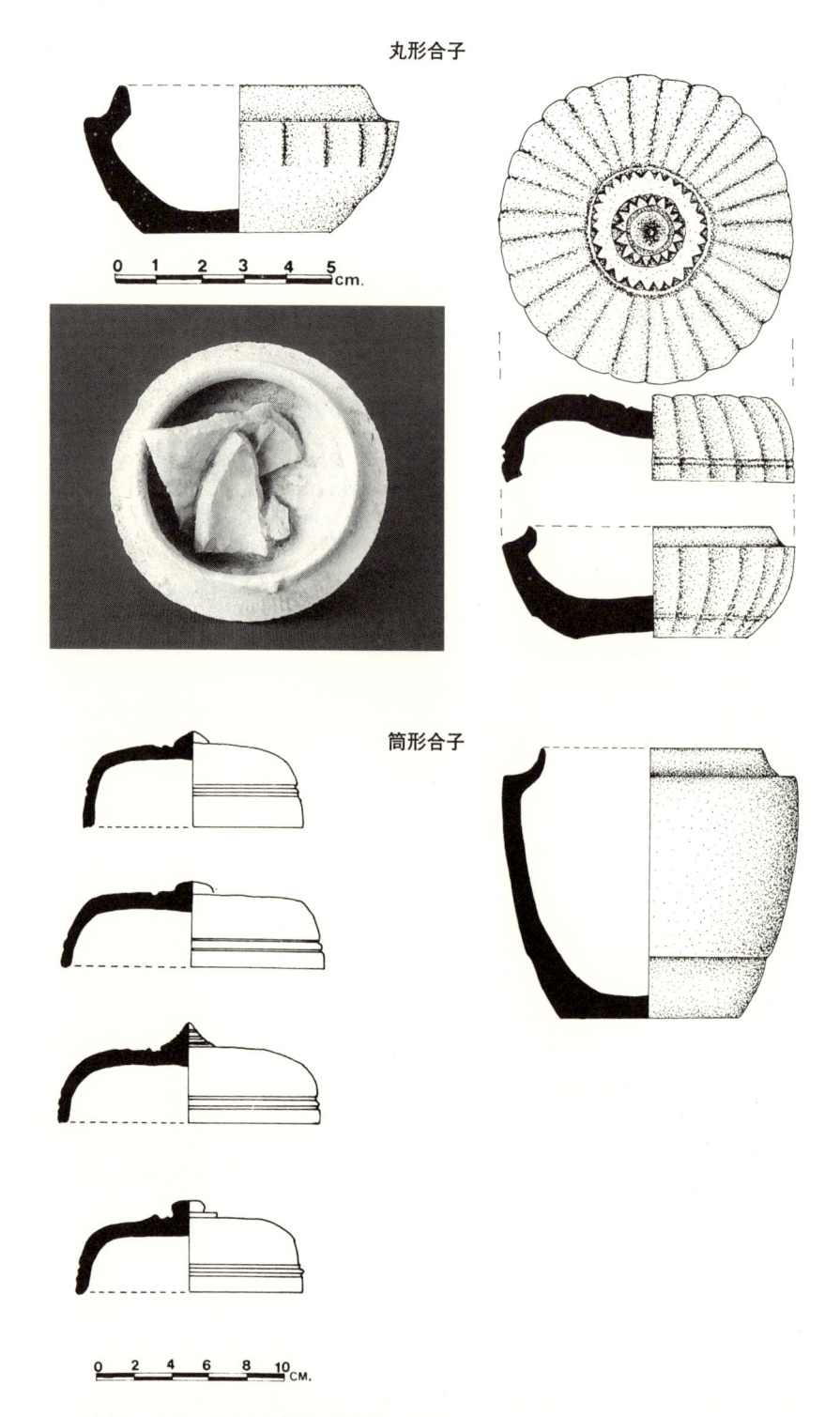

丸形合子

筒形合子

図65　ナイ・ジアン窯跡出土資料1（Fine Arts Department, Thailand 1989：63-71）

1 窯跡間の比較

瓶・壺類

図66 ナイ・ジアン窯跡出土資料2（Fine Arts Department, Thailand 1989：74-82）

すくなく、ほぼ平底である。胴部がやや曲線を描いていることと、沈線や削りなどがあまり鋭角に施されないことが全体の形状を丸く見せている。底面には沈線で窯印とおぼしき記号が施されている点はアンコールのものと同様である。また、蓋に穴があけられた資料も出土しているが、同様のもの（こちらは黒褐釉であり、合子ではない別の器種の蓋と思われるが）はバンテアイ・メアンチェイ州でも採集されている（口絵9）。

〈瓶・壺〉（図66）

灰釉、黒褐釉の資料が出土している。さまざまなバリエーションがあり、胴部がふくらみ小型のもの、脚台の付くもの、蓋の付くものなど様々である。底面にはロクロから切り離す際の糸切り痕が残るが、これは現在判明しているアンコール地域の資料には見られない特徴である。

第 5 章　クメール窯業の技術体系

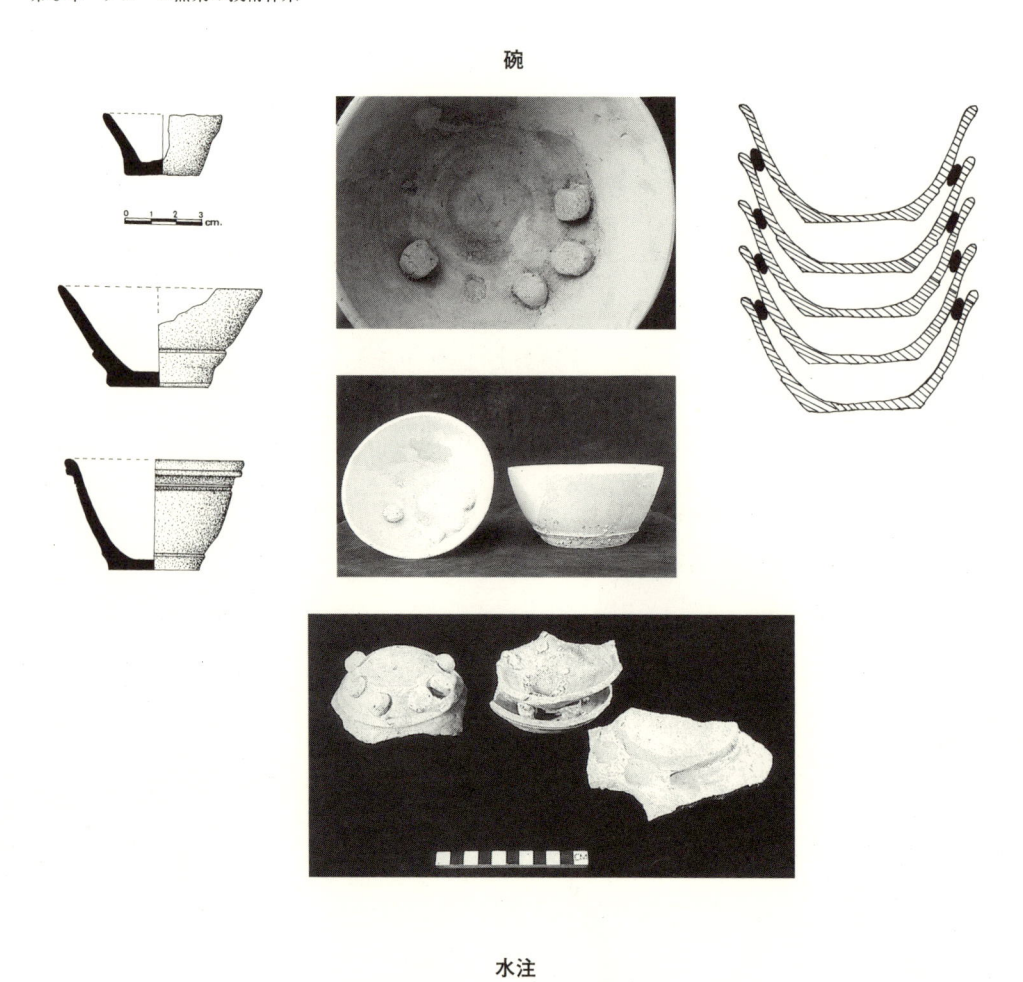

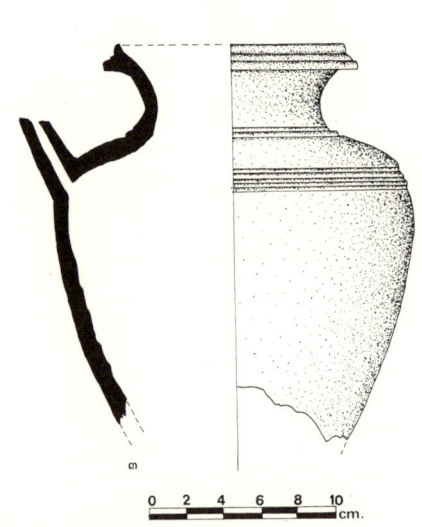

碗

水注

図 67　ナイ・ジアン窯跡出土資料 3（Fine Arts Department, Thailand 1989：74-82）

回転糸切りなのか静止糸切りなのか、報告書からは判断出来ない。

〈碗〉（図67）

　碗は高台の有無などで数種類に分類できそうである。灰釉が施されている。底面にはやはり糸切り痕が残る。5〜6個の球形の粘土塊を挟み込んだ重ね積みで焼成されている。

〈水注〉（図67）

　口縁部は広く、肩部に注ぎ口がついている。無釉であるが、茶色のスリップが施されている。出土量はそれほどおおくないようである。

**窯道具**

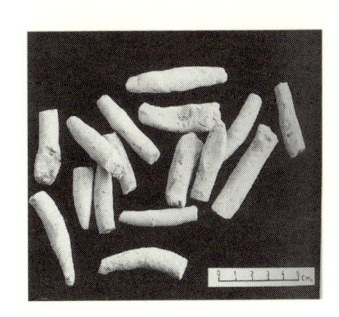

**写真9　ナイ・ジアン窯跡出土資料4**
（Fine Arts Department, Thailand 1989：74-82）

〈窯道具〉（写真9）

　粘土を球状に丸めたもの、細長い棒状のものが出土している。球形のものは碗の重ね積みに使用されているようであるが、細長い棒状のものも器種不明の製品内面に融着して出土していることから、やはり重ね積みに使用されたもののようである。

　そのほか、動物の形態を模した製品も近隣では採集されているが、これに関する情報はきわめてすくない。ただし、バンテアイ・メアンチェイ州などでも、灰釉で広口の小壺に粘土の貼り付けや沈線文、刺突文で鳥の姿を描いた資料が出土している。

## 2　クメール窯業の技術体系

　これまでの分析をふまえ、クメール窯業の技術体系を考えてみたい。第3章で検討したとおり、アンコール地域の窯跡と東北タイの窯跡では基本的な立地、構造が類似しており、横焔式地上窯であること、粘土で築いていること、細長い長方形の平面プラン、燃焼室と焼成室間の約1mの段差、傾斜した焼成室の床面、天井の支柱などが共通した要素としてあげられる。

　一方、東北タイでは窯体は竹の骨組みの上に粘土を張り付けているが、アンコール地域、す

## 第5章 クメール窯業の技術体系

くなくともタニでは竹を補助材に使わない。また、窯の改築／増築の際に古い窯の壁を共有する（窯体の横に増設する）のに対し、アンコール地域では古い窯の上に新しい窯を築くなど、築窯技術に明確な差異があることがあきらかになった。さらに、本章前半で検討したとおり、東北タイとアンコール地域では黒褐釉を生産する／しないというおおきな違いがある上に、アンコール地域内の諸窯でもその製陶技術に変異があることがあきらかとなった。したがって、現在判明しているクメール陶器窯は、コーラート高原を中心とする一帯とアンコール地域では技術体系が異なることになる。そこで本章後半では、これまでの分析を通して得られた知見をもとに、クメール陶器の生産モデル構築を試みたい。

### アンコール地域

アンコール地域の諸窯、すなわちタニ、アンロン・トム、ソサイ、クナ・ポー、バカオンの各窯跡は、第3章で検討したとおりに、アンロン・トム窯跡がプノン・クーレンという台地上に位置する他はすべて平野部に位置している。また、発掘調査はタニ窯跡群でしかおこなわれていないが、残存するマウンドの形態等からアンロン・トム以外の各窯は基本的な構造が類似していると推察される。一方、製陶、焼成にかかわる技術で比較すると、アンロン・トムとタニは成形、素材の選択と施釉法、加飾の原理などは共通するが、焼成技術は明確に異なる。ソサイ窯は成形、素材の選択と施釉法、加飾の原理などはアンロン・トム、タニと共通し、また焼成技術もアンロン・トムと非常に近いものがあるが、器種でみるとタニと共通するものもあり、また釉薬と胎土の使い分けはタニにちかいため、ちょうど両者の中間的な様相をもつ。したがって、アンコール地域では施釉、とくに灰釉の製品を生産の主軸としながら、アンロン・トム系、タニ系という二つの技術体系を設定でき、ソサイは大枠ではアンロン・トム系に属しながらタニと共通する要素もあり、中間的なものと位置づけられる。

図68はこれまでの議論をふまえて作成したアンコール地域の窯業技術体系の模式図である。この図ではバカオン窯跡、クナ・ポー窯跡の位置づけがなされていないが、これは前述のとおり採集された資料に数量的な限界があり、詳細な検討が難しいためである。そのためこれは基本的に灰釉陶器を生産した窯の体系であり、今のところ無釉陶器のみを生産したと考えられている窯はこのモデルから除外せざるを得なかった。バカオン、クナ・ポーともに採集された資料はタニ出土のものに類似しているように見受けられるため、タニの系列にちかいという予測がたてられるが、タニ系とアンロン・トム系のもっともおおきな違いであった焼成技術が不明であるため、ここではあくまでも仮の位置づけとしたい。

### コーラート高原

コーラート高原を中心とする諸窯は、バンテアイ・メアンチェイ州の窯跡の調査精度が低いためにアンコール地域のようなモデル化が難しいのが現状である。そのため、ここではアンコー

## 2 クメール窯業の技術体系

|  | アンロン・トム | ソサイ | タニ |
|---|---|---|---|

**築窯**
- 斜面を利用した横焔式地上窯
- 粘土で築窯、細長い長方形の平面プラン、燃焼室と焼成室間の約1メートルの段差
- 傾斜した焼成室の床面、天井の支柱
- 古い窯の上に新しい窯を築く（タニ）

- マウンドの上に築かれた横焔式地上窯
- 粘土で築窯、細長い長方形の平面プラン、燃焼室と焼成室間の約1メートルの段差
- 傾斜した焼成室の床面、天井の支柱
- 古い窯の上に新しい窯を築く（タニ）

**素材の選択**
灰釉か無釉かによって白色系胎土と赤色系胎土を使い分ける

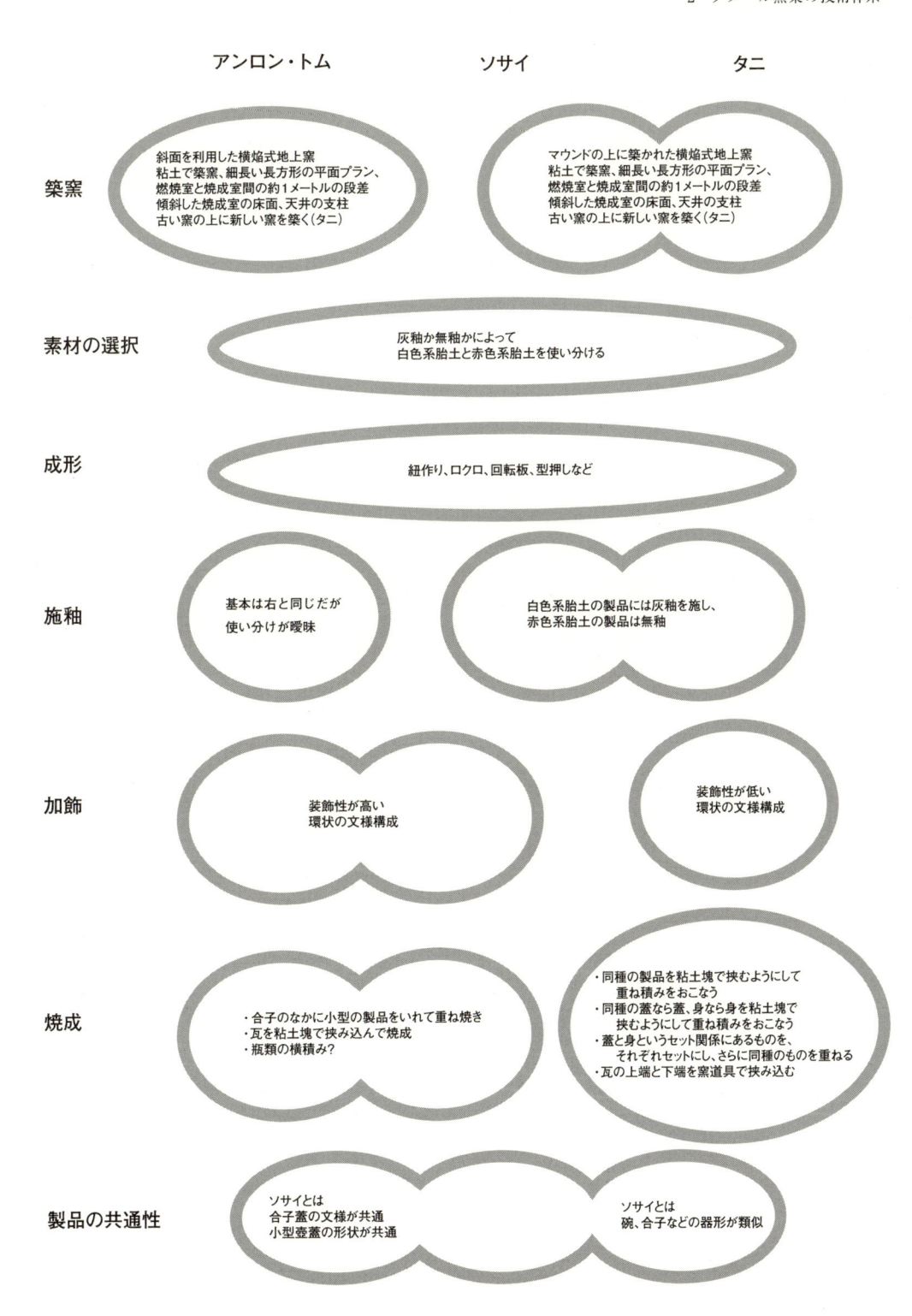

**成形**
紐作り、ロクロ、回転板、型押しなど

**施釉**
- 基本は右と同じだが使い分けが曖昧
- 白色系胎土の製品には灰釉を施し、赤色系胎土の製品は無釉

**加飾**
- 装飾性が高い環状の文様構成
- 装飾性が低い環状の文様構成

**焼成**
- 合子のなかに小型の製品をいれて重ね焼き
- 瓦を粘土塊で挟み込んで焼成
- 瓶類の横積み？

- 同種の製品を粘土塊で挟むようにして重ね積みをおこなう
- 同種の蓋なら蓋、身なら身を粘土塊で挟むようにして重ね積みをおこなう
- 蓋と身というセット関係にあるものを、それぞれセットにし、さらに同種のものを重ねる
- 瓦の上端と下端を窯道具で挟み込む

**製品の共通性**
- ソサイとは合子蓋の文様が共通、小型壺蓋の形状が共通
- ソサイとは碗、合子などの器形が類似

図68　アンコール地域の窯業技術体系

## 第5章 クメール窯業の技術体系

ル地域と比較してどのような差異がみられるのかを検討してみることにする。

　まず築窯技術であるが、横焔式地上窯であること、粘土で築いていること、細長い長方形の平面プラン、燃焼室と焼成室間の約1mの段差、傾斜した焼成室の床面、天井の支柱などは共通する要素であり、これをもってクメール陶器窯の築窯技術の基本類型とすることが出来る。一方、東北タイでは窯体は竹の骨組みの上に粘土を張り付けており、窯の改築／増築に古い窯の壁を共有する（窯体の横に増設する）という違いがある。

　素材の選択であるが、報告書および筆者の実見によれば、やはり白色系胎土と赤色系胎土の二者が使われており、灰釉の製品には白色系粘土が、無釉や黒褐釉の製品には赤色系胎土[11]が使用されているようである。また、L. コートの研究にあるように、おそらく東北タイ産とおもわれる灰釉と黒褐釉を掛け分けた製品では、灰釉部分には白色系胎土、黒褐釉部分には赤色系胎土を使用しており（コート 2002：142）、釉薬と素材の組み合わせを一層注意深くおこなっているのが見て取れる。

　成形に関しては、もちいる技術はアンコールのものと基本的に同種と考えられる。ただし、アンコールと同じ器種に同じ技術がもちいられていたかどうかは不明である。また、ナイ・ジアン窯跡出土資料ではロクロから切り離す際の糸切り痕が残る資料がおおいようであるが、アンコールのものはロクロ成形と考えられる資料でも底面には糸切り痕はみられない。

　施釉に関する明確な差異は言うまでもなく黒褐釉の存在である。残念ながら、東北タイ出土のすべての資料を調査したわけではないため確かなことは言えないが、黒褐釉の製品は壺類におおいようである。また、釉薬と胎土の関係についてはすでに述べたとおりである。

　加飾に関しても多くを語ることは出来ないが、アンコール地域での資料からあきらかになった環状の文様帯構成などは壺類の口縁部などに認められる。しかし、動物の形態を模した資料などは、まったく別種の文様構成原理をうかがわせ、加飾に関しては別種の技術体系である可能性が強い。また、アンコール地域の合子類で認められる蓮弁のモチーフもすくないようである。

　焼成技術、とくに窯詰め法に関しては、ナイ・ジアン窯跡の発掘などであきらかになっているのは碗の重ね積み法のみである。これは粘土塊を挟み込むようにして碗どうしを重ねてあり、その点ではアンコールと同種の技術といえる。しかし、ナイ・ジアンで出土する粘土塊は球形をしており、粘土塊をただはりつけたアンコールのものとは若干の差異も認められる。さらに、細長い棒状の窯道具も重ね積みのために使用されており、これもアンコールとは異なる技術体系といえる。

　生産された製品のバリエーションもかなり異なっているといえる。アンコールと共通する器種である合子、碗類についても型式学的な差異はあきらかである。また、瓶類のバリエーションも多く、いわゆるバラスター壺などが生産されている。そのほか石灰壺と報告されることのおおい動物を模した器種などもアンコール地域の窯には1点も見られないものである。無釉の製品については報告例がすくないため判断出来ない。

## 小　結

　以上、タニ窯跡群以外の窯跡出土資料、表面採集資料をタニと比較することによってそれぞれの窯跡の性格をあきらかにし、窯ごとのクメール陶器の生産技術の復元をおこなった。さらにこれまでの分析結果を統合し、クメール陶器の生産モデル構築をおこなったが、大きく二つの技術体系、すなわちアンコール地域の諸窯とコーラート高原を中心とした諸窯というおおきな体系と、それぞれが内包する小体系（各窯跡）という図式を提示することができた。次章ではこれらの技術体系と編年的データおよび近隣地域との比較を通じ、アンコール朝における窯業技術の成立と展開を論じたい。

　註
（1）意図的に生産されていない場合、赤色系胎土の上に半透明の灰釉を掛けてしまったため、あるいは焼成中に急激に冷却されたために黒色の製品が出来てしまった可能性もある。釉薬の成分分析は将来の課題である。
（2）もっとも、アンロン・トムの資料でも個々の文様は沈線、削り出しによる隆帯、刺突文などから構成されており、文様の構成要素としてはタニと同類である。
（3）広口甕については、アンロン・トム窯跡では残念ながら良好な資料が出土しなかったため検討できなかった。
（4）個人コレクションやアンティークディーラー、盗掘の押収品については以前からその存在はしられていたが、本書では取り扱わない。
（5）無論前述のとおり、小型瓶に筒形碗を被せるという窯詰め法も想定できるが、これは合子の身に入りきらない大きめの製品に対しておこなわれたのではないだろうか。
（6）もちろん、これまでのタニ窯跡群発掘調査で出土しなかったからといって、将来、タニで津田が用いた資料と同種の資料が出土する可能性は否定出来ない。しかし、現段階では津田のもちいた資料にもっとも近い（写真で判断する限りはまったく同種の）資料はアンロン・トムとソサイでしか発見されていない。
（7）津田の提唱した横積み法に関しては、クメール灰釉陶の起源を考えるうえで非常に重要な問題であると野上建紀は指摘するが、これについては次章で取り上げたい。
（8）2003年にクナ・ポー窯跡を訪れたプノンペン王立芸術大学の学生が、灰釉が施された小破片を1点採集している。器形は不明である。この資料だけでクナ・ポー窯で灰釉陶器が生産されたと断言するのは難しいが、可能性は否定出来ない。同窯跡発掘調査成果に期待したい。
（9）成形後にナデ調整などを施せば叩き痕は消えるので、これをもって叩き成形がおこなわれなかったとするわけにはいかない。資料の蓄積を待ち、あらためて検討する必要があろう。
（10）クナ・ポー窯とバカオン窯では現在発掘調査がおこなわれており、この成果を待ってあらためてその製品と性格について考えてみたい。
（11）誤解をさけるためにあらためて指摘しておくが、赤色系胎土は第4章でも述べたとおり暗赤褐色～暗灰色まで変移する胎土で、粒子が粗いのが特徴である。したがって胎土色は必ずしも赤一色になるわけではない。

# 終章　アンコール朝における窯業の成立と展開

　前章までの議論でクメール陶器の生産技術体系がどのように理解されうるのかをあきらかにしてきたが、本章では最終的な議論として、アンコール朝における窯業技術の成立と展開について通史的に検討してみたい。まず予備的作業として資料の年代的位置づけをおこない、つぎにクメール窯業技術の成立、展開、終焉という各ステージでのそれぞれの問題点を指摘、議論することでクメール陶器とその生産システムを東南アジア窯業史のなかに位置づけ、本論の最終的な結論としたい。

## 1　クメール陶器の年代的位置づけ

　陶磁器の生産・流通・消費の各問題を扱う際、資料の正確な年代観が問題になるのは第1章でも述べたとおりである。しかしこれまでのクメール陶器研究では、信頼に足る層位学的データが乏しいため、体系的なクメール陶器編年が構築されてこなかった。本書ではこれまでクメール陶器の技術的側面に焦点をあてて論を進めてきたが、やはり年代の問題は避けて通ることができない。たとえ消費地での層位学的考察による体系的な編年構築が現状では難しいとはいえ、これまでに検討した資料の年代観をある程度示す必要がある。

　そこでまず従来の様式論的研究による編年を再検討し、さらに近年の調査で年代を考察しうる定点資料としてアンコール・ワット西参道、バンテアイ・クデイ、プラサート・バン・プルアンなど各遺跡出土資料を紹介したい。そのうえで、タニ窯跡とアンロン・トム窯跡での放射性炭素年代測定の結果をふまえ、各窯跡の年代的位置づけを考察し、これを将来の編年構築へ向けての叩き台としたい。

### 様式論的研究によるこれまでの年代的位置づけ

　これまでに何度か述べたとおり、これまでクメール陶器の年代観についてもっとも影響力のあったのはB. P. グロリエによる編年である。彼は自身の調査成果をもとにクメール陶器の年代を幾つかの時期に区分し、それぞれの特徴を述べている。グロリエの編年案の詳細と評価については第1章を参照していただくとして、ここでは従来の様式論的年代研究からタニ窯跡の年代がどのように考えられるのかを検討したい。これまでの研究の基本となってきたグロリエの編年案であるが、その要点を列挙すると次のとおりとなる。

終章　アンコール朝における窯業の成立と展開

1. プレ・アンコール期‥‥6世紀末～8世紀末
   器種：甕、水注、壺等
   特徴：すべて土器であり、大型。胎土色は明黄色から淡黄褐色。窯の使用に関しては懐疑的。
2. 誕生期‥‥インドラヴァルマンⅠ世（877～889年）
   器種：碗、小型の瓶（盤口瓶）、小型の平形・筒形合子。
   特徴：施釉陶器と施釉瓦が出現した時期。胎土はくすんだ白色を呈し、堅く、良く精製。半透明の釉薬は薄く、亀裂がない。色調は乳白色からかなり明るい麦わら色、あるいは中国茶の緑色まで変化。
3. 揺籃期‥‥ヤショヴァルマンⅠ世（889～ca. 910年）～ジャヤヴァルマンⅤ世（968～1001年）
   器種：前段階のものを踏襲し、さらに丸形合子、脚台付壺などが加わる。
   特徴：良く精製されて緻密な、灰色に焼き上がる胎土が現れる。釉薬はより厚く、なめらかで良く胎土となじんでいる。リドヴァン陶器が現れる。黒褐釉をこのリドヴァンから派生したものであるとし、その出現を10世紀末とする。
4. 青年期‥‥スールヤヴァルマンⅠ世（1002～1050年）
   器種：10世紀末より黒褐釉が出現し、器種も増加する。黒褐釉のバラスター壺、動物形態器が出現。
   特徴：灰釉陶器は胎土がほぼすべて灰色で緻密なものとなる。リドヴァン陶器は姿を消す。クーレン・タイプの小型の平形合子も姿を消している。
5. 発展期‥‥ウダヤーディティヤヴァルマンⅡ世（1050～1066年）
   器種：すでに存在する器種に様々な変化が加えられる。小型の筒形合子、脚台付きの壺の新たな器形が登場。
   特徴：黒褐釉の質感・色調が多様化する時期である。灰釉と黒褐釉の二色釉陶器も出現。
6. 結晶期‥‥ジャヤヴァルマンⅥ世（1080～1107年）
   器種：器種的には前段階のものを継承するが、装飾技法としてはより沈線文を多用する。
   特徴：二色釉は非常にすくなくなり、明るい釉薬（灰釉）が頸部と肩部全体に広がる傾向がある。黒褐釉がミニチュアを含むすべての製品のなかで支配的になり、様々な釉調がみられる。
7. 古典期‥‥スールヤヴァルマンⅡ世（1113～ca. 1150年）
   器種：器種の増加はほとんど見られない。注口付きの水注はほとんど見られなくなる。鳥形の注口付き扁平壺、人面装飾付きヒョウタン形壺もこの時期に特徴的なものである。
   特徴：黒褐釉が完全に主流を占め、灰釉は蓋付き壺（合子）に限られる。化粧土の上に黒褐釉が施されるが、釉はしだいに薄くなる。小型のものはほとんどすべてが黒褐釉である。
8. 終末期‥‥ジャヤヴァルマンⅦ世（1186～1218年）～15・6世紀
   器種：器種は減少し、灰釉陶器では納骨器と考えられる筒形合子のみとなる。バラスター壺、

壺、甕、扁平壺、球形の小壺、象形の動物形態器など。

特徴：二色釉は見つかっていない。黒褐釉は光沢がなく厚くなる。この時期以降、おそらく施釉瓦のみは 16 世紀まで作り続けられたのではないかとされている。

彼の編年は、寺院の建設年代とそれを建立した王の治世をもとに画期を設定し、それぞれの画期にどのような器種が現れ、あるいは消滅するのかという点と、釉薬の色調がどのように変化するのかという点とが基礎となっている。しかしクメール陶器はひとつの窯出土資料ですら釉薬の色調の変化がおおきく、釉薬の色調の細かい変化を編年上の基準とするのは難しい。

またグロリエの編年案では 10 世紀末以前は灰釉陶器だけがみられ、それ以後は黒褐釉も現れてくるとされるが、こうした編年上の位置づけは彼のもちいた資料の追認調査が困難な現在、将来の遺跡発掘例の増加をもってあらためて検討する必要がある[1]。このことはグロリエの年代観を踏襲した R. ブラウンの年代観（Brown 1988：50-54）にも当てはまる。

いくつかの問題点と現状での検証不可能性を抱えながらも、グロリエの年代観はこれまでのクメール陶器の年代を考えるうえでのおおきな指標になってきたのは事実であり、L. コートはタニの年代について、従来のグロリエの説に従うのであれば、タニでは灰釉陶器と無釉陶器だけを生産していて黒褐釉が見られないことから、古くても 10 世紀中頃で 11 世紀後半より新しくなることはないだろうと指摘している（コート 2002：137）。また、タニ窯跡群 A 6 号窯跡の報告書では、タニの年代について 10 世紀前半の可能性があるとされている（独立行政法人文化財研究所奈良文化財研究所 2005：105）。

このほかにも津田武徳がタニの年代を推定しているが、彼はタニ窯跡出土資料と中国陶磁との比較から上限年代を推定している。津田は、中国陶磁、とくに広東省の製品（広州西村窯）と類似するタニ窯の製品は、互いに酷似した異なる産地の製品にはさほど時期差はなくほぼ同時期と考えてよいとする仮定を立てたうえで、タニにみられる灰釉陶器の上限を 10 世紀後半としている。また、年代の下限についてはグロリエの編年案を参考に 11 世紀後葉ではないかとしている（津田 1999：124）。

このように、グロリエの様式論的編年案をもとにしたタニの年代は、1) 10 世紀中頃から 11 世紀後半（コート）、2) 10 世紀前半（奈良文化財研究所）、3) 10 世紀後半から 11 世紀後葉（津田）という推定がなされている。ただし、年代の上限については津田の研究のようにグロリエとは別の基準から検討されているものもあるが、下限についてはいずれもグロリエの年代観のおおきなポイントである黒褐釉の出現をもって推定しているため、彼の編年案が確認されない限り検証は難しい。したがって従来の研究からタニに与えうる年代としては、10 世紀代を中心としたものであるとしかいえないだろう。

終章　アンコール朝における窯業の成立と展開

**消費地出土資料**

つぎに、タニの製品とは直接に関係しないが近年の消費地での研究であきらかになりつつあるクメール陶器の年代観について検討したい。

〈プラサット・バン・プルアン〉

プラサット・バン・プルアン（Prasat Banphluang）は東北タイ、スリン県に所在するクメール寺院である。1972年より75年までアメリカ人建築家V. チルドレスによって修復がおこなわれた。修復にともない多数の陶磁器片が出土したが、これらはR. ブラウンが整理し、両者の連名で報告が出版されている（Childress and Brown 1978）。プラサット・バン・プルアンは正式な報告書が刊行されておらず、ブラウンが紹介した資料がこれまでのところ我々の知りうる唯一の資料と

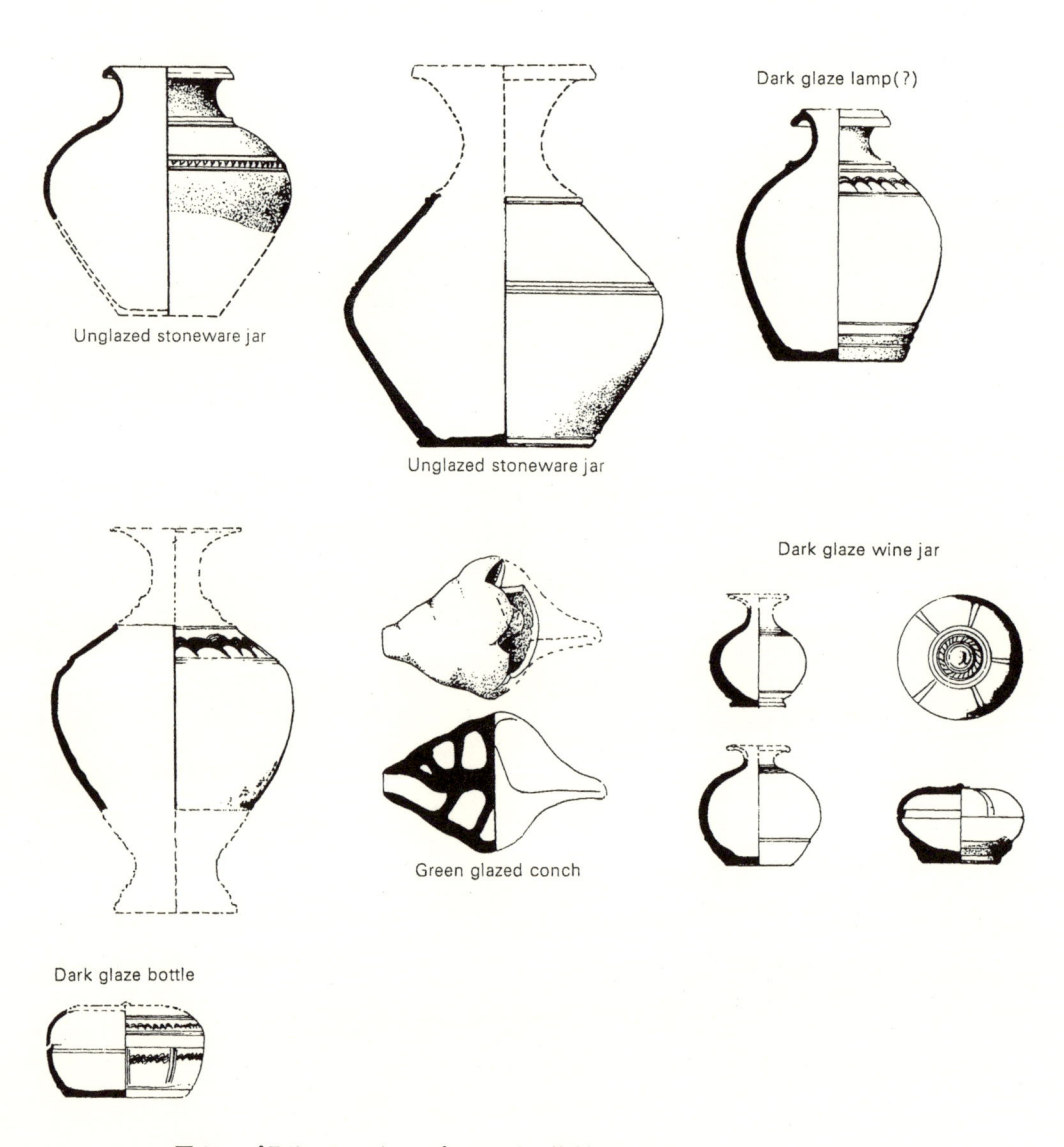

図69　プラサット・バン・プルアン出土資料（Childress and Brown 1978：68-73）

# 1 クメール陶器の年代的位置づけ

なっている。

プラサット・バン・プルアン出土資料は土器、無釉陶器、灰釉陶器、黒褐釉陶器であり、器種としては瓶、コンク[2]、碗、壺、甕類などである。また中国陶磁器では青白磁合子なども出土している（図69）。ブラウンは寺院の年代（バプーオン～アンコール・ワット期）からこれらの資料は1050から1150年、すなわち11世紀中頃から12世紀中頃までの資料であるとしている。修復にともなう発掘では10cm刻みで掘削をおこなったようであるが、残念ながら遺物の詳細な出土状況や層位学的所見から年代を推定することが困難であったため、建築物の年代観から遺物の年代を推定している（Childress and Brown 1978：71）。したがってこれらの遺物が建築物の創建にともなうのか、それ以降の時代に含まれるのか判断が難しい。

〈アンコール・ワット西参道〉

アンコール・ワット（Angkor Wat）はアンコール地域を代表するクメール建築のひとつであるが、現在その西参道の修復工事が上智大学アンコール遺跡国際調査団の手によっておこなわれている。1998年の西参道基礎構造調査が実施された。調査にともない、計5段（1段30cm）のラテライトが敷かれていることがあきらかになり、上から3段目以降5段目までに堆積する土中（現在の環濠内）に遺物が多量に含まれていた。出土遺物は陶磁器類と金属製品、石製品であった。陶磁器類は、丸瓦、平瓦、軒丸瓦、壺・甕類など無釉ないしは黒褐釉のクメール陶器と中国青白磁、青磁片である。黒褐釉の壺・甕類には比較的大型の破片がおおく、所謂バラスター壺の底部片なども見受けられる（口絵10）。

これらの出土遺物が西参道崩落にともなう資料であるとするならば、アンコール・ワットの創建推定年代から下限が12世紀前半の資料と見なせるが、調査時の所見では遺物包含層は西参道および環濠の構築以降の堆積である可能性が高いため[3]、遺物の年代は12世紀前後の資料と見なしたほうがよいだろう。

〈バンテアイ・クデイ〉

バンテアイ・クデイ（Banteay Kdei）はアンコール遺跡群のひとつであり、12世紀末から13世紀初頭、ジャヤヴァルマンVII世の治世下に建立されたと考えられている仏教寺院である。上智大学アンコール遺跡国際調査団によって継続的に発掘調査がおこなわれている遺跡であ

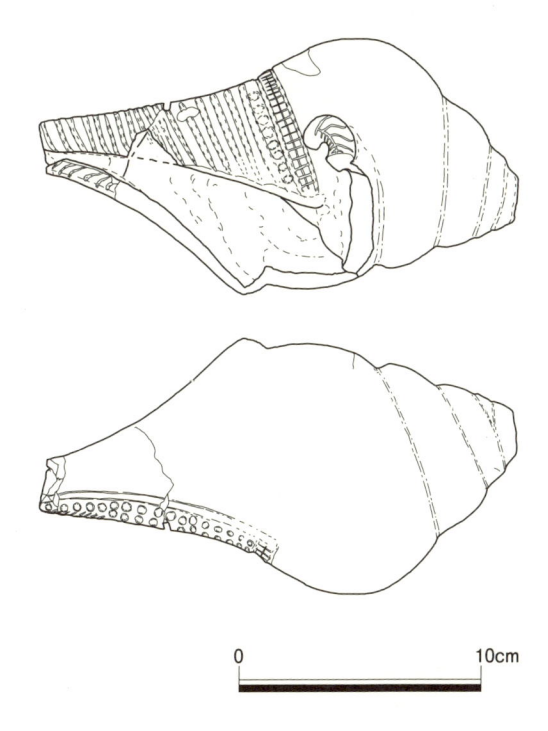

図70　バンテアイ・クディ出土資料

り、膨大な量の遺構、遺物が確認されている。そのおおくは現在整理中であるが、2001年には小祠堂D11周辺より、274破片の仏像が出土した仏像埋納坑（登録番号DU04）が発見され、急遽その報告書が刊行された（上智大学アジア文化研究所 2002）。

図70は仏像埋納坑DU04上部土層より出土したコンクである。巻貝の内部構造まで模してあり、灰釉と黒褐釉の二色釉を掛け分けている。DU04の報告書ではその築造時期について、仏像が破壊されたと推定している13世紀半ばから末にかけての頃と大差ないものとしているため（丸井 2002：56）、本資料は13世紀前後の資料として位置づけられる。

**放射性炭素年代測定資料**

次に、放射性炭素年代測定法により測定された年代について述べてみたい。放射性炭素年代測定法（以下 $^{14}C$ 年代測定法）は動植物の生命活動によって作られた有機物を試料として年代を決定する手法である。窯跡調査での $^{14}C$ 年代測定は通常窯体の焚口などで得られた炭化材を試料としてもちい、製品そのものを試料として年代を測定するわけではない。

クメール陶器窯での年代測定については、これまで東北タイの窯跡発掘調査に際し、$^{14}C$ 年代測定がおこなわれてきた。

第3章でもとりあげたコック・リン・ファー窯跡では、焼成室内より採集された炭化物が、710±110B.P.（1130〜1350 AD）、1040±140B.P.（770〜1050 AD）という年代（Office of the Atomic Energy for Peace 測定）をもつことが報告されている（Khwanyuen 1985：145）。また、ナイ・ジアン窯跡では、1160±50B.P.（740〜840 AD）、1030±50B.P.（870〜970 AD）、610±70B.P.（1270〜1410 AD）という年代が報告されている（Srisuchat and Srisuchat 1989）。

このことからT.スリスチャットは東北タイでの窯は古ければ8世紀末に構築され、陶器生産は14世紀初頭ころまで続き、スコータイ朝の登場とともに、スワンカロークへ移っていくとの見解を示し、またこれら東北タイの陶器をBuriram Ceramicsと呼ぶことを提唱している（ibid.）。

$^{14}C$ の年代を見る限り、確かに東北タイの窯跡の年代は古ければ8世紀末までさかのぼることになる。しかしこれらの年代は測定法、サンプリング法、暦年較正の有無などが示されていない。近年の $^{14}C$ 年代測定法、較正年代の算出法の進化は著しく、20年ほど前の分析結果をそのまま窯の年代と認めるには無理がある。可能であればあらためて測定し直す必要がある。先駆的な業績として評価できるものの、現状ではこの年代値は保留としておきたい。

アンコール地域ではタニ窯跡とアンロン・トムの発掘調査時に炭化材が採取され、分析がおこなわれている。タニでは窯体の焚口および物原から出土した複数の炭化材が年代測定用サンプルとして採取されているが、これらのサンプルのうち2点を試料とし、パリノ・サーヴェイ株式会社および東京大学放射性年代測定室の協力のものとに $^{14}C$ 年代測定をおこなった。サンプルは微量であったためAMSによる測定をおこない、OxCalv3.5による暦年較正をおこなった。その結果は表3のとおりである。

表3　タニ窯跡での $^{14}C$ 年代測定結果

| 採集位置 | 測定値（B. P.） | 補正値（B. P.） | 誤差（1σ） | 誤差（2σ） | Code.No. |
|---|---|---|---|---|---|
| B04 焚口（c 直上） | 1020 ± 60 | 1000 ± 60 | 970 B. P. ～ 890 B. P. (41.0%) | 1060BP～1020 B. P. (3.9%) | Tka-12541 |
| | δ $^{13}C$（‰）- 26.6 | | 870 B. P. ～ 790 B. P. (27.2%) | 1010BP～760 B. P. (91.5%) | |
| 物原 T3h 甕集中部下粘土層 | 1110 ± 60 | 1080 ± 60 | 1060 B. P. ～ 930 B. P. (68.2%) | 1180BP～910 B. P. (94.4%) | Tka-12542 |
| | δ $^{13}C$（‰）- 27.2 | | | 810B：～ 790 B. P. (1.0%) | |

註：採集位置・層位名は調査時のもの、$^{13}C$ 濃度の算出は標準試料 PDB を基準としている。

表4-1　アンロン・トム窯跡での $^{14}C$ 年代測定結果

| 番号 | 遺構種別 | 位置 | 種類 | 補正年代 B. P. | δ $^{13}C$（‰） | 測定年代 B. P. | Code No. | Measurement No. |
|---|---|---|---|---|---|---|---|---|
| 1 | 1号窯 | 焚口床面直上 | 炭化材 | 1,070 ± 30 | −29.56 ± 0.58 | 1,150 ± 30 | 9597-1 | IAAA-62625 |

1) 年代値の算出には、Libby の半減期 5568 ± 30 年を使用。
2) B. P. 年代値は、1950 年を基点として何年前であるかを示す。
3) 付記した誤差は、測定誤差 σ（測定値の 68％ が入る範囲）を年代値に換算した値。

表4-2　暦年較正結果

| 試料名 | 補正年代（B. P.） | | 暦年較正年代（cal） | | 相対比 | Code No. |
|---|---|---|---|---|---|---|
| 1 | 1,070 ± 27 | σ | cal AD 903 - cal AD 914 | cal B. P. 1,047 - 1,036 | 0.163 | Dec/92 |
| | | | cal AD 969 - cal AD 1,015 | cal B. P. 981 - 935 | 0.837 | |
| | | 2 σ | cal AD 896 - cal AD 923 | cal B. P. 1,054 - 1,027 | 0.211 | |
| | | | cal AD 939 - cal AD 1,020 | cal B. P. 1,011 - 930 | 0.789 | |

1) 計算には、RADIOCARBON CALIBRATION PROGRAM CALIB REV5.01（Copyright 1986-2005 M Stuiver and PJ Reimer）を使用。
2) 計算には表に示した丸める前の値を使用している。
3) 1桁目を丸めるのが慣例だが、暦年較正曲線や暦年較正プログラムが改正された場合の再計算や比較がおこないやすいように、1桁目を丸めていない。
4) 統計的に真の値が入る確率は σ は 68％、2 σ は 95％ である。
5) 相対比は、σ、2 σ のそれぞれを 1 とした場合、確率的に真の値が存在する比率を相対的に示したものである。

　タニでの年代測定では、物原採取の炭化材はその由来に関して疑問が残るし、確実に焚口から採取された（したがって窯の操業にともなうと考えられる）試料についても1点のみの測定値から得られた年代をそのまま窯の年代とするわけにはいかない。しかし、両試料の暦年代はともに10世紀前後の確率がたかく、前節で考察した様式論的研究から導き出された結果と調和的である。したがって、上記の分析結果は基礎データのひとつとして提示するに値すると思われる。
　アンロン・トムでは窯体の焚口から複数の炭化材が年代測定用サンプルとして採取されている。これらのサンプルのうち1点を試料とし、パリノ・サーヴェイ株式会社および株式会社加速器分析研究所の協力のものとに測定をおこなった。測定は AMS 測定をおこない、暦年較正は RADIOCARBON CALIBRATION PROGRAM CALIB REV5.01 をもちいた。
　これまでプノン・クーレン丘陵上にアンコール時代初期のものと考えられる寺院が存在して

いたことから、アンロン・トムの年代は漠然と9世紀にさかのぼるのではと考えられてきた。表4が分析結果であるがアンロン・トム試料の暦年較正値はcalAD903-1015である。これも1点のみの測定値から得られた年代をそのまま窯の年代とするわけにはいかない。また、正式な報告は未刊行であるが、アンロン・トムの窯跡調査を筆者とほぼ同時期におこなっていたシンガポール大学とアンコール地域遺跡整備機構の調査でも$^{14}$C年代測定が試みられており、その結果は11世紀から12世紀という暦年校正値が得られているようである[4]。

シンガポール大学チームの年代測定値と今回得られた10世紀初頭から11世紀初頭という値とは100年近くの開きがあるが、アンロン・トム窯跡は第3章で検討したように立地が特殊であり、プノン・クーレンという盾状台地の内部のみに製品を供給していた可能性が高いため、こうした年代の幅はアンロン・トム窯の操業年代の幅を反映している可能性が高い。

**窯跡の年代的位置づけ**

ここまでの議論をふまえると、窯跡、とくにタニ窯跡の年代はどのように位置づけることができるだろうか。

前説で検討したとおり、タニの年代はグロリエの様式論的編年案をもとにすると10世紀初頭から11世紀後葉と幅があり、そのなかでもとくに10世紀代の可能性が高そうである。また$^{14}$C年代の暦年較正値ではタニB4窯跡焚口採集の炭化物が1000±60B.P.（950±60 AD）という値を得ている。したがってタニの年代は、従来の研究成果をふまえ（$^{14}$C年代のサンプルは将来もうすこし増やす必要があるものの）、現状では10世紀中頃を考えておきたい。

それでは、アンコール地域の他の窯跡の年代はどのように考え得るのであろうか。タニだけでなく他のアンコール地域の窯跡出土資料と完全に同じものがアンコール遺跡群から出土したという報告はいまのところない。また発掘調査の事例がすくなく、それぞれの資料の年代決定を難しくしている。

そこで別の観点から窯の年代を考えてみたい。前章での議論から、アンコール地域においては施釉、灰釉の製品を生産の主軸としながら、アンロン・トム系、タニ系という二つの技術体系を設定し、ソサイは大枠ではアンロン・トム系に属しながらタニと共通する要素もあり、中間的なものと位置づけた。詳細については本章後半でのべるが、タニ〜アンロン・トム間というかなり狭い地域（タニとアンロン・トムの直線距離は約30kmしかない）で、異なる技術集団が同時並行で陶器生産をおこなっていたとは考えにくく、三者は時間的な先後関係にあった可能性のほうが高い。また、アンロン・トムは前述のとおりプノン・クーレンの内部のみに製品を供給していた可能性が高いため、たとえ地理的にタニにちかくとも、同時期に異なる技術が存在した可能性はある。しかしソサイは技術的大枠がアンロン・トムに近いが平地に位置しており、距離もまたタニに近いのであるから、やはり三者は時間的な先後関係にあったと考えたほうがよいだろう。無論、三者のある程度の時間的な重なりはあるのだろう。

ソサイがタニとアンロン・トムの中間的な要素をもつことから、三つの窯の相対編年上の位置づけは古いほうから 1) アンロン・トム→ソサイ→タニ、あるいは 2) タニ→ソサイ→アンロン・トムという二つの可能性がある。したがってタニの年代を 10 世紀中頃とすると、1) のケースではアンロン・トムとソサイは 10 世紀中頃以前、2) のケースでは 10 世紀中頃以降となる。

前節で検討したとおりアンロン・トムの $^{14}C$ 値にはおおきな幅があるため、年代測定の結果からこの二つの可能性のどちらかがより可能性が高いのか決定するのはむずかしい。この問題については本章後半でもう一度とりあげる。

一方、コーラート高原を中心とする窯の年代については前述のとおり、$^{14}C$ の年代を見る限り古ければ 8 世紀末までさかのぼることになるが、20 年ほど前のデータをそのまま窯の年代と認めるには無理があり、現状ではこの $^{14}C$ 年代値は保留としておきたい。この場合、現状での信頼できる比較データとしてはプラサット・バン・プルアン出土資料となる。プラサット・バン・プルアン出土資料は、遺物の詳細な出土状況や層位学的所見から年代を推定することが困難であったために建築物の年代観から遺物の年代を推定しており、これらの遺物が建築物の創建にともなうのか、それ以後の時代に含まれるのか判断が難しい状況にあるが、創建以降の堆積の可能性も含め 11 世紀中頃から 12 世紀中頃以降に廃棄された資料であるとしたい。また、プラサット・バン・プルアン出土資料はナイ・ジアン窯跡やコック・リン・ファー窯跡出土資料と基本的に同系統の資料と考えられるため、これら窯跡の年代も 12 世紀前後と推定したい。

消費地での発掘事例が増加するのであれば、クメール陶器の編年体系をあらためて構築することも可能ではあろうが、現段階では窯の年代幅をややおおきくとっておき、将来の資料の増加を待ってあらためて検討してみたい。

## 2　クメール窯業技術の成立

### クメール陶器と土器

それではここまでの議論をふまえ、クメール窯業技術の成立について考えてみたい。まずクメール陶器の成立を考えるうえで避けて通れない、土器と陶器の関係について考えてみたい。クメールの土器や陶器の初源に関する他地域起源というパラダイムについてはすでに別に論じているが（田畑 2007）、クメールの土器がクメール陶器の文脈で語られるとき、それは常にインドからの影響という形をとってきた。むろんこれは、東南アジア史研究における「インド化」を念頭においた議論なのであろう。研究史で検討したとおり、6 世紀末に出現したとされるロクロ使用の土器[5]がクメール陶器の祖型になったという考え方を実証的に検証するむずかしさは、紀元前後からアンコール朝にいたる在地土器の形態的・技術的シークエンスが不明なことにある。

確かにカンボジアでもサムロンセン貝塚やスナイ村遺跡、バンテアイ・コウ遺跡、アンコール・

終章　アンコール朝における窯業の成立と展開

ボレイ遺跡などで土器資料が出土しているが、資料の紹介は断片的なものであり、土器そのものの全体形や器種組成については不明な点が多い。現在のところ先史時代からアンコール朝までの土器とその技術についてもっとも詳細に論じているのはM. スタークである (Stark 2003)。しかし彼女もまた、9世紀後半にはじまる施釉陶器の生産がカンボジア陶磁史のおおきな転換点であるとしながらも、その転換がどのようにおこなわれたのかについては不明であるとし、グロリエなどのインド起源や中国起源説を紹介するにとどまっている (ibid.: 222)。

グロリエはアンコール陶磁器（土器も含めて）(6)の起源として二つの系統、つまり「土着」のものと「輸入されたもの」があると述べており、土着とは手びねり在地土器、輸入されたものとはロクロ使用で彩色されたインドからのものをさしている。彼はサンボール・プレイ・クックの発掘から、6世紀末にはロクロ使用の土器が出現し、こうした土器の形態はインドが起源であって扶南を経由してもたらされたとして、インド起源の土器がクメール陶器の源流となったと述べている (Groslier 1981: 11-15, 1995: 16-19)。

グロリエは注意深くも土器そのものが発展して陶器へと変化したとは述べておらず、6世紀末にあらわれるロクロの使用という新しい技術がクメール陶器の起源としておおきな役割を果たしたと主張しているようである。また、L. コートも同様に、土器は陶器や磁器とは分離独立した陶磁器の系統であり、土器は陶器の起源ではなく、両者はそれぞれ異なった性質と目的を有しているとしながらも、6世紀末から8世紀にかけての土器へのロクロの使用は、それ以降の高火度焼成の施釉陶器生産を予見させるとしている（コート 2002: 132）。

したがって、両者ともにクメール陶器の成立とは在地土器がそのまま陶器へと発展したのではなく、外来のインド起源のロクロ技術の流入によって一種の技術革新がおこり、それがクメール陶器成立の下地となったという見解をとっている。

しかし、クメール陶器は完全に外来技術の影響によって成立したのであろうか。10世紀中頃と目されるタニでは、第4章で検討したとおり、大型瓶（いわゆる盤口瓶）の成形は粘土紐をもちいた紐作りであり、これなどはいわゆるロクロによる水引き成形とは異なり、土器の成形技術に近いものである。このタイプの瓶は粘土塊を円盤状にして底部にし、そのうえに粘土紐をのせて成形しているのであり、そのほかに胴部の一番張り出した部分に上半分と下半分の接合線がのこっているという特徴をもっている。すでにロクロによる水引き成形の技術が確立しているにもかかわらず、水引きによる一体成形をおこなわず、上半分と下半分を紐作りで別々に製作し、それを後から組み合わせるという土器の製作技術に近い方法で製作されている。

したがって、すくなくともタニの段階では、依然として土器の技術伝統が陶器生産に組み込まれている可能性が高く、単にインド起源のロクロ技術だけをもってクメール陶器成立の要因と見なすことが出来ない。外来の技術をすべて受け入れるのではなく、在地の技術も生かしながらの陶器生産ということができる。

152

### クメール陶器と金属器

こうした製作技術ではなく、クメール陶器の器種のバリエーションの起源を考えるうえでインドの影響を重視しているのが J. ガイである。彼はクメールの土器と金属器の研究は将来の課題だとしながらも、「おおくのクメール陶器が金属器をモデルとしたことは、シャープな輪郭、角張って傾斜のついた底部、刻文や貼り付け文よりも沈線文を多用することなど、様々な面からあきらかである。クメール陶器の大部分がこうした特徴をもち、それはインド起源ないしはそこから派生した金属器がクメール陶器の原形として存在したことをよく指し示している」（ガイ 2004：69）としている。

クメール陶器の器形と金属器の関係については、すでにグロリエや長谷部楽爾によって指摘されていたが（Groslier 1981, 1995、長谷部 1984）、ながらく集中的に取り上げられずにきた問題である。確かにクメール陶器の独特な器形は金属器との関係を十分にうかがわせるものであるが、そもそも金属器、とくにインドからの搬入と思われる金属器が出土していないことを考えると、検証は非常にむずかしい。もっとも金属器は鋳つぶされて再利用されやすいことや高温多湿の風土を考えると、インドからの金属器が出土していないということが、金属器が搬入されなかったことの証明にはならないだろう。

ガイはレリーフにのこる器などから金属器と陶器の対応関係の説明を試みているが、やはり金属器の器形とクメール陶器の器形の一対一の対応関係があきらかにならない限り立証はむずかしい。この問題は将来の課題としたい。

### クメール陶器と中国陶磁器

それでは、クメール陶器の起源を考えるうえでのもうひとつのおおきな問題、すなわち中国陶磁器との関連性はどのように考えればよいのだろうか。

クメール陶器が中国陶磁器の影響下にあったとする考え方は早くから存在しており、その代表的な考え方はやはりグロリエによるものである。グロリエは9世紀末にはインドの影響から決別し、中国の影響がクメール陶器生産に決定的なものであったとしている。その根拠としては、胎土、仕上げ、釉薬、形態などのすべてが中国式であることをあげ、それまでのインドの影響から完全に決別したとしている（Groslier 1981：20, 1995：27）。さらに、こうした新技術は単に中国から輸入されたものを見て再現したとは思えず、中国人（あるいは中国化した）陶工が作り上げ、職人を育てた可能性があるとしている（ibid.）。

グロリエのクメール陶器成立についての理解は、インドを根底に置きながらも中国陶磁器の決定的な影響下にあり、しかも中国人（ないしは中国化した）陶工による外来技術移転によって成立した一種の「輸出された」[7]中国陶磁器であるとするものである。こうした中国重視の傾向はクメール陶器のインド化と中国化についてのべた節に顕著に表れている。

「On a assez insisté sur l'influence indienne sur le Cambodge. Il n'est point question de

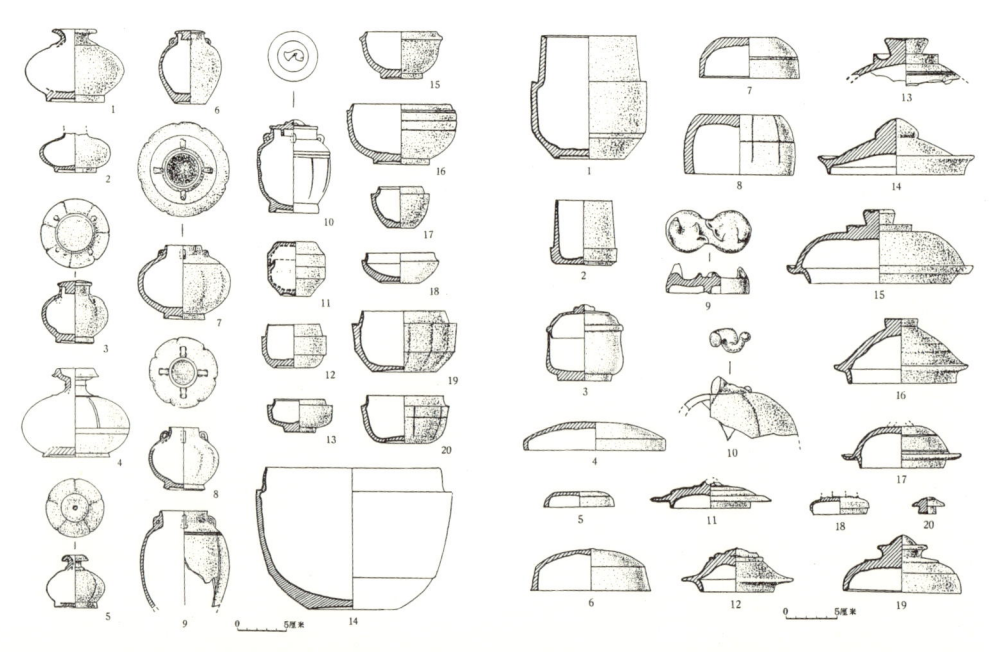

終章　アンコール朝における窯業の成立と展開

図71　広州西村窯出土資料1（廣州市文物管理委員会・香港中文大學文物館 1987：119）

写真10　広州西村窯出土資料2（廣州市文物管理委員会・香港中文大學文物館 1987：119）

le minimiser. …Et toute une branche - sinon de l'art, du moins de la technologie khmère - est venue de la Chine avec les grès à glaçue. …D'une façon globale une grande parite du domaine technologique d'Angkor ressortit au monde chinois et on le montrerait aisément.

　―カンボジアへのインドの影響はかなり強調されてきた。このことを過小評価するつもりはない。（中略）芸術とは言わないまでも、すくなくともクメールの技術の一分野がそっくり釉薬とともに中国からやってきた。（中略）全体的にいって、アンコールの技術領域では、大部分が中国世界から生じており、これは容易に示されよう」(8) (Groslier 1995：57)

　このような中国の決定的な影響という考えはこれまでのクメール陶器研究のなかで支配的なものであり、近年でもクメールの灰釉合子について唐代後期から宋代の磁器を思わせることから中国陶磁器の影響が指摘されている（コート 2002：133）。

　しかしこうした考え方は本当に成り立つのだろうか。長谷部楽爾は、クメールの初期施釉陶器とされるものを検討しても唐末五代の中国陶磁器の影響を確認することは難しいとしてはやくから中国陶磁器の影響について疑問を呈していた（長谷部 1984：157, 1990：187）。

　確かにクメール陶器の器形については、瓶などに中国陶磁器の器形と合致しないものがおおいし、コンクにいたってはヒンドゥーの影響下に生まれた器形(9)と考えられ、器形的な面からはグロリエの論は支持しがたい(10)。

　また津田武徳は、中国広東省の窯跡ではタニ窯製品と器形・釉種が類似したものが見られるが、タニの窯道具に見られる焼成台（図38-4, 5）が広東の窯では報告されておらず、陶枕やトチン、サヤ鉢といった広東の窯では報告されている窯道具がタニでは見られないことなどから、基礎技術における両者の差異は中国人陶工の直接的関与を否定するとしている（津田 1999：123-124）。津田の提唱したタニ窯での窯詰め法に関してはすでに第5章で詳しく検討したが、窯道具についてももうすこし詳しく考えてみたい。

　図71、写真10は広州西村窯から出土した製品と窯道具である。製品を見てみると、合子類、小型瓶類などは確かにアンコール地域の窯跡で出土する製品と共通する要素は認められる。しかし写真10のような筒状のトチン、輪状のトチンやサヤ鉢はこれまでの調査ではアンコール地域からまったく見つかっていない。また西村窯はレンガ製であるのに対してタニ窯は粘土製であり、窯体の構築方法がまったく異なっている。

　さらにサヤ鉢の使用に関しては、タニ、アンロン・トム、ソサイという灰釉陶器を生産した窯跡で、サヤ鉢のような製品の保護の考え方があまり見られないことは第5章で検討したとおりである。したがってグロリエの指摘するような陶工の移住を含むような技術体系の移転という考え方はまったく成り立たないことになる。

### クメール灰釉陶器の成立

　それでは、クメール陶器、とくに灰釉陶器の成立はどのように考え得るのだろうか。津田は

終章　アンコール朝における窯業の成立と展開

　最近の論文で、タニでは灰釉陶器のほかに硬質無釉陶器も焼かれており、シェムリアップ地域の他の窯跡では硬質無釉陶器のみがみられることから[11]、硬質無釉陶器の生産が灰釉陶器に先立つ可能性を指摘している（津田 2002：292-293）。また津田の指摘をうけ、野上建紀は津田の提唱する瓶類の複数個の横置き重ね積みという窯詰め法は、施釉陶器を焼くのに適した方法とは思えず、無釉陶器の窯詰め法をもちいた可能性を考えている（野上 2004：13）。

　両者の指摘は大変重要な指摘であり、このことはクメールの灰釉陶器の発生に関し、自生的に発生したのか、他地域（とくに中国）からの影響下のもとに発生したのかという問題を提起する。

　この問題については、実は今から20年ほど前に長谷部楽爾が検討をおこなっている。長谷部は日本や中国での灰釉陶器の発生課程（最初に灰を水で溶いたものを塗りつけて釉薬を生じさせる初期の灰釉陶器がやがて安定した釉薬に到達するという一連の過程）の類推と、クメール灰釉陶器の不安定でむらのある釉調から、クメール灰釉陶器の自生的な発生を予見していた（長谷部 1984：159、1990：186-187）。

　これまでの議論をふまえると、コンク、碗や瓶などに中国陶磁器の器形と合致しないものがおおいこと、類似した製品を生産していた広東省の窯とは技術がまったく異なること、無釉陶器の窯詰め法を引き継いだと思われる技術の存在などから、クメール灰釉陶器が無釉陶器から自律的に発生したのではないかと考えられる。第4、5章で検討したタニ、アンロン・トム、ソサイの各窯での重ね積みでは、粘土塊の塊を（釉薬を剥がさずに）直接製品のうえに張り付けており、このことも施釉陶器の焼成技術よりも無釉陶器の焼成技術を引きずっていると理解できよう。

　一方、明確な中国の影響下にあったと考えられる窯跡が近年北部ベトナムで発掘されており、その報告が公表されている（Nishimura and Bui 2004）。北部ベトナム、バックニン省のドゥオンサー（Duong Xa）窯跡は地下式窯であるが、碗類は中国越州窯系の製品をモデルにして生産されたと考えられており、また外来陶磁器資料として越州窯系製品が共伴している。その年代は9世紀末あるいは10世紀前半から10世紀後半に収まるとされている（Nishimura and Bui 2004：91）。

　図72はドゥオンサー窯跡で出土した碗類であるが、タニ窯と年代的にかさなるこの時期、越州窯系の製品をモデルにして生産している窯跡が存在するのは興味深い。

　ドゥオンサー窯跡の技術的系譜などは今後の研究課題であるが、その製品が越州窯系をモデルとしているのは間違いないだろう。もしクメール陶器が中国産陶磁器を規範とするのならば、ドゥオンサー窯跡のように中国のコピー、あるいは同種の製品を生産することが考えられるが、クメール陶器では今のところこうした例は見受けられない。

　以上のことから筆者は、クメール窯業技術の成立には中国、インドの支配的な影響を認めることが出来ず、むしろ自生的、独自的な発生の可能性を考えたい。中国陶磁はモデルとして幾ばくかの影響をあたえたのかもしれないが、それはあまり製品の造形と生産方式を拘束しない、弱いモデルであったのだろう[12]。そして、自生的な発生、とくに灰釉陶器の自生的な発生を考えるのであれば、硬質無釉陶器の生産が灰釉陶器の生産より先行していたはずであり、そうし

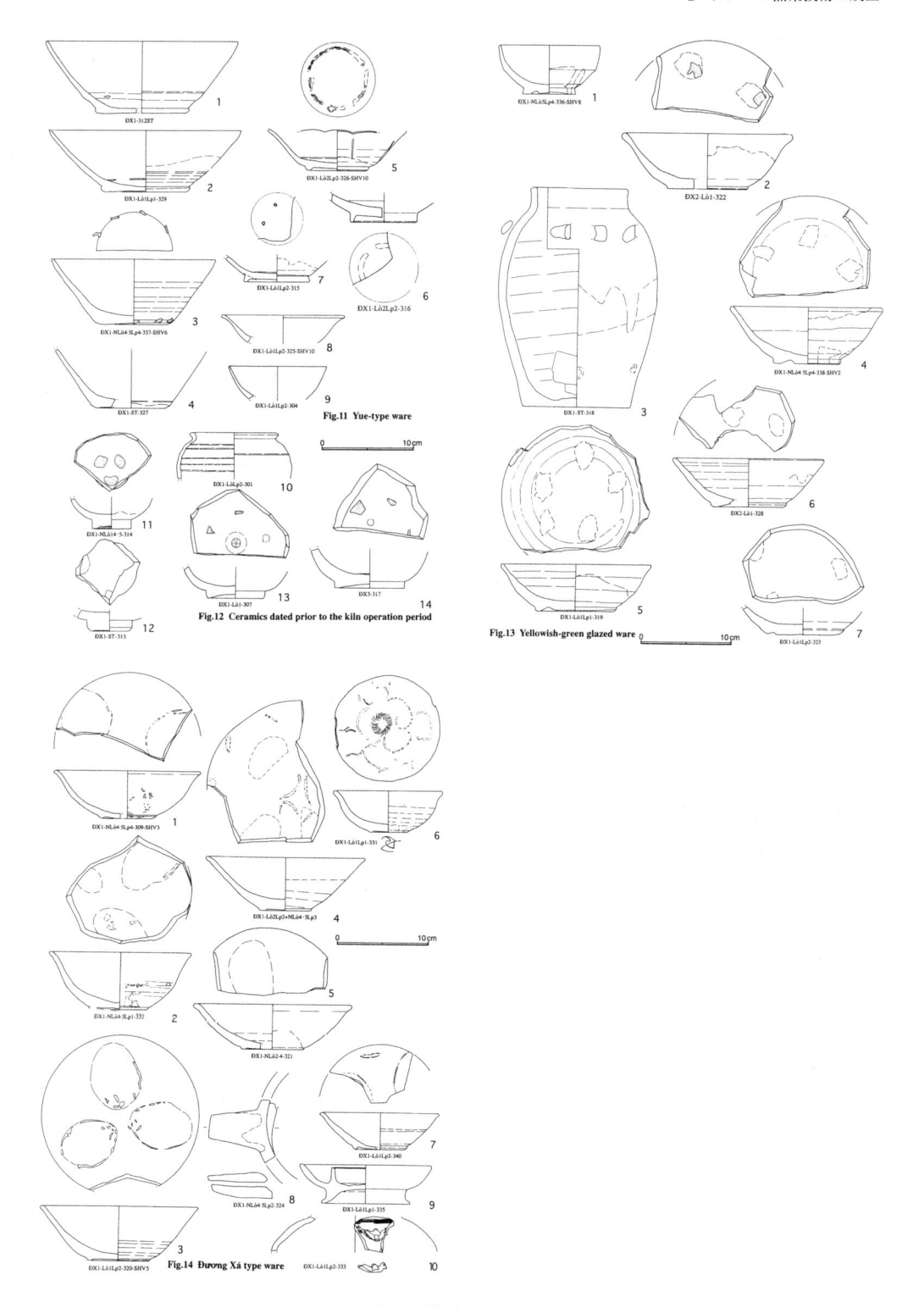

Fig.11 Yue-type ware

Fig.12 Ceramics dated prior to the kiln operation period

Fig.13 Yellowish-green glazed ware

Fig.14 Đường Xá type ware

図72　ドゥオンサー窯出土資料（Nishimura and Bui 2004：104-108）

た窯がどこかに存在しなければならない。グロリエが最初期の施釉陶器を発見したというロリュオス遺跡群周辺や、アンコール朝初期から非常に重要な地位を占めていたとされるプノン・クーレン周辺の調査が進めば、硬質無釉陶器等から灰釉陶器へと移り変わるような、より古い窯跡が発見されるかもしれない。

## 3　クメール窯業技術の展開

### 3 窯の相対編年

それでは、次にクメール窯業技術の展開として、本章前半で提示したタニ、アンロン・トム、ソサイという三つの窯の相対編年上の位置づけとそれに付随する諸問題について考えてみたい。

前述のとおり、三つの窯の相対編年上の位置づけは古いほうから1) アンロン・トム→ソサイ→タニ、あるいは2) タニ→ソサイ→アンロン・トムという二つの可能性がある。したがってタニの年代を10世紀中頃とすると、1) のケースではアンロン・トムとソサイは10世紀中頃以前、2) のケースでは10世紀中頃以降と考えられる。この二つの可能性のうち、どちらがより妥当なものであろうか。

アンロン・トム、ソサイともに実年代を直接考察しうる資料が $^{14}C$ 年代以外に存在しないが、筆者としては1) のケース、すなわちアンロン・トムからソサイを経てタニへいたる図式を支持したい。

その根拠としては、タニ、アンロン・トム、ソサイの各窯での重ね積みでは粘土塊を（釉薬を剥がずに）直接製品のうえに張り付けており、このことから施釉陶器の焼成技術よりも無釉陶器の焼成技術を引きずっていると理解できる点があげられる。確かに三者ともに釉剥ぎの技術は見られないが、装飾製の高いアンロン・トム、ソサイでは、重ね積みの際に粘土塊を器面上面にただ貼り付けるのに対し、タニでは装飾部分に対応する窯道具が出土していることから（図38-8、図50）、施釉陶器に適応した技術段階と見なせ、タニのほうがよりあたらしい段階だと考える。

また装飾性の高さでは、第5章で検討したとおり、合子類の蓋の装飾などはタニよりもアンロン・トム、ソサイのほうがより緻密な装飾をもつのであるが、アンロン・トムでは赤色系胎土の上に灰釉を施す資料がある程度確認されており、釉薬と胎土の選択についてはまだ意識が不十分であると思われる。そしてこのことも、アンロン・トム段階では施釉陶器に適応しきれていない技術段階を示唆している。

さらに、前章で検討した瓦の重ね積みをみても、タニでは瓦の上端と下端を窯道具で挟み込んでいるのに対し、平瓦の融着資料（図56-1）から、アンロン・トムの瓦は窯詰めに際し、粘土塊を挟んで焼成していたと考えられる。粘土塊を挟みこむという碗類などと同種の重ね積み法をそのまま瓦類に用いているアンロン・トムよりも、瓦専用の窯道具を使用して挟み込む（必然

的に個体と個体の間隔があき、融着を防ぎやすく、また焼成後も窯道具をはがしやすい）タニのほうがより施釉陶器に適応した段階と言えるのではないだろうか。

以上技術上の観点から、タニ、アンロン・トム、ソサイの各窯の相対編年上の位置づけを古い段階からアンロン・トム→ソサイ→タニとしたい。無論、これらの窯はソサイが両者の中間的な要素をもつところから、アンロン・トムとソサイ、ソサイとタニはそれぞれ時間的にある程度かさなり、一時期は同時操業のような状態にあったのではとも推察される。また、本論ではタニの年代を10世紀中頃と推定しているため、アンロン・トム、ソサイは10世紀中頃以前の窯と考えられる。なおアンロン・トムでは12世紀代まで操業が続いた可能性があるので、この場合のアンロン・トムの操業開始年代が10世紀中頃以前にさかのぼるということになる。

### 窯の性格

それでは、こうした窯の性格はどのようなものであったのかについて考えてみたい。アンコール朝におけるクメール陶器の機能、つまり製品の使用法に関するこれまでの推測は、バイヨンやアンコール・ワットなど寺院のレリーフや、考古学的成果、現在の使用法からの類推からなされている[13]。しかし、タニをはじめとする窯跡出土の製品は、現在のカンボジアでは使われていない器形がほとんどであるため[14]、類推には自ずと限界がある[15]。レリーフからの類推では、レリーフに示された器が金属製品なのか陶磁器なのか判断出来ないという弱点がある。

グロリエは、こうした個々の器種の使用法ではなく、陶器のもつ特質から、量産のきく陶磁器はアンコール朝における「貧者の銀器 the silverware of the poor, l'argenterie du pauvre」として位置づけている（Groslier 1981：26, 1995：38）。もっとも、ここでいう貧者とは、社会的な最下層をさすのではなく、ある限られた陶磁器の受容層のことをさすのであろう[16]。こうした、金属器の代替品としての陶磁器という考え方に異論を挟むつもりはないが、それだけでアンコール朝における窯業の位置づけがおこなえるわけではない。あらためて、窯とその製品の性格を出土遺物に即して考える必要がある。

杉山洋は、近年のアンコール地域の窯跡調査成果から、「表採採集遺物を検討すると、クレン丘陵の麓に位置するソサイ窯跡群は、クレン丘陵の窯跡群出土品と遜色のない、比較的丁寧な高級灰釉陶器を中心とする生産がうかがえる。これにたいして、タニ、カナ・プー[17]などの窯跡群では、無釉b器（ママ）の採集品が比較的おおい。タニ窯跡群の調査成果を参考にするなら、クレン丘陵を中心とする高級クメール陶器の生産と、その周辺に衛星的に点在する小規模な窯跡群における民間雑器や村落寺院への供給を想定した瓦生産がおこなわれる、という生産動向を推定できる」（杉山 2004a：126）としている。

杉山は、アンロン・トムやソサイで採集されるような装飾性の高い製品を高級品、タニなどの装飾性の低い製品を一般向けと捉え、古代においても現在のカンボジアにみられるような村落寺院の存在を仮定したうえでこのような説を展開している。さらに、タニの年代を10世紀頃

ととらえ、プノン・クーレンでの陶器生産を802年のジャヤヴァルマンⅡ世によるアンコール朝創始との関係で捉えるとするならば、9世紀のプノン・クーレン丘陵における陶器生産勃興をうけて、それにやや遅れて周辺部でタニのような陶器生産がはじまったのではとも述べている（杉山 2004a：127）。

　杉山の説は、窯の年代観についていえばアンロン・トムを古期におきタニをそれより新しくする点で筆者の年代観と基本的には同一のものである。しかし、アンロン・トム、ソサイを高級施釉陶器生産と結びつけ、タニなどを一般村落向けとするのは（十分にその可能性はあるが）やや早計に過ぎるのではないだろうか。

　装飾性の高さや作りの丁寧さは一般的に高級なもの、価値の高いものとして取り扱われる。筆者はこうした一般原則に異議をとなえるつもりはないが、それならば第5章で検討したとおり、なぜ装飾性の高い合子類の上に粘土を貼り付けたりするのだろうか。丁寧に装飾された器面に重ね積みの粘土塊を直接張り付けるという手法は、高級品にはなじまない考え方ともいえる。また、前述の施釉技術への適応度といった観点からは、タニのほうがより進んだ段階にあると考えられる。さらに、図36のようにタニ窯跡群でも施釉の軒丸瓦などはアンコールの寺院群で出土するものと同様に装飾性の高さや作りの丁寧さを保っており、一概にタニが一般村落向けとすることはできないだろう[18]。

　それよりも、むしろタニでもアンロン・トムでも出土、採集された資料の大別が合子類、碗類、壺・甕類、瓶類、瓦類、窯道具類と同じである点に注目したい。アンコール地域の窯は瓦類とそれ以外の製品を同時に焼成する、いわゆる瓦陶兼業窯であると考えられるが、瓦は最初から建築部材として生産されたものである。

　13世紀末に中国元朝からの使節に随行してアンコールを訪れた周達観が記した『真臘風土記』の宮室の項には、「その正殿の瓦は鉛でつくり、（その）ほかは土瓦で黄色である。（中略）その下の庶民の家ごときは、ただ草屋根を用いるだけで、すこしの瓦でも決して屋根に上げない。その（家屋の）広狭は家の貧富（の程度）によるといっても、しかし結局のところ、決して府第（役所の建物）のつくりにはならわないのである」（周 和田訳注 1989:18-20）との記述があるところから、アンコール朝における瓦類はある特定の社会階層、それも恐らくは社会的に高い位置に属する階層に受容されたものだと言うことができ、しかもそれは宗教建築と主に結びつくと言えよう。

　また同書の器用（有用な道具）の項には「通常の人家は、家屋の以外には、別に机・腰掛け・盂（深い皿）・桶の類がない。ただし飯を作るときには、すなわち一つの土釜を用い、羹を作るにはすなわち一つの瓦銚（土なべ）をもちいる。椰子の殻を以て杓（ひしゃく）をつくる。（中略）羹の場合には、すなわち樹の葉をもちいて一の小さい碗を造るが、汁を盛ってもそれでも漏らない。又、葉をもちいて一の小さい杓を製り、（それを）もちいて汁を兜んで口にいれ、もちい畢ればこれを棄てる」（周 和田訳注 1989：69-70）とあり、日常生活における土器と植物質資源への依存が記述されていることからも、瓦類以外の陶器類、とくに施釉陶器は一般集落を供給先として生産

されたものではないと推定される。また、一般にクメール陶器の碗のバリエーションは乏しく、また皿や盤といった器形がみられない[19]。そのためクメール陶器が日常什器として多量に生産されたとは考えにくい。

したがってタニ、アンロン・トム、ソサイなどの各窯は、杉山の言う官窯・民窯[20]という供給先の区別による性格づけよりも、むしろ同種の製品を生産し、それはある特定の階層、この場合では宗教建築（それがアンコールの王朝と結びつく大型石造寺院であれ現存しない村落寺院であれ）と結びつく階層のために同種の製品を生産していた同種の窯という性格づけをおこなった方がよいだろう。

無論、無釉の壺・甕類などは日常生活でも貯蔵運搬具として使用されていた可能性があるが、窯の供給先の問題などは、今後のアンコール地域での発掘調査、とくにこれまでなされることがなかった集落遺跡の発掘調査などをおこなったうえで、慎重に検討するしか解決する手段はないだろう。

また、第2章の歴史的背景の項で述べたが、アンコール朝は10世紀以降、平野部に巨大建造物が多数建設されるようになる。こうした歴史的な展開、つまりアンコール地域での大規模な開発と、タニをはじめとする陶器窯の成立・展開とは、寺院建築と結びつくという窯の性格上密接な関係をもっていたのだろう。ただし、陶器生産が王朝の直接的なコントロール下にあったかどうか、現状では判断することが出来ない。

最後に窯の性格についてもうひとつ指摘をおこないたい。クメール陶器はアンコール朝の領域外で発見されることもあるようであるが、基本的に内需に応じて生産されたという性格をもつとされる[21]（吉良 2002：195）。また上述のとおり、タニをはじめとする窯は、恐らくはアンコール朝領域内の、それも限られた対象へと製品を供給しており、『真臘風土記』の記述を参照するならば、クメールの日常什器は土器や植物資源がその機能を果たしていることから、陶器、とくに施釉陶器は限られた用途に使用されていたと考えられる。さらに、ベトナム北部のドゥオンサー窯跡で見られる、越州窯系製品をモデルとしたような一種のコピーを生産していない。こうしたことから、クメールの窯業とは、基本的に内需型であり、しかも中国陶磁市場の動向にはあまり左右されないかなり限定されたものということができる[22]。

## 4 クメール窯業技術の衰退ないしは変容

クメール陶器がいつ頃生産を終了したのか、あるいはまったく別の陶磁器への伝統へと変容したのか、この問題は他のクメール陶器を巡る諸問題と同様に難しい。グロリエは、クメール陶器は13世紀までは生産されたと考えるが、年代算出の手がかりとなるべき石造建築に欠け、編年は難しいとして、最終段階を13世紀末、そしておそらく施釉瓦だけが16世紀まで作り続けられたのではとしている（Groslier 1981：30-31, 1995：47-48）。

終章　アンコール朝における窯業の成立と展開

　グロリエ以降現在にいたるまで、我々はポスト・アンコールの実年代を決定しうる陶磁器資料を欠いており、クメール陶器の終末の問題を考えるうえで絶対的に必要になってくる年代の問題をクリアすることが出来ないでいる。そもそもポスト・アンコール時代の遺跡発掘事例がほとんどなく、グロリエの指摘するように施釉瓦だけが16世紀まで作り続けられたのか、その他の製品は本当に生産されていないのかについてさえ検証することが出来ないでいる。最近、アンコール・トム内の西トップ寺院の発掘調査がおこなわれており、こうした遺跡で良好な層位学的資料を得ることができれば、この問題について一定の指針をえることができよう[23]。

　いまのところ、新しいもので年代が推定できる陶磁器資料としては、本章前半で述べたプラサット・バン・プルアン出土資料（11世紀中頃から12世紀中頃以降）、アンコール・ワット西参道出土資料（12世紀）、バンテアイ・クデイ DU04 上部出土資料（13世紀）と、保留付きながら年代の与えられるコーラート高原を中心とした諸窯（12世紀前後）である。タニを12世紀中頃としているため、10世紀後半から11世紀中頃、13世紀前半、13世紀以降の資料が欠けていることになる。こうした状況がアンコール地域の窯からコーラート高原を中心とした窯までの技術系譜を追うことを難しくしており、黒褐釉の起源や衰退についてはやはり未知のままであると言わざるをえない。

　こうしたなか、以前よりコーラート高原を中心とした窯、すなわち現在の東北タイを中心とした地域でのクメール製陶技術は、その地に根付き、新たな成長をとげ変貌したのではないかとの推察がなされている（長谷部1984：164）。同様な意見としては、タニ窯跡の調査団によって出された概報でも、タイのスワンカローク窯の起源と関連した窯跡としての可能性が提示されているほか（青柳・佐々木ほか2001：95）、グロリエ自身も、クメール窯業技術の伝統が東北タイの地に根付き、スワンカロークとともに発展したいわゆるタイ陶磁に重要な役割を果たし、おそらく初期の中国の影響と同じくらいに決定的であったと述べている[24]（Groslier 1981：32, 1995：53）。

　こうした問題を取り扱うには、将来の発掘事例の増加を待つしかないことはすでに述べたとおりであるが、現段階では直接東北タイの窯→北タイの窯という図式を想定することは難しい。ただし、この問題を解決する手がかりとして、将来いわゆるモン（MON）陶器の検討が必要になってくると思われる。モン陶器とは俗称であり、シーサッチャナライの窯跡を掘ると深い層位から出土する灰釉陶器をさしている[25]。本来学術的に定義された名称ではないため、その詳細については明確でない部分があるが、シーサッチャナライの典型的な青磁とは区分され、一般的には雑物を含む灰～灰黒色の胎土で、白化粧をしているものとしていないものがある。中北部タイで最初の施釉陶器と考えられ、釉薬は褐～青色まで様々な釉調の変化をみせるが、やや暗めの緑青色を呈するものがおおく、また盤や鉢では内面にのみ施釉している例のおおいのも特徴とされる（吉良2002：196）。

　東南アジアの沈船資料を研究した向井亙は、タイ東部沿岸チョンブリ地方バンサライ沖約

10kmに位置するランクイエン（Ran kwien）沈船からは2点のモン陶器が出土していると報告しており、これを含むランクイエン沈船積載陶磁器の年代を14世紀後葉から15世紀後葉と推定している（向井2001：75-76, 2004：40-41）。この年代と、これまでに推定出来るクメール陶器のもっとも新しい年代である13世紀末を合わせて考えると、13世紀から14世紀前半までに、コーラートのクメール陶器の技術が中北部タイへともたらされた可能性がある。

ただし、東北タイから北タイへという技術移転、クメール陶器の変容の問題は慎重に取り扱う必要がある。津田は、窯構造からみるとタイ・ラオス・ビルマ（ミャンマー）の窯は楕円形の横炎式窯で、支柱をもたず、初期にはいずれも地下式であったことから、これらの窯はクメールの技術を継承していないとしている（津田2002：294）[26]。しかし、クメールの技術が部分的に受け継がれた可能性も否定出来ないため、将来のモン陶器の本格的な研究が望まれる。

この問題はこれまでとしたいが、クメール窯業技術が衰退したにせよ、変容あるいは別種の技術体系に消化吸収されたにせよ、13世紀後半から14世紀以降の東南アジアにおける窯業の生産は、それまでとはおおきく変容していくように思われる。前節で述べたとおり、クメールの窯業とは基本的に内需型であって海外への輸出を前提としておらず、しかも中国陶磁市場の動向にはあまり左右されないといった性格をもつ。中国の影響が伝統的に強かったとされる北部ベトナムでは、ドゥオンサー窯のように越州窯系の製品をモデルとする製品を生産しているが、それでも基本的に海外への輸出陶器であるとは言い難い。しかし14世紀以降の東南アジアにおける陶磁器生産センター、つまり現在のタイ、ベトナム、ビルマ（ミャンマー）などでは、積極的に中国製品をモデルとする製品を生産し、それを輸出しはじめる[27]。いわば、クメール陶器の終焉あるいは変容以降、東南アジアにおける窯業は、内需的生産システムから外需的生産システムへと切り替わっていくのであり、それは新たな国家の誕生や民族の移動、そして経済圏の変化と密接なつながりをもっているのだろう。クメール陶器は、製品としては消えたのかも知れないが、東南アジアの陶磁器はこうして新たな時代へと入っていったのである。

# 結　語

19世紀末にプノン・クーレンで窯跡が発見されてから100年以上たつ。クメール陶器は、その美的価値だけでなく、考古資料としての重要性がたびたび指摘されてきたにもかかわらず、ごく最近まで集中的な研究の主題とされてこなかった分野であり、基本的な器種のレパートリーさえ不明なままであった。研究の基盤がほとんど整備されてこなかった分野である。

本書では、1）来歴不明であった従来のクメール陶器資料にかわる確実な基準資料の構築、2）生産地における基本組成の解明、3）クメール陶器の製作技術の解明とアンコール地域における技術体系の解明、4）アンコール時代における窯業の成立と展開の追究という4点を主題としてきた。

終章　アンコール朝における窯業の成立と展開

　1) と 2) の主題については第3章と4章で、3) の主題については第5章で、そして最終目標である 4) については本章で論じてきたが、ここで最後にまとめてみたい。

　タニ窯跡出土資料は、その器形から合子類、碗類、壺・甕類、瓶類、瓦類、窯道具類の6類に大別でき、さらにそれぞれ数型式に細分化できた。また、素材の選択に関しては、白色系胎土と赤色系胎土に大きく大別され、それぞれ特定の器種にこうした胎土が使用されるが、これは無釉・灰釉の製品区分と対応しており、白色系胎土は灰釉の製品のために、赤色系胎土は無釉の製品のために選択されたものであることがあきらかになった。成形・整形技術に関しては、5種類の技術が使われているが、それが必ずしも製品のサイズにのみ依存しているわけではないことが判明した。装飾技法に関しては、文様個々に拘泥せず、文様帯の構成原理を検討することにより、4種類の環状文様帯構成原理を導き出すことが出来た。焼成技術については、出土した窯道具、融着・変形資料の検討により、四つの窯詰め法をパターン化することができた。

　つぎにこうした基礎資料をもとに、窯ごとのクメール陶器の生産技術の復元をおこなった。またこれらを比較検討することによってクメール陶器の生産技術体系の構築をおこなったが、大きく二つの技術体系、すなわちアンコール地域の諸窯とコーラート高原を中心とした諸窯というおおきな体系と、それぞれが内包する各窯跡という図式を提示することができた。

　さらに、資料の年代観を考察することによって、各窯を時間軸上に位置づけ、クメール窯業技術の成立から終焉までの変遷を追ってきたが、これにより東南アジアの窯業は、内需型のクメール陶器の終焉以降、外需型のあらたな生産システムへと変化することが理解できたのである。

　クメールの窯業技術は最後まで磁器を産み出さなかったし、今のところ多量に海外へ輸出された痕跡もない。ひょっとしたらクメール陶器とはグロリエの指摘するとおり、結局のところアンコールにおいては二次的な美術に過ぎず（Groslier 1995：59）、壮大な建築物や金属器、中国陶磁器よりも下位に属していたのかも知れない。しかし腐敗することもなく破片となってもそのまま残存するクメール陶器は、アンコールの木造建築や金属器が消滅し、壮大な石造建築物が崩壊の危機にさらされたとしても、依然として土中に存在しつづけたのである。遺跡出土の陶磁器は、生産や貿易といった社会経済状況やそれを生み出した文化的背景を知るための鍵となる。つまり、クメール陶器のひとつの陶片にはそれを産み出し使用した人々の痕跡が残されているのである。本書が将来のクメール陶器研究の確固たる礎となることをねがい、結びの言葉としたい。

**註**
（1）当然の事ながら、グロリエの提示した器種の出現時期（例えばバラスター壺の出現が11世紀であるなど）も同様に将来の検討課題である。
（2）ホラ貝をかたどった製品。コンクはまたビシュヌ神の持物でもある。

（3）上智大学アンコール遺跡調査団でアンコール遺跡の調査に携わり、西参道出土資料の基礎整理をおこなった丸井雅子氏のご教示による。なおこの調査の概要が報告されているので詳細はこれを参照されたい（丸井 1999）。
（4）分析結果の概要を御教示していただいたアンコール地域遺跡整備機構のチャイ・ラッチャナー君に感謝申し上げる。
（5）クメールの土器製作におけるロクロと回転板の使用については拙論（田畑 2007：122）を参照いただきたい。
（6）グロリエ自身はクメール陶器（Khmer Ceramics, Ceramique Khmere）という名称よりもアンコール陶磁器（Ceramic Wares of Angkor, Ceramique Angkorienne）という名称を用いており、論文のタイトルにもアンコール陶磁器の名称を使用している（Groslier 1981, 1995）。これはグロリエが最初に概説を発表した1981年頃までに、すでにクメール陶器というものが硬質施釉陶器を指す用語となっており、グロリエは土器も含めた陶磁器全般を取り扱うためあえてこの様な名称をもちいたのではと思われる。
（7）原語は "exportées"（Groslier 1995：57）。
（8）訳出にあたっては、津田訳の日本語版（グロリエ 津田訳1998）を参考にした。なお、この節がふくまれる彼の論考の最終的な結語（Conclusion）は1981年の英語版には収録されておらず、1995年のフランス語版に収録されている。
（9）ビシュヌ神の持物の一つはパンチャジャナと呼ばれるコンクである。
（10）近年、吉良文男もクメール陶器誕生の契機としてクメール陶器の器形は金属器に基づく造形であると考えられ、中国陶磁の器形とは合致しないものが目立つと指摘している（吉良 2002：194）。
（11）クナ・ポー窯、バカオン窯のことを指すと思われる。
（12）またこれについては津田武徳が、中国広東省の窯とクメール陶器のモデル関係について、中国の製品は（クメールがそれをモデルとしたのではなく逆に）東南アジア向けに輸出先のニーズに合わせた生産された可能性を指摘している（津田 2002：124）。
（13）例えばD.ルーニーによる使用法の推定（Rooney 1984）などである。
（14）また、このことがアンコール朝期でのそれぞれの製品の名称推定を難しくしている。
（15）土器や無釉の壺・甕類であれば民族考古学的手法が期待出来よう。
（16）後述のように『真臘風土記』の宮室の項には正殿の瓦は鉛でつくり、そのほかは土瓦で黄色であるとの記述があるところから（周 和田訳注 1989：18）、金属器を受容できない階層が陶磁器を受容していたとも考えられる。
（17）クナ・ポー窯跡は、以前は「カナ・プー」と表記されることがおおかったが、最近はより現地の発音に近い「クナ・ポー」と表記されるようになっている。
（18）ただし、今は残っていない一般村落寺院がかつて存在し、そこへの陶磁器供給源がどこかに存在したのではないかという推測は十分な妥当性をもっていると思われる。筆者はタニが一般村落寺院への陶磁器供給源だったとする考え方は将来あらためて検討するべきだと指摘しているに過ぎず、一般村落寺院への陶磁器供給が存在していなかったと考えているわけではない。
（19）東南アジアでもっとも古い施釉陶器であるクメール陶器に皿や盤がみられず、碗のバリエーションもすくないという事実は、東南アジアの窯業史を考えるうえで重要である。東南アジアにおいて陶器生産が開始されたとき、食器がおもな製品でなかった可能性がある。
（20）官窯とは、本来中国の宮廷のための製品を宮廷のコントロール下に生産していた窯という意味をもち、この用語をそのままクメール陶器窯に当てはめることは現状では難しいだろう。
（21）筆者は、残念ながらこうしたアンコール朝の領域外で発見されたとされるクメール陶器を未実見で

ある。
(22) もっとも現存するクメール建築の数をみるかぎり、その生産量はかなりのものであったと推察される。
(23) また近年、アンコール遺跡のひとつであるスラ・スラン東側で遺物分布地が発見されたが、そこでは15・16世紀の中国陶磁やベトナム陶磁とともに在地のものと思われる軟質で施釉された陶片が採集されている。ポスト・アンコール時代の施釉陶器については調査事例の増加を待ち、あらためて論じてみたい。
(24) その意味では、グロリエはコーラートを中心とした窯を一種の地方的な、アンコール地域の主流からはずれたものとして捉えている。
(25) したがって、モン族のモンとは（関連があるのかもしれないが）今のところ切り離して考えたほうがよさそうである。
(26) また津田は同論文中で、クメールの技術の継承のかわりに、先行するモン族の技術を継承した可能性があるとしている。
(27) 盤・皿類が東南アジア産陶器のレパートリーに加わるのもこの時期からだと考えられる。

# 資 料 写 真

(図 20 〜 38 対応写真)

資料写真

**資料写真 1**（図 20）

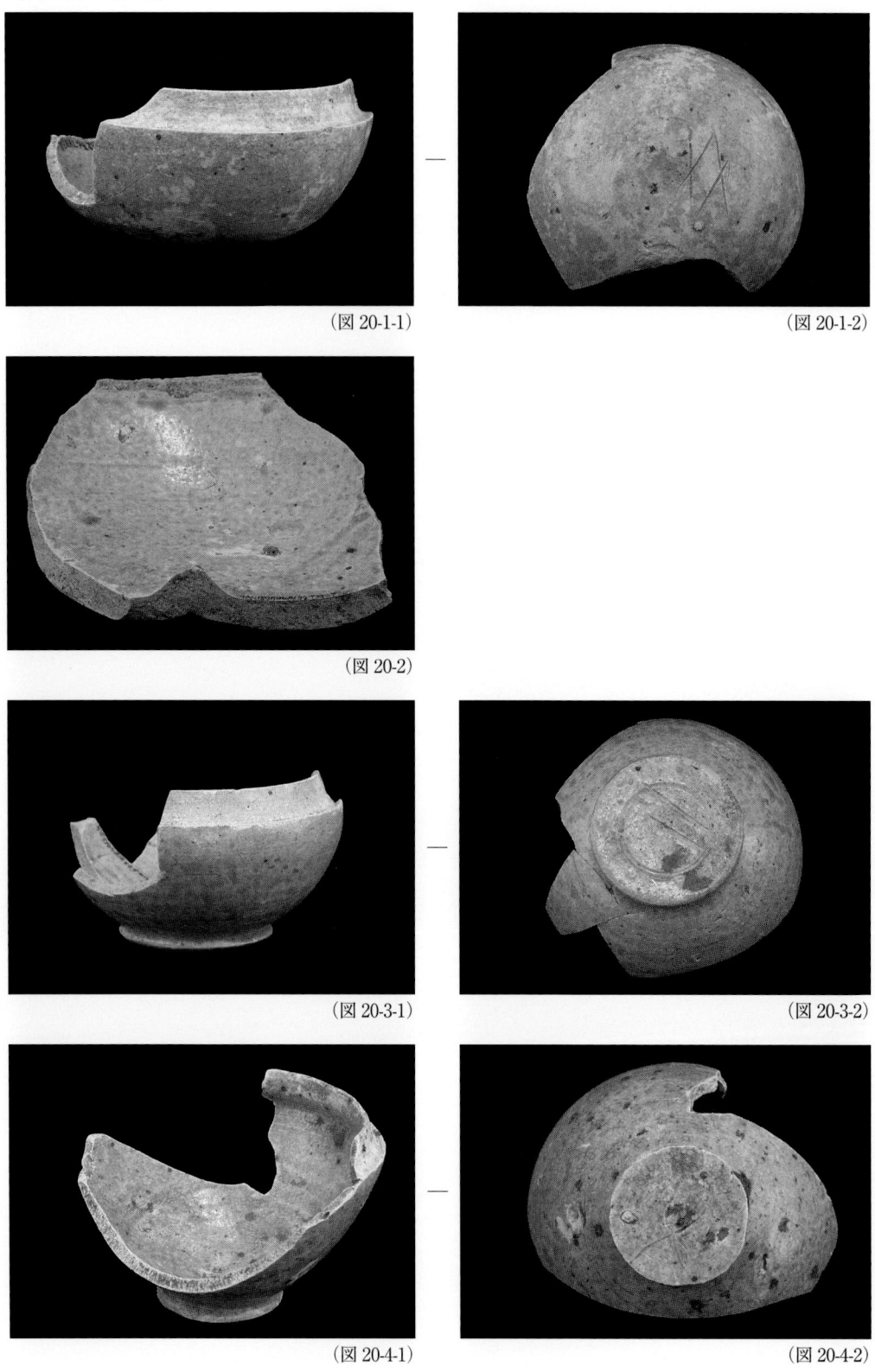

（図 20-1-1）　　（図 20-1-2）

（図 20-2）

（図 20-3-1）　　（図 20-3-2）

（図 20-4-1）　　（図 20-4-2）

**資料写真 2**（図21）

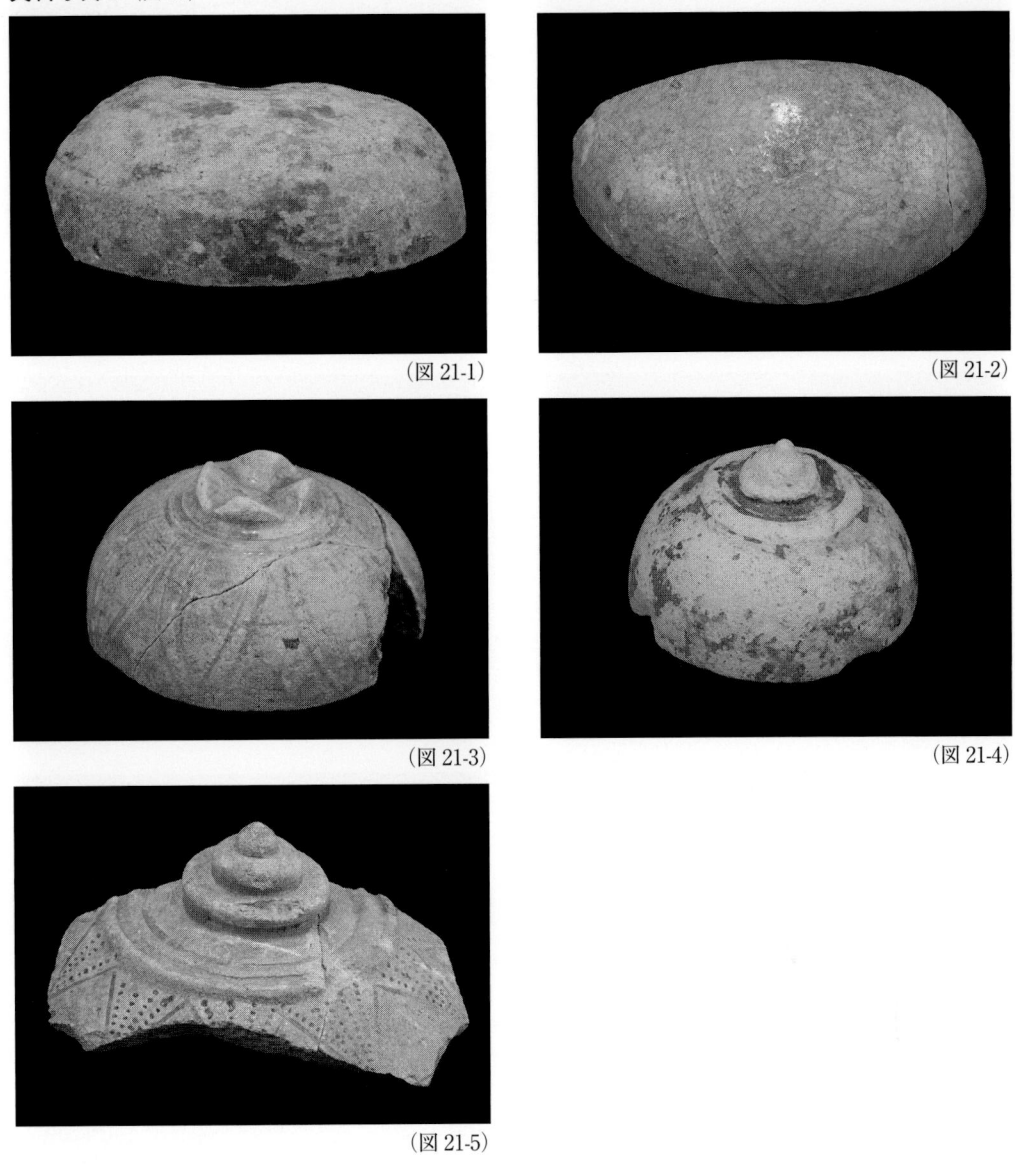

(図21-1)

(図21-2)

(図21-3)

(図21-4)

(図21-5)

**資料写真 3**（図22）

(図22-1-1)

(図22-1-2)

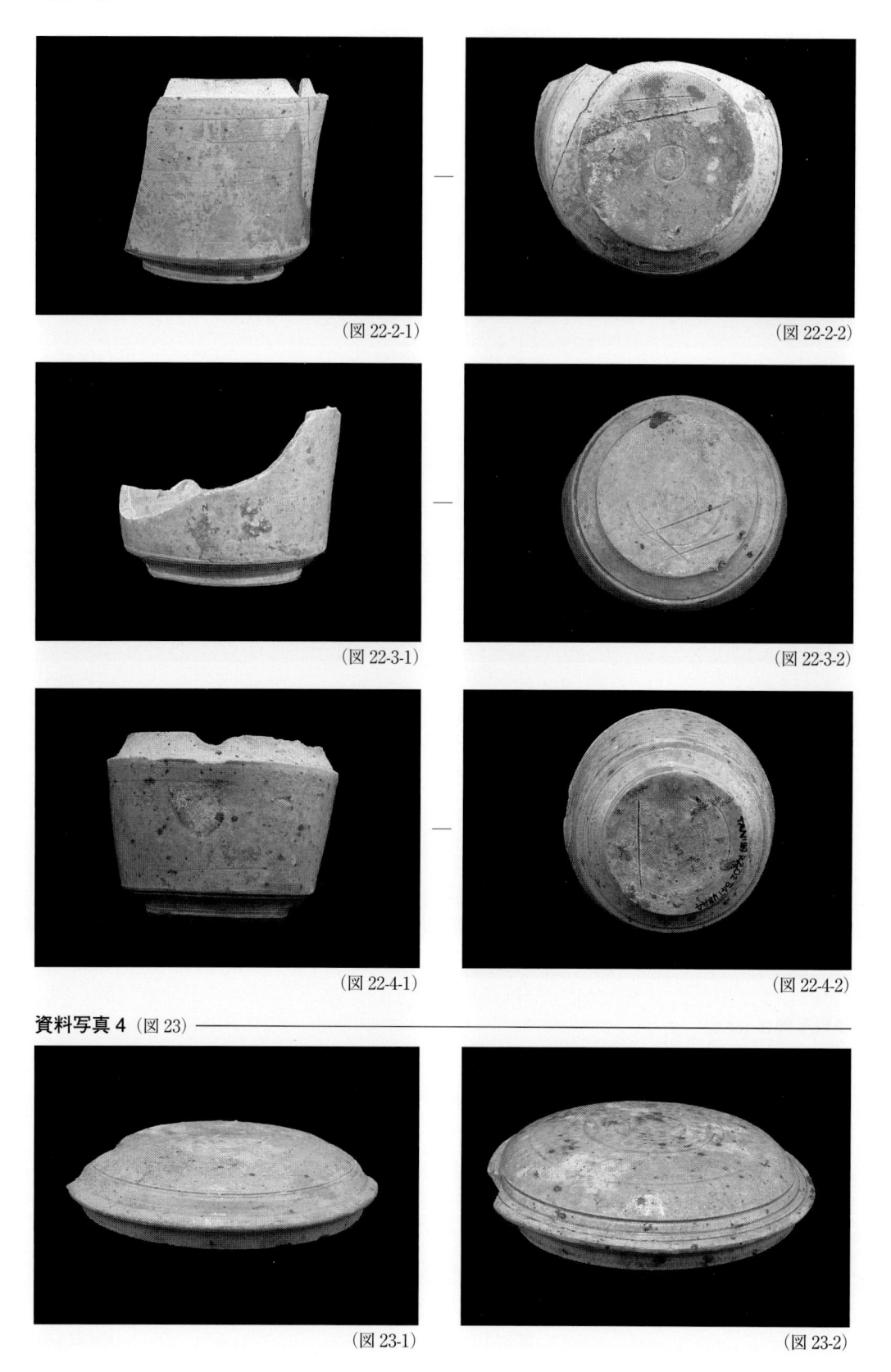

資料写真

(図 22-2-1)　　　　　　　　　　　　　(図 22-2-2)

(図 22-3-1)　　　　　　　　　　　　　(図 22-3-2)

(図 22-4-1)　　　　　　　　　　　　　(図 22-4-2)

**資料写真 4**（図 23）

(図 23-1)　　　　　　　　　　　　　(図 23-2)

(図 23-4)

(図 23-5)

(図 23-6)

**資料写真 5**（図 24）

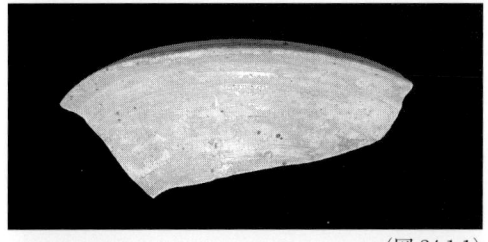

(図 24-1-1)

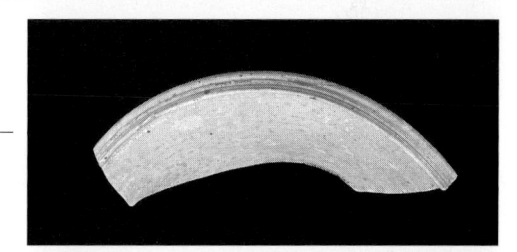

(図 24-1-2)

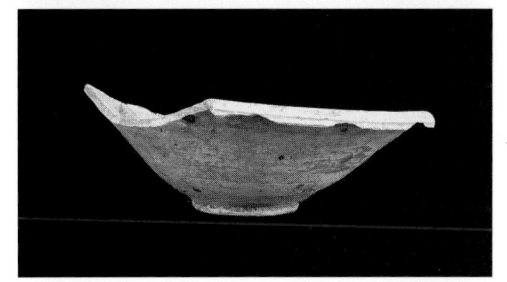

(図 24-2-1)

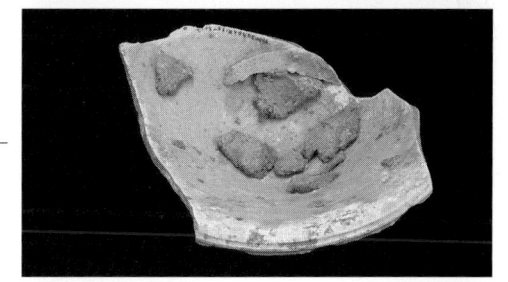

(図 24-2-2)

(図 24-3-1)

(図 24-3-2)

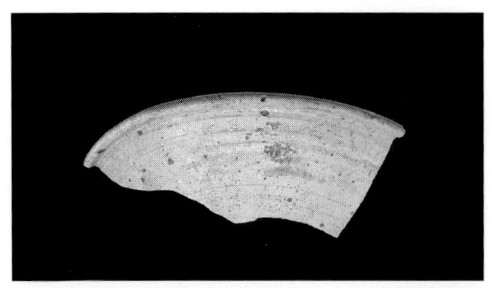

資料写真

(図 24-4)

**資料写真 6**（図 25）

(図 25-1)

**資料写真 7**（図 26）

(図 26-1) 　　　　　　　　　　　　　　　　　(図 26-2)

**資料写真 8**（図 27）

(図 27-1) 　　　　　　　　　　　　　　　　　(図 27-3)

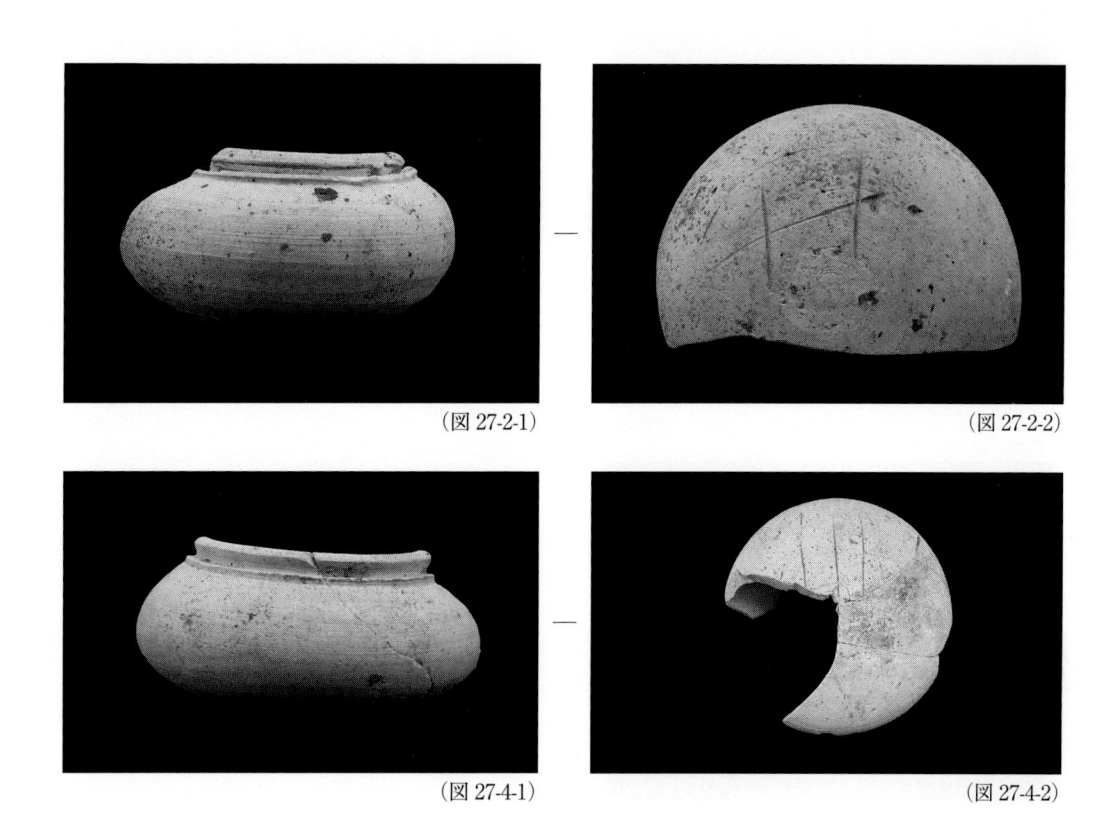

(図 27-2-1)　　　　　　　　　　　　　　　　　　　(図 27-2-2)

(図 27-4-1)　　　　　　　　　　　　　　　　　　　(図 27-4-2)

**資料写真 9**（図 28）

(図 28-1) 　　　　　　　　　　　　　　　　　　　(図 28-2)

**資料写真 10**（図 29）

(図 29-1) 　　　　　　　　　　　　　　　　　　　(図 29-2)

資料写真

(図 29-3)　　　　　　　　　　　　　　　(図 29-4)

(図 29-5)

(図 29-6-1)　　　　　　　　　　　　　　(図 29-6-2)

**資料写真 11**（図 30）

(図 30-1)　　　　　　　　　　　　　　　(図 30-2)

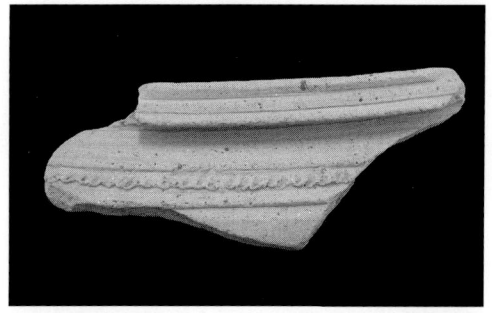

(図 30-3)

**資料写真 12**（図 31）

(図 31-1)

(図 31-3)

(図 31-2-1)

(図 31-2-2)

**資料写真 13**（図 32）

(図 32-1)

(図 32-2)

資料写真

**資料写真 14**（図 33）

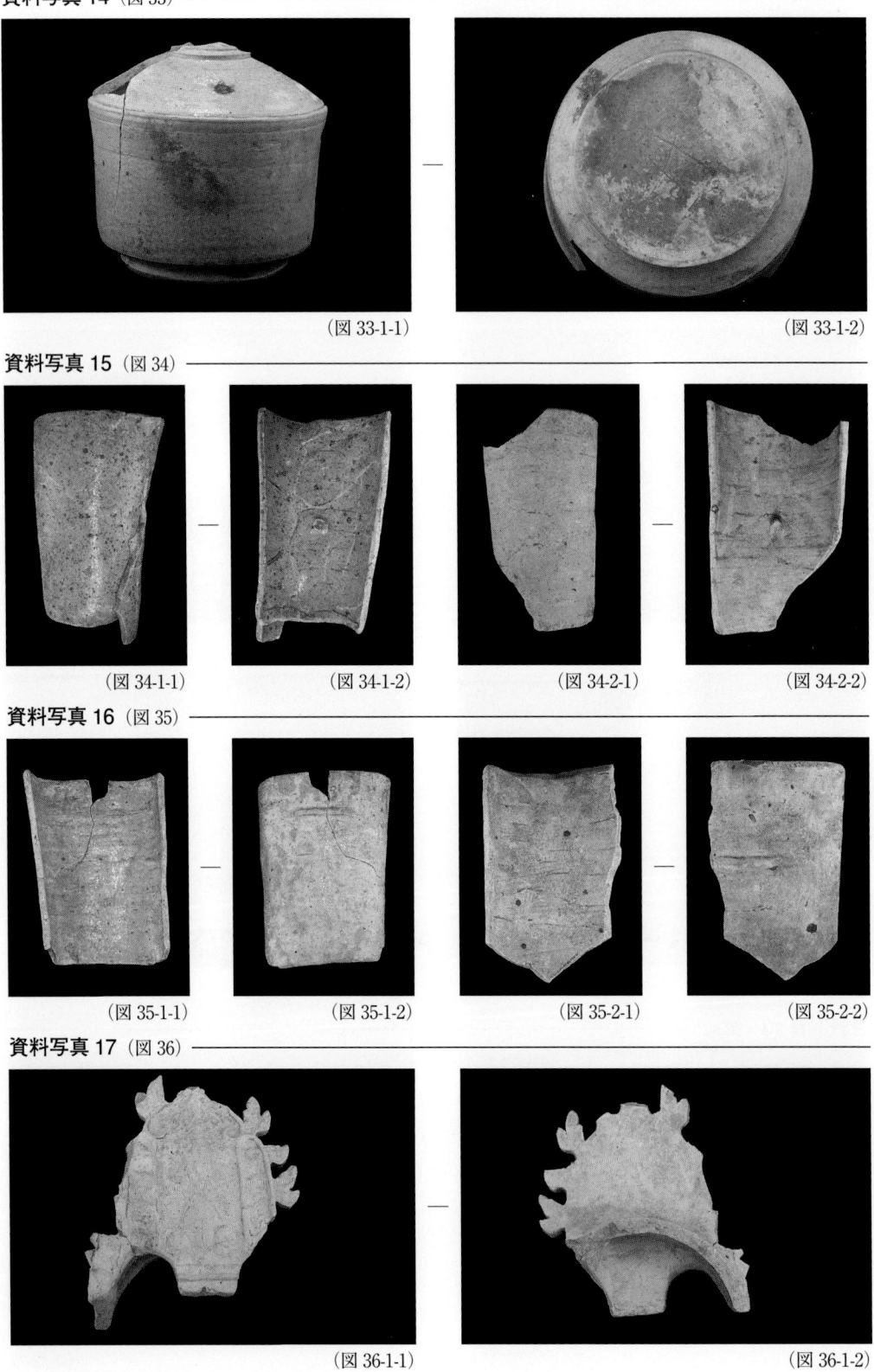

(図 33-1-1)　　　　　　　　　　　　　(図 33-1-2)

**資料写真 15**（図 34）

(図 34-1-1)　　(図 34-1-2)　　(図 34-2-1)　　(図 34-2-2)

**資料写真 16**（図 35）

(図 35-1-1)　　(図 35-1-2)　　(図 35-2-1)　　(図 35-2-2)

**資料写真 17**（図 36）

(図 36-1-1)　　　　　　　　　　　　　(図 36-1-2)

(図 36-2-1) 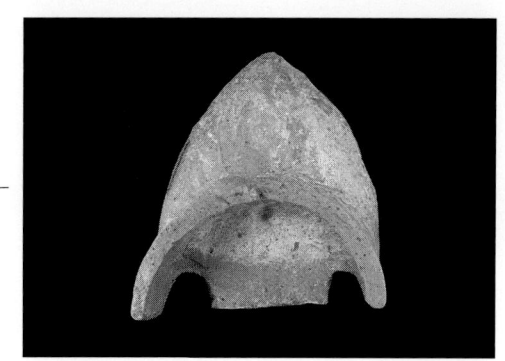　(図 36-2-2)

**資料写真 18**（図 37）

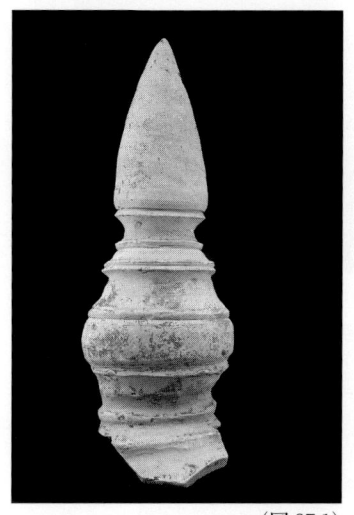

(図 37-2)

(図 37-1)

**資料写真 19**（図 38）

(図 38-1) 　(図 38-2)

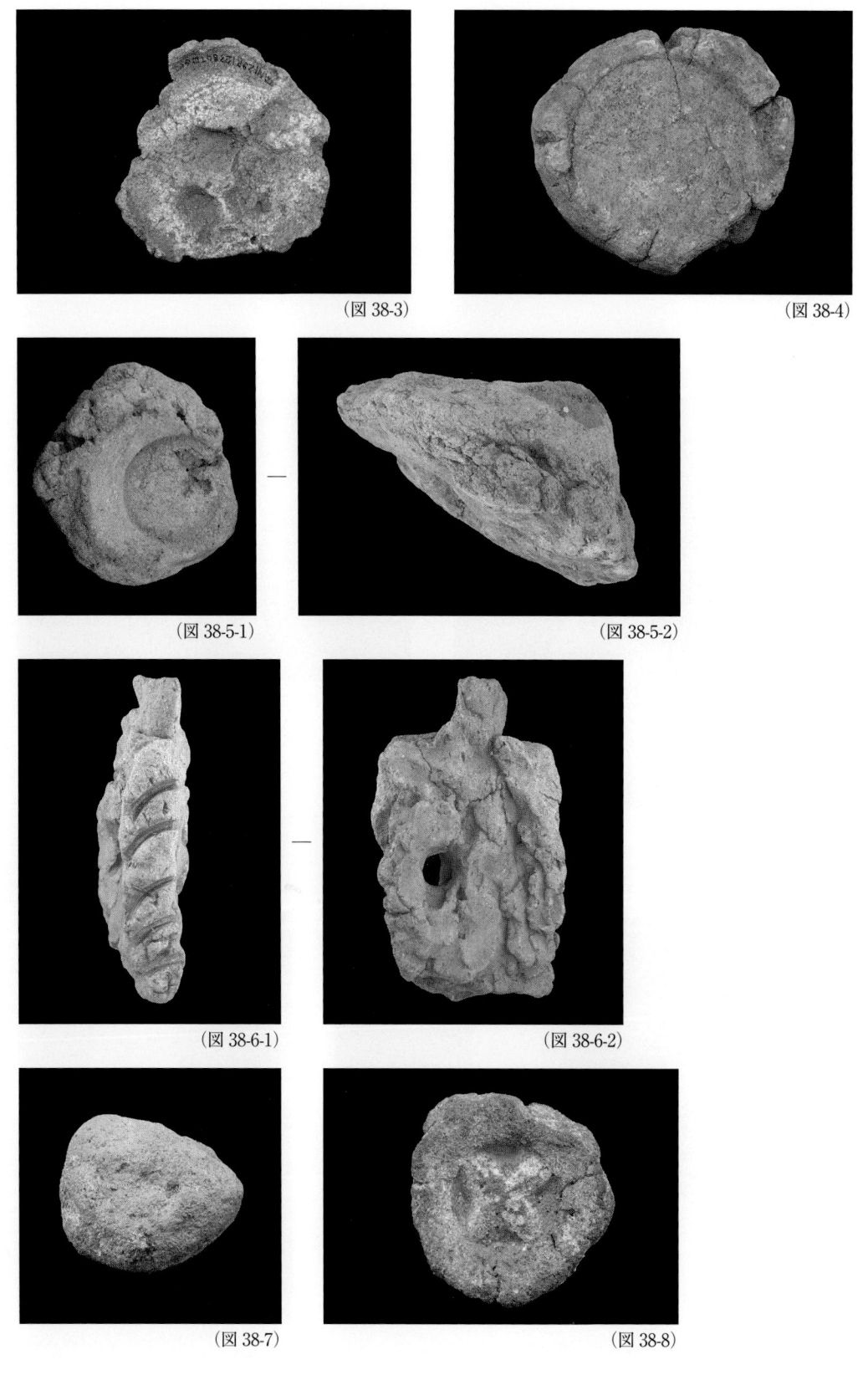

資料写真

(図 38-3)

(図 38-4)

(図 38-5-1)

(図 38-5-2)

(図 38-6-1)

(図 38-6-2)

(図 38-7)

(図 38-8)

# あとがき

　本書は2004年度に上智大学大学院外国語学研究科地域研究専攻に提出した学位請求論文、「アンコール王朝における窯業技術の成立と展開―タニ窯跡群出土資料の技術論―」をもとにしている。論文提出後もカンボジアでの窯跡調査は続き、新たな資料の蓄積も進んだため、大幅に加筆・修正したものが本書であるが、基本的な考え方や結論に変更はない。

　本書でもちいた図版は断りのない限り筆者が作成したものである。ただし遺物実測図のうちタニ窯跡B1号出土資料とアンロン・トム窯跡表面採集資料は隅田登紀子氏作成の原図を筆者がトレースしたものである。調査研究は平成13年から16年度高梨学術奨励基金助成、平成14年度笹川科学研究助成、平成14・16年度上智大学二十一世紀COEプログラムCOE若手研究者助成をうけておこなった。

　ここで本書のもととなった学位請求論文を審査していただいた先生方に深く御礼申し上げたい。論文主査である青柳洋治先生には上智大学大学院入学前より研究室に出入りさせていただき、タニ窯跡の発掘調査にも参加させていただいた。当時より現在にいたるまで、常に厳しくも暖かい御指導を頂戴している。論文副査であり上智大学アンコール遺跡国際調査団の団長でもある石澤良昭先生にも常日頃より調査研究について御指導を頂戴している。本書は両先生からの叱咤激励なくしては到底書き上げることはできなかっただろう。論文審査に際しては寺田勇文先生、小川英文先生より貴重な御意見と暖かい励ましの言葉をいただいた。ここに厚く御礼申し上げたい。

　タニ窯跡発掘調査で御指導いただいた佐々木達夫先生、田中和彦先生、野上建紀先生、丸井雅子先生にも改めて御礼申し上げたい。調査技術の未熟な筆者がカンボジアで調査をおこなうことが出来たのは先生方の御指導によるものである。長期にわたるカンボジア滞在で様々な便宜を図っていただいた遠藤宣夫先生、隅節子さん、荒樋久雄先生（故人）、三輪悟さん、阿部千依さんにも御礼申し上げたい。

　また、筆者の学部と修士課程での指導教授であったリチャード・ウィルソン先生にも深く御礼申し上げたい。ウィルソン先生には陶磁器研究の可能性とその厳しさを教えていただいた。

　出版事情がきわめて厳しいなか、出版を快く引き受けてくださった雄山閣の羽佐田真一さんにも心から御礼を申し上げたい。そのほかにも数え切れないほどの御助言、御厚意によって本書を完成することが出来た。以下に御世話になった方々の御名前を挙げさせていただき感謝の意を表したい。ありがとうございました。

Ang Choulean、Chay Visoth、Christophe Pottier、Ea Darith、John Guy、Louise Allison

## あとがき

Cort、Nhim Sutheavin、Nuon Mony、Sok Keo Sovannara、Sok Kimsan、Som Visoth、Tin Tina、上野邦一、江上幹幸、小田静夫、小野林太郎、片桐正夫、金井慎司、氣賀澤博徳、菊池誠一、吉良文男、小島洋子、小日置晴展、坂井隆、佐藤由似、重住豊、嶋本紗枝、清水菜穂、下田一太、杉山洋、隅田登紀子、高野和弘、高橋敦、高橋正時、田中夕樹、谷口聡美、千葉博俊、長井光彦、中尾芳治、中井奈穂美、中島節子（故人）、中津由紀子、永野真理子、中松万由美、新里康、新田栄治、橋本真紀夫、長谷部楽爾、林徹、菱田哲郎、平野裕子、松浦史明、丸山清志、宮崎晶子、宮本康治、向井亙、元木和歌子、矢作健二、山形眞理子、吉田邦夫、渡辺慎也（アルファベット・五十音順　敬称略）。

## 文献目録 （和文・中文：五十音順、欧文：アルファベット順）

青柳洋治
　1985　「フィリピン出土中国貿易陶磁の変遷 ― カラタガン遺跡とサンタ・アナ遺跡の年代について ―」
　　　　『三上次男博士喜寿記念論文集』陶磁編：313-330　東京：平凡社
青柳洋治・佐々木達夫・丸井雅子・宮田絵津子
　1997　「アンコール遺跡タニ窯跡群の調査報告」『カンボジアの文化復興』14：27-43
青柳洋治・佐々木達夫
　1999　「アンコール遺跡タニ窯跡群第5次調査略報」『カンボジアの文化復興』16：174-175
　2000　「2、タニ窯跡を掘る」『アンコール遺跡の考古学』：216-232　東京：連合出版
青柳洋治・佐々木達夫（編）
　2007　『タニ窯跡の研究 ― カンボジアにおける古窯の調査 ― 』東京：連合出版
青柳洋治・佐々木達夫・田中和彦・野上建紀・石澤良昭
　2000　「アンコール遺跡タニ窯跡群　発掘調査の成果と環境整備方針」『金沢大学考古学紀要』第25号：
　　　　170-192
青柳洋治・佐々木達夫・田中和彦・野上建紀・丸井雅子
　1999a　「アンコール遺跡タニ窯跡群第2次調査報告」『カンボジアの文化復興』16：123-149
　1999b　「アンコール遺跡タニ窯跡群第3次調査報告」『カンボジアの文化復興』16：150-157
青柳洋治・佐々木達夫・田中和彦・野上建紀・丸井雅子・隅田登紀子
　1999　「アンコール遺跡タニ窯跡群第4次調査報告」『カンボジアの文化復興』16：158-173
　2000　「アンコール遺跡タニ窯跡群第6次調査報告（概報）」『カンボジアの文化復興』17：127-133
青柳洋治・佐々木達夫・田中和彦・野上建紀・丸井雅子・田畑幸嗣
　2001　「アンコール遺跡タニ窯跡群第7次・第8次調査報告」『カンボジアの文化復興』18：95-118
石澤良昭
　1982　『古代カンボジア史研究』東京：国書刊行会
　2001a　「総説」『東南アジア史2 東南アジア古代国家成立と展開』：1-26 東京：岩波書店
　2001b　「2　アンコール＝クメール時代（9―13世紀）」『東南アジア史2 東南アジア古代国家の成立と展
　　　　開』：55-88　東京：岩波書店
　2005　『アンコール・王たちの物語　碑文・発掘成果から読み解く』東京：日本放送出版協会
石澤良昭・生田滋
　1998　『東南アジアの伝統と発展』東京：中央公論社
エア・ダリス
　1999　『東南アジアの陶磁器 ― クメール陶磁器の考古学的自然科学的研究 ― 』（京都大学大学院人間環
　　　　境学研究科文化地域環境学専攻提出1998年度修士論文）
エア・ダリス、チャイ・ビソット、ラム・ソピアック、ロエン・ラヴァタイ、ケオ・ソク・ソヴァナラ、エム・
ソチアタ
　2005　「第2節　クメール窯跡における新資料とその概要」『タニ窯跡群A6号窯発掘調査報告 ― アンコー
　　　　ル文化遺産保護共同研究報告書 ― 』：85-100　奈良：独立行政法人文化財研究所奈良文化財研究所

文献目録

江川良武
- 1999 「アンコール帝国・興隆衰亡の自然地理的背景 ― JICA 地形図判読による新知見 ― 」『アンコール遺跡を科学する　第6回アンコール遺跡国際調査団報告会』66-77　上智大学アンコール遺跡国際調査団、東京

小川英文
- 1992 「第1章　自然と生業」『入門東南アジア研究』：23-35　東京：めこん

ガイ，ジョン　田畑幸嗣訳
- 2004 「クメール陶器の再評価」『東南アジア考古学』第24号：67-89

亀井明徳
- 2001 「貿易陶磁器研究の方向性」『季刊考古学』第75号：14-15

北川香子
- 2006 『カンボジア史再考』東京：連合出版

菊池誠一
- 2004 「ベトナム中部の陶磁生産」『東南アジア産陶磁器の生産地をめぐる諸問題 ― 主に日本出土陶磁器の生産地を中心に ― 』：71-84　鹿児島：東南アジア考古学会

吉良文男
- 2002 「東南アジア大陸部の陶磁器 ― タイを中心に ― 」『わび茶が伝えた名器　東南アジアの茶道具』：192-212　京都：茶道資料館

グロリエ，ベルナール　津田武徳訳
- 1998 「アンコール王朝陶磁入門 ― 9世紀末から15世紀初め」『東南アジア考古学』第18号：167-212

廣州市文物管理委員会・香港中文大學文物館（編）
- 1987 『廣州西村窯』香港：廣州市文物管理委員会・香港中文大學文物館

コート，ルイズ・アリソン　田畑幸嗣訳
- 2002 「クメール陶器 ― ハウギコレクションを中心としたクメール陶器の研究 ― 」『東南アジア考古学』第22号：129-168

笹川秀夫
- 2006 『アンコールの近代 ― 植民地カンボジアにおける文化と政治』東京：中央公論新社

佐々木達夫
- 1994 『日本史小百科　陶磁』東京：東京堂出版

上智大学アジア文化研究所（編）
- 2002 『カンボジアの文化復興(19) ― バンテアイ・クデイ遺跡出土の廃仏274体研究概要および出土仏像・千体仏石柱目録特集 ― 』東京：上智大学アジア文化研究所

杉山洋
- 1997 「3.　クメール陶器研究史」『アンコール文化遺産保護共同研究報告書Ⅰ　平成5年度－7年度』：53-65　奈良：文化庁伝統文化課・奈良国立文化財研究所
- 2000 「3、クメール陶器研究史」『アンコール遺跡の考古学』：233-255　東京：連合出版
- 2004a 「クメール陶器の調査と研究」『佛教藝術』274：111-130
- 2004b 「カンボジアの陶磁生産地」『東南アジア産陶磁器の生産地をめぐる諸問題 ― 主に日本出土陶磁器の生産地を中心に ― 』：1-5　鹿児島：東南アジア考古学会

杉山洋、吉川聡、佐藤由似、SOK Keo Sovannara
- 2008 『カンボジアにおける中世遺跡と日本人町の研究　文部科学省科学研究費助成金特別研究促進費課題番号19900125』　文部科学省科学研究費助成金特別研究促進費報告書

周達観　和田久徳訳注
  1989　『真臘風土記』東京：平凡社
隅田登紀子
  2000　『歴史資料としてのクメール陶器 — タニ窯跡群発掘出土遺物より — 』（上智大学大学院外国語学研究科地域研究専攻提出1999年度修士論文）
高田洋子
  1994　「メコン河流域の開発と環境に関する一考察：コーラート高原とメコンデルタの事例を中心に」『環境情報研究』2：47-61
高谷好一
  1985　『東南アジアの自然と土地利用』東京：勁草書房
ダジャンス，ブリュノ　石澤良昭・中島節子訳
  2008　『アンコール・ワットの時代 — 国のかたち、人々のくらし』東京：連合出版
田畑幸嗣
  2002　「カンボジア・タニ窯跡出土クメール陶器の研究」『高梨学術奨励基金年報』平成13年度：65-83
  2003　「クメール陶器の製陶技術に関する一考察 — タニ窯跡出土資料を中心に — 」『東南アジア考古学』：1-21
  2004　「アンコール王朝における窯業技術の成立と展開 — タニ窯跡群出土資料の技術論 — 」上智大学提出学位請求論文　200p.
  2005a　「クメール陶器の型式学的研究 — アンコール地域におけるクメール灰釉陶器の分類 — 」『東南アジア考古学』第25号：51-79.
  2005b　「東北タイにおけるクメール陶器窯跡群とアンコール地域におけるクメール陶器窯跡群との比較研究」『高梨学術奨励基金年報』平成17年度：35-38.
  2005c　「カンボジア、アンコール地域における灰釉陶器の生産—タニ、アンロン・トム、ソサイ窯跡資料の比較研究」『上智アジア学』第23号：7-35.
  2007　「古代カンボジアにおけるクメール陶器の成立に関する一考察」『地域の多様性と考古学』：117-138　東京：雄山閣
津田武徳
  1999　「クメールの初期灰釉陶と古窯址」『東洋陶磁』vol.28：121-126
  2002　「クメール・タイ・ミャンマーの陶磁」『東洋陶磁史 — その研究の現在 — 』：292-299　東京：東洋陶磁学会
  2004　「ミャンマー陶磁 — 最近の発掘例を中心に — 」『東南アジア産陶磁器の生産地をめぐる諸問題—主に日本出土陶磁器の生産地を中心に — 』：23-37　鹿児島：東南アジア考古学会
  2005　「ミャンマー施釉陶磁 — 生産技術と編年のための史料 — 」『上智アジア学』第23号：55-80
デルヴェール，ジャン　及川浩吉訳
  2002　『カンボジアの農民 — 自然・社会・文化』東京：風響社
デルヴェール，ジャン　石澤良昭・中島節子共訳
  1996　『カンボジア』東京：白水社
デュマルセ，ジャック　松原容子訳
  1997　「クメールの小屋組と瓦」『アンコール文化遺産保護共同研究報告書Ⅰ　平成5年度〜平成7年度』：77-276　奈良：文化庁伝統文化課・奈良国立文化財研究所
東京国立博物館（編）
  1975　『日本出土の中国陶磁』東京：東京国立博物館

独立行政法人文化財研究所奈良文化財研究所（編）
- 2005 『タニ窯跡群 A6 号窯発掘調査報告 ― アンコール文化遺産保護共同研究報告書 ―』奈良：独立行政法人文化財研究所奈良文化財研究所

富山佐藤美術館（編）
- 1999 『特別展　敢木丁コレクション　東南アジア古陶磁展　六』富山：富山佐藤美術館

中島節子
- 2000 「4、グロリエの陶器研究」『アンコール遺跡の考古学』：256-271　東京：連合出版

楢崎彰一・Lefferts Jr., H. Leedom・Cort, Louise Allison
- 2000 「東南アジアにおける現代の土器および焼締陶の生産に関する地域調査」『(財)瀬戸市埋蔵文化財センター研究紀要』第 8 輯：105-192

西村昌也・西野範子
- 2005 「ヴェトナム施釉陶器の技術・形態的視点からの分類と編年 ― 10 世紀から 20 世紀の碗皿資料を中心に ―」『上智アジア学』第 23 号：81-122

新田栄治
- 1989 「東北タイ古代内陸部製塩の史的意義に関する予察」『考古学と民族誌　渡辺仁教授古稀記念論文集』：173-195　東京：六興出版

野上健紀
- 2004 「クメール陶器窯の窯構造 ― アンコール遺跡群タニ窯跡群を中心に ―」『東南アジア産陶磁器の生産地をめぐる諸問題 ― 主に日本出土陶磁器の生産地を中心に ―』：7-22　鹿児島：東南アジア考古学会

長谷部楽爾
- 1984 「クメールの陶器」『世界陶磁全集　南海編』：151-164　東京：小学館
- 1989 『インドシナ半島の陶磁 ― 山田義雄コレクション ―』　東京：瑠璃書房
- 1995 「東南アジア古陶磁研究の現状」『東洋陶磁』23・24 合併号：5-13
- 2006 『東洋陶磁史研究』　東京：中央公論美術出版

文化庁伝統文化課・奈良国立文化財研究所（編）
- 1998 『アンコール文化遺産保護共同研究報告書 II タニ窯跡群測量調査報告』奈良：文化庁伝統文化課・奈良国立文化財研究所
- 2000a 『アンコール文化遺産保護共同研究報告書　タニ窯跡群 A6 号窯発掘調査概報』奈良：文化庁伝統文化課・奈良国立文化財研究所
- 2000b 『アンコール文化遺産保護共同研究報告書　平成 8 年度〜平成 10 年度』奈良：文化庁伝統文化課・奈良国立文化財研究所
- 2001 『アンコール文化遺産保護共同研究報告書　タニ窯跡群 A6 号窯発掘調査概報 2』奈良：文化庁伝統文化課・奈良国立文化財研究所

香港大學馮平山博物館（編）
- 1985 『廣東唐宋窯址出土陶瓷』香港：香港大學馮平山博物館

町田市立博物館（編）
- 1994 『ベトナム・タイ・クメールの陶磁 ― 中村三四郎コレクション ―』東京：町田市立博物館

松尾信裕
- 2000 「1、クメール窯跡群の発見」『アンコール遺跡の考古学』：196-215　東京：連合出版

丸井雅子
- 1999 「9. アンコール・ワット西参道出土遺物　西参道北側基礎部分の掘削調査にともなう」『カンボジ

         アの文化復興』16：176-195
    2000 「2.仏像出土の発掘調査とその意義 ― D11建物発掘調査（30次・32次・33次）および追加調査（36次・37次）―」『カンボジアの文化復興』19：49-64
三上次男
    1984 「ベトナム陶磁と陶磁貿易」『世界陶磁全集16 南海』：209-235 東京 小学館
    1987 「東南アジアにおける晩唐・五代時代の陶磁貿易」『陶磁貿易史研究 上』：330-343 東京 中央公論美術出版
    1988 「東南アジア陶磁と陶磁貿易 ― ベトナム陶磁を中心として ― 」『陶磁貿易史研究 中』：197-249 東京 中央公論美術出版
向井亙
    2001 「沈没船資料に基づくタイ・シーサッチャナライ施釉陶磁器盤形の変遷」『貿易陶磁研究』No.21：75-89
    2004 「タイの陶磁生産地」『東南アジア産陶磁器の生産地をめぐる諸問題 ― 主に日本出土陶磁器の生産地を中心に ― 』：39-54 鹿児島：東南アジア考古学会
    2005 「タイ陶磁器の輸出初期段階の様相」『上智アジア学』第23号：37-54
盛合禧夫（編著）
    2000 『アンコール遺跡の地質学』東京：連合出版
森村健一
    1989 「16～17世紀初頭の堺環濠都市遺跡出土のタイ四耳壺―タイでの窯跡・沈没船の出土例」『貿易陶磁研究』No.9：134-151
桃木至朗、小川英文、クリスチャン，ダニエルス、深見純生、福岡まどか、見市建、柳澤雅之、吉村真子、渡辺佳成（編）
    2008 『［新版］東南アジアを知る事典』東京：平凡社
矢部良明
    1978 『タイ・ベトナムの陶磁』東京：平凡社
山本信夫
    2004 「ベトナム（チャンパ）ゴーサイン窯の発掘調査」『東南アジア産陶磁器の生産地をめぐる諸問題 ― 主に日本出土陶磁器の生産地を中心に ― 』：55-70 鹿児島：東南アジア考古学会
リチャーズ，リチャード、ハイン，ドナルド、バーンズ，ピーター、ピシート，チャルンウォン 井垣春雄訳
    1984 「スコタイ時代の古窯址と出土品」『世界陶磁全集 南海編』：197-208 東京：小学館

Aoyagi, Yoji
    1991 Trade Ceramics Discovered in Insular Southeast Asia. *Trade Ceramics Studies*. No.11：35-52.
Aoyagi, Yoji and Hasebe, Gakuji
    2002 *Champa Ceramics Production and Trade - Excavation Report of the Go Sanh Kiln Site in Central Vietnam -*, Tokyo：The Study Group of Go Sanh Kiln Sites in Central Vietnam.
Aymonier, Etienne
    1901 *Les Provinces Siamoises. Le Cambodge,* vol. 2. Paris：Ernest Leroux.
Boisselier, Jean
    1966 *Le Cambodge*. Manuel d'Archéologie d'Extrême-Orient part 1, Asie du Sud-Est, vol. 1. Paris：Picard.

Brown, Roxanna M.
- 1977 *The Ceramics of South-East Asia, Their Dating and Identification.* Singapore : Oxford University Press.
- 1981 Khmer Ceramics of the Korat Plateau : Unraveling the Mysteries. In Diana Stock (ed.) *Khmer Ceramics : 9th-14th Century* : 41-49 : Singapore : Oriental Ceramics Society.
- 1988 *The Ceramics of South-East Asia, Their Dating and Identification.* 2nd ed. Singapore : Oxford University Press.
- 1989 Guangdong : A Missing Link to Southeast Asia In Roxanna M. Brown (ed.) *Guangdong Ceramics from Butuan and Other Philippine Sites.* Manila : Oriental Ceramic Society of the Philippines.

Brwon, Roxanna Childress, Vance & Gluckman, Michael
- 1974 A Khmer Kiln Site - Surin Province. *Journal of Siam Society,* No 67 (part2) : 239-252.

Chandavij, Natthapatra
- 1990 Ancient Kiln Sites in Buriram Province, Northeastern Thailand. In Ho Chuimei (ed.) *Ancient Ceramic Kiln Technology in Asia* : 230-244. Hong Kong : Center of Asian Studies, University of Hong Kong.

Chinese Government Team for Safeguarding Angkor
- 2000 Report on Archaeological Research at Chau Say Tevoda Temple, Angkor. *Udaya, Journal of Khmer Studies* I : 255-294.

Childress, Vance and Roxanna Brown
- 1978 Khmer Ceramics at Prasat Ban Phluang. *Arts of Asia* 8, no. 1 : 67-73.

Cort, Louise Allison
- 2000 Khmer Stoneware Ceramics. In *Asian Traditions in Clay* : 91-149. Wahington, D. C. : Smithsonian Institution.

Cort, Louise Allison and Lefferts Jr., H. Leedom
- 2000 Khmer Earthenware in Mainland Southeast Asia : An Approach through Production. *Udaya, Journal of Khmer Studies* I : 49-68.

Courbin, Paul
- 1988 *La Fouille du Sras-Srang.* Collection de Textes et Documents sut L'Indochine XVII. Paris : École Francaise d'Extrême-Orient.

Dumarcay, Jacques
- 1973 *Charpentes et Tuiles Khmeres.* Paris : École Francaise d'Extrême-Orient.

Dupoizat, Marie-France
- 1999 La céramique importée à Angkor : Étude préliminarie. *Arts Asiatiques* 54 : 103-116.

Fine Arts Department, Thailand
- 1989 *Kilns in Ban Kruat, Buriram Province* (in Thai). Bangkok : Fine Arts Department.

Franiatte, March
- 2000 Nouvelles analyses de la céramique khmère du Palais royal d'Angkor Thom : Étude préliminarie. *Udaya, Journal of Khmer Studies* I : 91-124.

Fujiwara, Hiroshi
- 1990 *Khmer Ceramics from the Kamratan Collection in the Southeast Asian Ceramics Museum, Kyoto.* Singapore : Oxford University Press.

Graham, W. A.
　1986　Pottery in Siam. *Journal of Siam Society*, 16 (part1) : 1-27.

Groslier, Bernard P.
　1960　Our Knowledge of Khmer Civilization, a Re-appraisal. *Journal of the Siam Society* 48, part I : 1-28.
　1981　Introduction to the Ceramic Wares of Angkor. In Diana Stock (ed.) *Khmer Ceramics : 9th-14th Century* : 9-39. Singapore : Oriental Ceramics Society.
　1995　Introduction à la Céramique Angkorienne (fin IXe - début XVe s.). *Péninsule* 31 : 5-60.
　1998　(reprinted) La céramique chinoise en Aise du Sud-Est : Quelques points de méthode, *Archipel*, No 21 : 93-121.

Groslier, Bernard P. translator-unknown
　2000　Introduction to the Ceramic Wares of Angkor (in Khmer). *Udaya, Journal of Khmer Studies* I : 155-198.

Groslier, George
　1931　Les Collections Khmères du Musée Alberrt Sarraut a Phnom-Penh. Paris : Van Oest.

Guy, John
　1989　*Ceramic Traditions of South-East Asia.* Singapore : Oxford University Press.
　1997　A Reassessment of Khmer Ceramics. *Transactions of the Oriental Ceramic Society* 61 : 39-63.

Higham, Charles
　1998　The Transition from Prehistory to the Historic Period in the Upper Mun Valley. *International Journal of Historical Archaeology* 2, no. 3 : 235-260.
　2001　*The Civilization of Angkor.* London : Weidenfeld & Nicolson.
　2002　*Early Cultures of Mainland Southeast Asia.* Bangkok : River Books.

Honda Hiromu and Simazu Noriki
　1997　*The Beauty of fired clay ceramics from Buruma, Cambodia, Laos and Thailand.* Kuala Lumpur : Oxford University Press.

Khwanyuen, Sathaporn
　1985　The Excavation of Baranae Kiln site, Thailand. *SPAFA Final Report, Technical Workshop on Ceramics.* Bangkok : SPAFA : 137-168.

Ly Vanna
　2002　*The Archaeology of Shell Matrix Sites in the Central Floodplain of the Tonle Sap River, Central Cambodia : The Shell Settlement Site of Samrong Sen and Its Cultural Complexity.* Tokyo : Sophia University. doctoral dissertation.

Muan, Ingrid and Ly Daravuth
　2000　Ceramic Section of the Department of Plastic Arts, Royal University of Fine Arts, Phnom Penh. *Udaya, Journal of Khmer Studies* I : 147-153.

Nishimura, Masanari and Bui, Minh Tri
　2004　Excavation of the Duong Xa site in Bac Ninh Province, Vietnam. *Journal of Southeast Asian Archaeology* 24 : 91-131.

Richards, Dick
　1977　*Thai Ceramics : Ban Chiang, Khmer, Sukhothai.* Adelaide : Art Gallery of South Australia.
　1995　*South-East Asian ceramics : Thai, Vietnamese and Khmer from the collection of the Art Gallery*

　　　　　　*of South Australia.* Kuala Lumpur：Oxford University Press.

Rooney, Dawn

　　1984　*Khmer Ceramics.* Singapore：Oxford University Press.

　　1990　Introduction. *Khmer Ceramics from the Kamratan Collection in the Southeast Asian Ceramics Museum, Kyoto*：1-18, Singapore：Oxford University Press.

　　2000　Khmer Ceramics：Their Role in Angkorian Society. *Udaya, Journal of Khmer Studies* I：129-145.

Shaw, John C.

　　1987　*Introducting Thai Ceramics, also Burmese and Khmer,* Chiang Mai：Duangphon Kemasingki.

Srisuchat, Tharapong and Amara Srisuchat

　　1989　Introducing Buriram Ceramics and Kilns. *The Silpakorn Journal,* 32, no. 6：42-52.

Stark, Miriam

　　2000　Pre-Angkor Earthenware：Ceramics from Cambodia's Mekong Delta. *Udaya, Journal of Khmer Studies* I：69-89.

　　2003　The Chronology, Technology and Contexts of Earthenware Ceramics in Cambodia. In John N. Miksic (ed.) *Earthenware in Southeast Asia：Proceedings of the Singapore Symposium on Premodern Southeast Asian Earthenwares*：208-223, Singapore：Singapore University Press.

Stark, Miriam and Allen, S. Jane

　　1998　The Transition to History in Southeast Asia：An Introduction. *International Journal of Historical Archaeology* 2, no. 3：163-174.

Stark, Miriam et. al.

　　1999　Results of the 1995-1996 Archaeological Field Investigations at Angkor Borei, Cambodia. *Asian Perspectives* 38, no. 1：7-35.

Stevenson, John and Guy, John

　　1997　*Vietnamese Ceramics, A Separate Tradition.* Chicago：Art Media Resources with Avery Press.

Tabata, Yukitsugu and Chay, Visoth

　　2007　Preliminary Report of the Excavation of the Anglong Thom Kiln Site, Cambodia. *Journal of Southeast Asian Archaeology* No.27：63-69.

Tin, Tina

　　2004　*Khmer Ceramics：A Case Study of the Ceramics from the Sarsey Kiln Complex in the Angkor Area.* Tokyo：Sophia University. master's thesis.

World Monuments Fund Preah Khan Conservation Project

　　2000　The Ceramic Collection at Preah Khan Temple. *Udaya, Journal of Khmer Studies* I：295-303.

Welch, David J.

　　1998　Archaeology of Northeast Thailand in Relation to the Pre-Khmer and Khmer Historical Records. *International Journal of Historical Archaeology* 2, no. 3：205-233.

## クメール陶器資料出土地一覧

| 図 | 資料番号 | 遺跡・出土層位 |
|---|---|---|
| 20 | 1 | タニ窯跡物原トレンチ8 II層 |
|  | 2 | タニ窯跡物原トレンチ8 VII層 |
|  | 3 | タニ窯跡物原トレンチNSS.S V層 |
|  | 4 | タニ窯跡物原トレンチ8 一括 |
| 21 | 1 | タニ窯跡 B1窯 VI-VII層 |
|  | 2 | タニ窯跡 B1窯 床b直下 |
|  | 3 | タニ窯跡 B1窯 IV-V層 |
|  | 4 | タニ窯跡 B1窯 IV-V層 |
|  | 5 | タニ窯跡物原トレンチ2 I層 |
| 22 | 1 | タニ窯跡物原トレンチEWS.E III-IV層 |
|  | 2 | タニ窯跡物原トレンチ3 V層 |
|  | 3 | タニ窯跡物原トレンチ3 一括 |
|  | 4 | タニ窯跡物原トレンチ3 IV層 |
| 23 | 1 | タニ窯跡物原トレンチ2 III層 |
|  | 2 | タニ窯跡物原トレンチ3 III層 |
|  | 4 | タニ窯跡物原トレンチ3 V層 |
|  | 5 | タニ窯跡物原トレンチEWS.W III層 |
|  | 6 | タニ窯跡物原トレンチ4b V層 |
| 24 | 1 | タニ窯跡物原トレンチ3 III層 |
|  | 2 | タニ窯跡物原トレンチ3 VII層 |
|  | 3 | タニ窯跡物原トレンチ3 III-IV層 |
|  | 4 | タニ窯跡物原トレンチ3 III-IV層 |
| 25 | 1 | タニ窯跡物原トレンチ3 III層 |
| 26 | 1 | タニ窯跡物原トレンチ3 V層 |
|  | 2 | タニ窯跡物原トレンチ3 一括 |
| 27 | 1 | タニ窯跡物原トレンチ4a II層 |
|  | 2 | タニ窯跡物原トレンチ2 一括 |
|  | 3 | タニ窯跡物原トレンチ3 一括 |
|  | 4 | タニ窯跡物原トレンチNSS V層 |
| 28 | 1 | タニ窯跡物原トレンチ3 III層 |
|  | 2 | タニ窯跡物原トレンチ3 V層 |
| 29 | 1 | タニ窯跡物原トレンチEWS.W III層 |
|  | 2 | タニ窯跡物原トレンチ3 II層 |
|  | 3 | タニ窯跡物原トレンチ3 II-V層 |
|  | 4 | タニ窯跡物原トレンチ3 Pit2 一括 |
|  | 5 | タニ窯跡物原トレンチ3 IV層 |
|  | 6 | タニ窯跡物原トレンチ3 Pit2 一括 |
| 30 | 1 | タニ窯跡物原トレンチ3 IV層 |
|  | 2 | タニ窯跡物原トレンチ3 VIII層 |
|  | 3 | タニ窯跡物原トレンチI 一括 |
| 31 | 1 | タニ窯跡物原トレンチ4a II層 |
|  | 2 | タニ窯跡物原トレンチ3 VI層 |
|  | 3 | タニ窯跡 B4窯 IV層 |
| 32 | 1 | タニ窯跡物原トレンチ3 V層 |
|  | 2 | タニ窯跡物原トレンチ3 一括 |
| 33 |  | タニ窯跡物原トレンチ3 IV層 |

| 図 | 資料番号 | 遺跡・出土層位 |
|---|---|---|
| 34 | 1 | タニ窯跡物原トレンチ3 I層 |
|  | 2 | タニ窯跡物原トレンチ3 一括 |
| 35 | 1 | タニ窯跡物原トレンチ3 II層 |
|  | 2 | タニ窯跡物原トレンチ3 II層 |
|  | 8 | タニ窯跡 B1窯 IV-V層 |
| 36 | 1 | タニ窯跡物原トレンチNSS III層 |
|  | 2 | タニ窯跡物原トレンチEWS.E IV層 |
| 37 | 1 | タニ窯跡物原トレンチ3 II層 |
|  | 2 | タニ窯跡物原トレンチEWS IV層 |
| 38 | 1 | タニ窯跡物原トレンチEWS.W III層 |
|  | 2 | タニ窯跡物原トレンチ3 II-V層 |
|  | 3 | タニ窯跡物原トレンチ3 V層 |
|  | 4 | タニ窯跡物原トレンチ3 V層 |
|  | 5 | タニ窯跡物原トレンチ3 IV層 |
|  | 6 | タニ窯跡物原トレンチ3 VII層 |
| 38 | 7 | タニ窯跡物原トレンチEWS 一括 |
| 43 | 1 | タニ窯跡物原トレンチEWS.E IV層 |
|  | 2 | タニ窯跡物原トレンチEWS.E IV層 |
|  | 3 | タニ窯跡物原トレンチEWS.E IV層 |
| 44 |  | タニ窯跡物原トレンチ3 III層 |
| 46 | 1 | タニ窯跡物原トレンチ3 VII層 |
|  | 2 | タニ窯跡物原トレンチ3 II-V層 |
|  | 3 | タニ窯跡物原トレンチ3 V層 |
|  | 4 | タニ窯跡物原トレンチNSS.S III層 |
| 47 | 1 | タニ窯跡物原トレンチ3 一括 |
|  | 2 | タニ窯跡物原トレンチ3 III層 |
|  | 3 | タニ窯跡物原トレンチNSS III層 |
|  | 4 | タニ窯跡物原トレンチ3 V層 |
|  | 5 | タニ窯跡物原トレンチ3 III層 |
|  | 6 | タニ窯跡物原トレンチEWS.W III層 |
|  | 7 | タニ窯跡物原トレンチ3 一括 |
|  | 8 | タニ窯跡物原トレンチ3 II層 |
| 48 | 1 | タニ窯跡物原トレンチ3 VII層 |
| 49 | 1 | タニ窯跡物原トレンチ12 V層 |
|  | 2 | タニ窯跡物原トレンチ3 IV層 |
|  | 3 | タニ窯跡物原トレンチ3 IV層 |
|  | 4 | タニ窯跡物原トレンチ3 III層 |
|  | 5 | タニ窯跡物原トレンチ3 I層 |
|  | 6 | タニ窯跡物原トレンチ3 III-IV層 |
|  | 7 | タニ窯跡物原トレンチ3 一括 |
|  | 8 | タニ窯跡物原トレンチ3 I層 |
|  | 9 | タニ窯跡物原トレンチEWS.W III層 |
| 50 | 1 | タニ窯跡 B1窯 IV-V層 |
|  | 2 | タニ窯跡 B1窯 IV-V層 |
| 51 | 1 | タニ窯跡物原トレンチ3 III層 |
|  | 2 | タニ窯跡物原トレンチ3 V層 |

クメール陶器資料出土地一覧

| 図 | 資料番号 | 遺跡・出土層位 |
|---|---|---|
| 51 | 3 | タニ窯跡物原トレンチ3 VII層 |
|  | 4 | タニ窯跡物原トレンチ3 I層 |
| 52 | 1 | アンロン・トム窯跡 ALK01窯 I層 |
|  | 2 | アンロン・トム窯跡表面採集 |
|  | 3 | アンロン・トム窯跡表面採集 |
|  | 4 | アンロン・トム窯跡 ALK01窯 I層 |
|  | 5 | アンロン・トム窯跡 ALK01窯 I層 |
|  | 6 | アンロン・トム窯跡表面採集 |
|  | 7 | アンロン・トム窯跡 ALK01窯 IX層 |
|  | 8 | アンロン・トム窯跡 ALK01窯 IX層 |
|  | 9 | アンロン・トム窯跡 ALK01窯 II層 |
| 53 | 1 | アンロン・トム窯跡 ALK01窯 II層 |
|  | 2 | アンロン・トム窯跡 ALK01窯 II層 |
|  | 3 | アンロン・トム窯跡 ALK01窯 II層（燃焼室内） |
|  | 4 | アンロン・トム窯跡 ALK01窯 II層（燃焼室内） |
|  | 5 | アンロン・トム窯跡 ALK01窯 IV層 |
|  | 6 | アンロン・トム窯跡 ALK01窯 IV層 |
|  | 7 | アンロン・トム窯跡 ALK01窯 I層 |
|  | 8 | アンロン・トム窯跡 ALK01窯 II層 |
|  | 9 | アンロン・トム窯跡 ALK01窯 II層 |
|  | 10 | アンロン・トム窯跡 ALK01窯 II層 |
|  | 11 | アンロン・トム窯跡 ALK01窯 II層 |
|  | 12 | アンロン・トム窯跡 ALK01窯 I層 |
|  | 13 | アンロン・トム窯跡表面採集 |
|  | 14 | アンロン・トム窯跡 ALK01窯 I層 |
|  | 15 | アンロン・トム窯跡 ALK01窯 IX層 |
|  | 16 | アンロン・トム窯跡表面採集 |
|  | 17 | アンロン・トム窯跡 ALK01窯 I層 |
|  | 18 | アンロン・トム窯跡 ALK01窯 I層 |
|  | 19 | アンロン・トム窯跡 ALK01窯 I層 |

| 図 | 資料番号 | 遺跡・出土層位 |
|---|---|---|
| 54 | 1 | アンロン・トム窯跡 ALK01窯 II層 |
|  | 2 | アンロン・トム窯跡 ALK01窯 II層 |
|  | 3 | アンロン・トム窯跡 ALK01窯 II層 |
|  | 4 | アンロン・トム窯跡 ALK01窯 II層 |
|  | 5 | アンロン・トム窯跡表面採集 |
|  | 6 | アンロン・トム窯跡 ALK01窯 I層 |
|  | 7 | アンロン・トム窯跡 ALK01窯 II層（燃焼室内） |
|  | 8 | アンロン・トム窯跡 ALK01窯 IV層 |
|  | 9 | アンロン・トム窯跡 ALK01窯 I層 |
|  | 10 | アンロン・トム窯跡表面採集 |
|  | 11 | アンロン・トム窯跡 ALK01窯 II層（燃焼室内） |
|  | 12 | アンロン・トム窯跡表面採集 |
|  | 13 | アンロン・トム窯跡表面採集 |
| 55 | 1 | アンロン・トム窯跡 ALK01窯 II層 |
|  | 2 | アンロン・トム窯跡 ALK01窯 IV層 |
| 56 | 1 | アンロン・トム窯跡表面採集 |
|  | 2 | アンロン・トム窯跡 ALK01窯 I層 |
|  | 3 | アンロン・トム窯跡 ALK01窯 I層 |
|  | 4 | アンロン・トム窯跡 ALK01窯 II層 |
|  | 5 | アンロン・トム窯跡 ALK01窯 I層 |
|  | 6 | アンロン・トム窯跡表面採集 |
|  | 7 | アンロン・トム窯跡表面採集 |
| 57 | 1 | アンロン・トム窯跡表面採集 |
|  | 2 | アンロン・トム窯跡表面採集 |
|  | 3 | アンロン・トム窯跡表面採集 |
|  | 4 | アンロン・トム窯跡表面採集 |
|  | 5 | アンロン・トム窯跡表面採集 |
|  | 6 | アンロン・トム窯跡 ALK01窯 II層（燃焼室内） |
|  | 7 | アンロン・トム窯跡 ALK01窯 I層（燃焼室内） |

註：そのほかの窯（ソサイ、バカオン、クナ・ポー）はすべて表面採集資料

# 遺跡・人名・用語索引（五十音順）

### ア 行

アイモニエ, E. 8
青柳洋治 4
朝顔形碗 76, 90, 100, 103, 106, 115, 119, 120, 122, 128, 129
当て具（痕） 70, 90, 96, 133
アユタヤ 33
アンコール時代 1, 5, 6, 20, 26, 29, 30, 33
アンコール陶磁器 165
アンコール・ワット 26
アンコール・ワット西参道 143, 147, 162, 165
アンコール・トム 9, 11, 14, 26, 34, 37, 49, 162
アンコール・ボレイ 29
アンロン・トム 8, 12, 20, 35, 36, 38, 42, 49, 57, 59, 60〜63, 65, 69, 97, 99, 111, 117〜122, 128〜130, 133, 138, 141, 143, 148〜151, 158〜161
糸切り痕 135, 137, 140
インド 11, 15, 16, 21, 29, 151〜153, 155, 156
ヴェトナム陶磁 4, 166
越州窯系 156, 161, 163
煙道部 37, 39, 42, 54, 57, 59, 63
横焔式（地上）窯 47, 54, 57, 59, 63, 64, 137, 140
大型壺 77, 79, 80, 90, 91, 96, 100, 106, 122, 133
大型瓶 83, 90, 92, 95, 100, 106, 108, 117, 118, 128, 133, 152
奥壁（障壁） 54, 57, 59, 63

### カ 行

ガイ, J. 5, 11, 16, 153
回転糸切り 91, 96, 137
回転板 92, 95, 96, 108, 109, 118, 128, 133, 165
灰釉（陶器） 13, 14, 16, 21, 36, 45, 47, 70, 76, 78, 83, 86〜88, 99, 100, 106, 108, 109, 111, 115, 117, 118, 121, 122, 128, 133, 135, 137, 138, 140, 141, 144, 145, 147, 148, 155, 156, 158
火炎（文） 87, 88, 96
重ね積み 70, 88, 90, 92, 100, 102, 103, 106, 119, 122, 137, 140, 158, 160
重ね焼き 130
型（笵） 96, 97, 109
型押し（成形） 97, 99, 109
型作り（成形） 13, 83, 88
瓦陶兼業窯 70, 86, 106, 160
窯印 45, 71, 76, 115, 122, 135
窯詰め（法） 35, 69, 70, 79, 90, 100, 106, 108, 117, 119〜121, 129, 130, 140, 141, 156, 164
窯道具 70, 77, 83, 88, 90, 100, 102, 106, 108, 111, 115, 118, 120, 121, 128, 137, 140, 155, 158, 160, 164
瓦 70, 83, 86, 88, 108, 111, 117, 118, 121, 128, 129, 158, 160, 164
カンボジア 1, 3, 5, 7〜11, 15, 17〜19, 22, 23, 27〜29, 34, 35, 38, 46, 47, 48, 49, 155, 159
幾何学文 99, 119, 129
脚台付壺 144
脚台付碗 76, 90, 100, 106
吉良文男 165
金属器（製品） 16, 147, 153, 159, 165
金属光沢 21, 77, 122
クナ・ポー 35, 44, 61, 62, 69, 132, 133, 138, 141, 165
クメール陶器 1, 2, 4〜21, 25, 28, 29, 32, 33, 35, 44, 57, 63, 64, 66, 69, 70, 90, 91, 96〜99, 108, 129, 138, 140, 141, 143, 145〜147, 151〜153, 155, 156, 159, 161, 163〜165
グロリエ, B. P. 4, 7〜10, 12〜17, 19, 20〜22, 33, 34, 100, 152, 153, 155, 158, 159, 161, 162, 164〜166
グロリエの（様式論的）編年案 143〜145, 150
削り出し（隆帯） 76, 81〜83, 95〜97, 99, 111, 122, 129, 130, 141
硬質無釉陶器 156, 158
広州西村窯 145, 155
合子 70, 78, 90, 91, 96, 97, 100, 103, 106, 108, 109, 111, 118, 121, 128〜130, 133, 141, 155, 158, 160, 164
合子蓋 88, 106, 119, 121, 129, 132
コート, L. 5, 11, 16, 17, 91, 92, 98, 108, 140, 145, 152
コーラート高原 25, 27, 28, 44, 63, 133, 138, 141, 151, 162〜165
小型壺 77, 78, 96, 103, 120
小型壺蓋 78, 90, 100, 106, 115, 120〜122
小型壺身 78, 79, 90, 100, 106, 115, 120
小型瓶 82, 83, 90, 96, 100, 106, 115, 121, 122, 128〜130, 141, 144
黒褐釉（陶器） 13, 14, 18, 21, 36, 45, 47, 48, 70, 99, 109, 118, 129, 133, 135, 138, 140, 144, 145, 147, 148, 162
コック・リン・ファー 10, 18, 46, 47, 48, 61〜63, 65, 67, 148, 151
コンク 148, 155, 156, 164, 165

### サ 行

サヤ鉢 102, 121, 129, 130, 155
サワイ 10, 18, 46
サンボール・プレイ・クック 9, 12, 14〜16, 30, 152
シーサッチャナライ 162
$^{14}C$ 年代測定→放射線炭素年代測定
シェムリアップ 11, 27, 35, 38, 42, 44, 48, 156
刺突（文） 72, 74, 81, 83, 97, 99, 117, 119, 129, 137, 141
周達観 20, 33, 160
焼成 35, 54, 69, 78, 79, 86, 88, 91, 102, 103, 106, 108, 109, 121, 138
焼成技術 78, 88, 100, 119, 129, 138, 158, 164
焼成室 37, 39, 42, 47, 54, 57, 59, 60, 63〜65, 66, 83, 102, 103, 106, 108, 109, 137, 140, 148
焼成台 100, 102, 155

191

# 索 引

消費地（遺跡・出土資料） 83, 143, 146
真臘 29, 30
『真臘風土記』 17, 20, 33, 160, 161, 165
水煙状 88, 118
杉山洋 7, 11, 21, 42, 121, 159, 160, 161
スターク，M. 152
スラ・スラン 9, 14, 15, 17, 166
スリスチャット（夫妻） 5, 148
スリップ 12, 137
スリン県 10, 18, 28, 44, 45, 46, 146
スワンカローク 148, 162
成形（・整形）技術 91, 92, 108, 118, 128, 164
生産地研究 5, 18, 20
静止糸切り 137
製陶（技術） 35, 69, 138
赤色系胎土 90, 91, 108, 118, 128, 140, 141, 158, 164
施釉技術（法） 99, 118, 128, 138, 140
線刻（文） 72, 74, 118, 119
線刻蓮弁文 72
装飾技術（技法） 97, 164
ソサイ 11, 35, 42, 49, 59, 61, 62, 65, 69, 97, 99, 111, 121, 122, 128〜130, 133, 138, 141, 150, 151, 155, 158〜161
素材の選択 69, 70, 90, 99, 108, 128, 138

## タ 行

ダイク 36, 39, 44, 49, 52, 54, 57, 59〜62, 65, 67
大陸部東南アジア 3, 23, 29
焚口 57, 148, 149, 150
叩き成形 133, 141
タップ・シュム 48
タニ 11, 18, 35, 42, 44, 49, 52, 57, 59〜62, 65〜67, 69, 70, 88, 97, 99, 100, 103, 106, 108, 109, 111, 115, 117〜122, 128〜130, 133, 137, 138, 141, 143, 145, 148〜152, 155, 156, 158〜162, 164
タニ窯跡A6号窯跡 11, 37, 49, 52, 65, 108, 144
タニ窯跡B1号窯跡 37, 38, 49, 52〜54, 70, 83
タニ窯跡B4号窯跡 37, 38, 49, 52〜54, 70, 83, 150
タノンノーイ地区 47
単室窯 37, 39, 42, 57, 59
ダンレック山脈 25, 27, 28, 32, 46, 47, 48, 133
築窯（技術） 35, 49, 63, 65, 66, 137, 138, 140
チェン・アエク 35, 48
中国 15, 16, 21, 152, 153, 155, 156, 162
中国陶磁（市場・器） 3, 16, 145, 147, 153, 155, 156, 161, 163, 164, 166
チルドレス，V. 10, 146
沈線（文） 79, 81, 83, 95, 97, 99, 111, 115, 117, 119, 122, 129, 133, 137, 144
通炎孔 42, 59
通風孔 57, 59
津田武徳 106, 129, 130, 141, 145, 155, 156, 163, 166
筒形合子 70〜72, 77, 86, 106, 111, 120, 121, 129, 133, 144
筒形合子蓋 74, 97, 103, 119, 122, 129
筒形合子身 72, 73, 83, 103, 111, 115, 121, 129
筒形瓶 81, 83, 96, 106
筒形碗 76, 77, 90, 96, 106, 115, 122, 128, 130, 141
壺・甕 70, 77, 108, 111, 115, 118, 121, 128, 147, 160, 164, 165
手づくね 91
デュマルセ，J. 87, 88
ドゥオンサー 156, 161
島嶼部東南アジア 3, 4, 23
動物形態器（動物の形態を模した資料） 13, 129, 137, 140, 144, 145
土器 147, 151, 152, 153
トチン 155
鳥をかたどった合子（もの） 111, 121, 122, 129
トンレ・サップ湖 25, 26, 27, 28, 32, 33, 49

## ナ 行

ナイ・ジアン 10, 46, 47, 61〜63, 65, 133, 140, 151
ナデ（調整） 70, 83, 90, 96, 141

西野範子 4
西村昌也 4
西村康 61
二色釉陶器 13, 14, 144, 148
燃焼室 37〜39, 42, 47, 54, 57, 59, 60, 63, 64, 66, 137, 140
粘土紐（貼り付け） 81, 83, 87, 88, 91, 92, 96, 97, 111, 119, 122, 152
野上建紀 53, 61, 66, 141, 156
軒丸瓦 83, 87, 88, 90, 95, 96, 100, 106, 117, 118, 128, 147

## ハ 行

バカオン 35, 42, 44, 61, 62, 69, 132, 133, 138, 141, 165
白色系胎土 90, 91, 108, 118, 128, 164
蓮の花芯状 72, 97, 111, 118, 122
長谷部楽爾 4, 6, 10, 16, 153, 155, 156
バラスター壺 13, 21, 45, 48, 140, 144, 147, 164
バラナエ地区 46
バン・クルアット郡 46, 47, 48, 133
盤口瓶 83, 117, 144, 152
バン・サワイ 44, 45
バンテアイ・クデイ 143, 147, 162
バンテアイ・メアンチェイ州 35, 48, 61, 66, 129, 133, 135, 137, 138
紐作り（成形） 83, 86, 87, 91, 92, 95, 96, 118, 128, 133, 152
平形合子 12, 13, 144
平瓦 83, 86, 87, 90, 95, 100, 106, 117, 118, 120, 122, 128, 129, 147, 158
広口甕 77, 81, 83, 90〜92, 95, 100, 103, 106, 108, 119, 120, 133, 141
広口小壺 77, 78, 90, 96, 100, 106
扶南 21, 29, 30, 152
プノン・クーレン 7, 8, 20, 27, 30, 34, 36, 38, 42, 57, 59, 66, 138, 150, 158, 160, 163
ブラウン，R. 4, 5, 8, 10, 14, 18, 20, 21, 44, 145, 146, 147
プラサット・バン・プルアン 5, 143, 146, 147, 151, 162
ブリラム県 28, 44, 45, 46, 48
プレ・アンコール時代 29, 30
瓶 70, 81, 106, 108, 111, 115, 118, 121, 122, 128, 130, 135, 140, 155, 156, 160, 164

貿易陶磁器　3, 4
放射性炭素年代測定（$^{14}$C年代測定）
　15, 22, 148, 150, 151, 158
宝珠（文・つまみ）　72, 74, 119
ポスト・アンコール時代　29, 33, 49,
　162, 166

## マ 行

マウンド　47, 54, 57, 59, 60, 61, 62, 63,
　65, 66, 138
巻き上げ（成形）　95, 109
丸形合子　70, 71, 72, 106, 111, 115,
　120, 121, 133, 144
丸形合子蓋　72, 103, 106, 119
丸形合子身　71, 72, 103, 122
丸瓦　83, 86, 87, 90, 95, 100, 106, 117,
　118, 122, 128, 147
三上次男　4
水注　12, 13, 133, 137, 144
水引き成形　152
向井瓦　4, 162
棟飾り　83, 88, 90, 92, 106, 117, 118,
　122, 128, 133
無釉（陶器）　21, 36, 44, 45, 47, 48, 70,
　71, 76, 77, 79, 81, 83, 86〜88, 90, 96,
　99, 100, 103, 108, 111, 118, 121, 122,
　128, 133, 137, 138, 140, 145, 147, 158
目痕（粘土塊目痕）　78, 103, 111, 115,
　120, 121, 129, 140
モン陶器　162, 163
文様帯　83, 97, 99, 108, 119, 129
文様の構成原理　98, 99, 108, 119, 164

## ヤ 行

融着痕　117, 129, 130
融着資料　70, 72, 78, 86, 90, 103, 106,
　108, 117, 120〜122, 128, 129, 133,
　164
釉剥ぎ　100, 130, 158
窯業技術（体系）　6, 20, 35, 138, 141,
　143, 151, 156, 158, 161〜164
様式論的年代研究　143
横積み（横置き重ね積み）　130, 141,
　156

## ラ 行

ラハンサイ郡　46
ランクイエン沈船　163
リドヴァン陶器　13, 21, 144
ルーニー, D.　5, 8, 14, 17, 20, 109, 165
レンガ　33, 54, 57, 63, 155
蓮弁（文）　72, 74, 83, 87, 96, 97, 99,
　111, 118, 119, 122, 128〜130
ロクロ　12, 15, 45, 82, 91, 92, 95, 96,
　98, 99, 108, 109, 118, 128, 129, 133,
　140, 151, 152, 165
ロクロ目　70, 90, 128
ロベク・アンピル　48
ロベク・スヴァイ　48
ロリュオス　12, 16, 27, 30, 49, 158

## ワ

輪積み（成形）　45, 95, 96, 109
碗　70, 76, 100, 108, 111, 118, 121, 122,
　128, 133, 137, 140, 144, 156, 158, 160,
　161, 164, 165

# A Study of Khmer Ceramics

Just over a century has passed since the first discovery of a kiln site in Cambodia. Khmer stoneware ceramics have been deemed valuable, not only for their artistic value but also as archaeological artifacts. However they have not been a major theme of study until recently. Indeed, even the basic repertory of vessels was unknown. The objective of this book is to 1) establish the artifact typology for the Khmer ceramics studies, 2) clarify the basic repertoire of the Khmer stoneware, and 3) establish a production model based on the study of stoneware-making techniques in the Angkor region. Early research on Khmer ceramics and the historical and geographical background of the region are introduced in chapters one and two. The structure of the Khmer kilns is discussed in the chapter three. In chapter four, a typological analysis is conducted on the stoneware excavated from the Khmer kilns. A stoneware production model is discussed in chapter five. The historical development of the Khmer stoneware industry is described on the final chapter.

The artifacts unearthed from the Khmer kilns in the Angkor area can be classified as covered boxes, bowls, jars/pots, bottles, roof tiles, and kiln tools. Within the various categories, there are nineteen types of covered boxes, seven types of bowls, fifteen types of jars/bowls, six types of bottles, eight types of roof tiles, and eight types of kiln tools for a total of sixty-three types of artifacts. As for the selection of material, the use of white colored clay and red colored clay is noteworthy. The type of the clay is selected with glazing in mind. A white colored clay is used for ash-glazed products, and the red colored clay is used for unglazed products. Five forming techniques can be observed in the vessels. Regarding the decoration, four techniques for the decoration were identified. Based on the examination of unearthed products and kiln tools, four kiln-loading methods were revealed. Through a comparison of these techniques for each kiln, a model for Khmer stoneware ceramics production was established. Moreover, through the examination of chronological evidence, each kiln was assigned a position on a time line, allowing an overview of the Khmer stoneware industry from its inception to its decline.

Through the examination of the techniques of Khmer stoneware, we can conclude that direct influences from China and India are not a factor in the origins of Khmer stoneware industry. The industry was more likely to have emerged independently. Chinese porcelain could have had an indirect influence as a kind of reference, but probably it did not function as a model that determined the shape of the products or the methods of production.

Considering the products of the kilns, many kilns in the Angkor area had the common role of producing stoneware for distinctive uses, such as religious activity. While some Khmer stoneware ceramics have been found outside the territory of the Angkor dynasty, they were basically produced to meet demand from within the dynasty. Thus the stoneware industry of the Khmer had a fundamentally domestic orientation, and it was not influenced by trends in the Chinese porcelain market (meaning they did not copy external models), and it can be said to be a rather limited industry.

Like other issues surrounding the Khmer stoneware ceramics, it is unclear when production ended or developed into a different type of ceramic production. Whether the Khmer stoneware-making techniques declined, fundamentally changed, or were absorbed into a different set of techniques, the production of ceramics from the late 13$^{th}$ to 14$^{th}$ century in Southeast Asia is different from what it was prior to this period. As we have observed, the Khmer stoneware ceramic industry developed in response to domestic demand and was not based on export. Also, it was not influenced by the trends in the Chinese porcelain market. After the 14$^{th}$ century, the regions of Southeast Asia considered to be the center of ceramic production, such as Thai, Vietnam and Burma, begun to make products modeled on Chinese porcelain and began to export it. After the end (or transformation) of Khmer stoneware ceramics, the ceramic industry in Southeast Asia no longer based on domestic demand, but rather of foreign demand. This is closely related to the emergence of new polities, large-scale movements of peoples, and changes in the economic domain. Khmer ceramics may have disappeared as a distinctive product, the ceramics of Southeast Asia entered a different age.

著者紹介

田畑幸嗣（たばた　ゆきつぐ）
1972 年　長野県生まれ
1995 年　国際基督教大学教養学部人文科学科卒業
1999 年　国際基督教大学大学院比較文化研究科博士前期課程修了
2004 年　上智大学大学院外国語学研究科地域研究専攻博士後期課程満期退学
2005 年　博士（地域研究）上智大学
現　在　上智短期大学非常勤講師　国際基督教大学アジア文化研究所研究員
論　著　「クメール陶器の型式学的研究―アンコール地域におけるクメール灰釉陶器の分類―」『東南アジア考古学』第 25 号、2005 年
　　　　「カンボジア、アンコール地域における灰釉陶器の生産―タニ、アンロン・トム、ソサイ窯跡資料の比較研究―」『上智アジア学』第 23 号、2005 年
　　　　「古代カンボジアにおけるクメール陶器の成立に関する一考察」『地域の多様性と考古学』雄山閣、2007 年
　　　　『タニ窯跡の研究』（共著）連合出版、2007 年


## クメール陶器の研究（くめーるとうきのけんきゅう）

2008 年 11 月 25 日　発行

　　著　者　田　畑　幸　嗣
　発 行 者　宮　田　哲　男
　発 行 所　株式会社　雄山閣
　　　　　　〒102-0071　東京都千代田区富士見 2-6-9
　　　　　　電話 03（3262）3231　FAX 03（3262）6938
　　　　　　振替 00130-5-1685
　　印　刷　萩原印刷株式会社
　　製　本　協栄製本株式会社

Ⓒ Yukitsugu Tabata 2008　　　　　　　ISBN 978-4-639-02067-7　C3022